教│育│知│库

语文『微写作』教学

王正春 著

光明日报出版社

图书在版编目（CIP）数据

语文"微写作"教学 / 王正春著. -- 北京：光明日报出版社，2023.9
 ISBN 978-7-5194-7818-6

Ⅰ.①语… Ⅱ.①王… Ⅲ.①作文课—中学—教学参考资料 Ⅳ.①G634.343

中国国家版本馆CIP数据核字（2024）第048983号

语文"微写作"教学
YUWEN "WEIXIEZUO" JIAOXUE

著　　者：王正春	
责任编辑：史　宁	责任校对：许　怡　贾　丹
封面设计：中联华文	责任印制：曹　净

出版发行：光明日报出版社
地　　址：北京市西城区永安路106号，100050
电　　话：010-63169890（咨询），010-63131930（邮购）
传　　真：010-63131930
网　　址：http://book.gmw.cn
E - mail：gmrbcbs@gmw.cn
法律顾问：北京市兰台律师事务所龚柳方律师

印　　刷：三河市华东印刷有限公司
装　　订：三河市华东印刷有限公司
本书如有破损、缺页、装订错误，请与本社联系调换，电话：010-63131930

开　　本：170mm×240mm
字　　数：278千字　　　　　　　　印　张：15.5
版　　次：2024年4月第1版　　　　印　次：2024年4月第1次印刷
书　　号：ISBN 978-7-5194-7818-6
定　　价：78.00元

版权所有　　翻印必究

自　序

语文课，教什么，怎么教，教得如何？语文课，是"教课文"，还是"教语文"？语文课，如何改变职业学校学生厌学的现状？从事职业教育语文教学二十载，对于这些问题，我一直在思考，在探索，在实践。

"教而不研则浅，研而不教则空"。"教"和"研"好比鱼和水的关系，鱼无水则亡，水无鱼则无有生机，缺少灵动。2016年，我主持的第三期江苏省职业教育教学改革研究课题《信息化环境下中职语文"三微一体"教学模式的研究》中"三微一体"中的"微写作"，恰好与2020年新版的《中等职业学校语文课程标准》中"职业模块"专题3的"微写作"不谋而合。2019年，我主持的第四期江苏省职业教育教学改革研究重点课题《中职语文阅读教学语用能力培养的研究》中提出的"语用能力"，即语言的理解与运用能力，也正好切合了新课标提出的语文核心素养中最重要、最基础的素养——"语言理解与运用"。

在当前的语文教学中，从学生维度看，中职生书面语用能力匮乏，害怕写、不愿写、不会写、写不出，作文写作不得其法且张力不足。从教师维度看，原因有二：一是阅读教学中，教师重"文本内容解读"轻"文本表达方法"，过于条分缕析文本内容，忽视文本的语文核心价值——文本表达方法，忽视语用能力的培养；二是教学中"阅读"与"写作"存在"两张皮"、相互脱节的割裂现象。

我在吸收佐藤学和叶圣陶的教育思想的基础上，构建了基于学生语用能力培养的"三微一体"教学模式，并形成我的"微语文"教学主张与特色。本书中的"微写作"是其中的一个重要环节。

本书分为三章。第一章为"含英咀华，关注热点：生发'微话题'"，分两个小节。第一节是基于"文本内容"选择"话题机会"。北京师范大学李煜晖博士说过："长期以来，人们习惯于把文学作品视为文体知识、文学知识的载体或单纯的意义阐释对象，把教学重点放在知识积累和文意理解上。这种静态

1

或仰望的视角，割裂了文学阅读与学生创作活动的联系，那些对作家而言最重要也最宝贵的创作才能没有及时转化为学生建构自身表达经验的养料。"根据文本内容，选择一个"微话题"，开展"微写作"，既解决了"写什么"，即话题选择的问题，又解决了"怎么写"，即写作角度、写作思路、写作结构、表达方式等问题。"拓展阅读"环节，选择作家的其他名篇佳作，既增加了学生的阅读量，又有助于学生深度了解作家的写作技巧和写作风格。如此，"阅读"与"写作"融合教学，破解了教学中"阅读"与"写作"割裂的现状。第二节是基于"社会热点"选择"话题机会"。设计"微新闻""微话题""微评论"三个环节，引导学生关注"社会热点"，在自媒体时代，透过现象看清本质，积极传递社会正能量。这些社会热点话题可以作为学生今后写作的素材。通过评论的写作形式，"指点江山，激扬文字"，提高学生写作的逻辑思维能力、语言表达能力，增强学生的批判意识。

第二章为"运用之妙，存乎一心：熟练'微表达'"，分拟题、立意、开头、结尾、选材、绘景、叙事、写人、抒情、说理十个小节，这十个方面涉及写作的一些主要环节的处理。每个小节重在抓住一点，不求面面俱到只求讲清操作方法。方法介绍过程中，避免枯燥的理论阐述，而是要借助学生学过的课文，结合学生高考作文、典型例题展开论述，力求做到浅显易懂，帮助学生学会正确表达，掌握表达之法，养成锤字炼句的语言表达习惯。

第三章为"他山之石，可以攻玉：积累'微素材'"，分六个小节，涉及国家荣誉人物、感动中国人物、大国工匠、中外名家的事迹、国内新闻事件、国际新闻事件。素材是写作的基础，素材的积累与记忆，是写作的重要环节之一。古人云："圣贤之学，非造次可成，须在积累。"荀子曰："不积跬步，无以至千里；不积小流，无以成江海。"本章节的"关键词句识记""素材一句话记忆""素材运用角度"等环节，无论从内容上，还是形式上，提纲挈领，言简意赅，便于学生快速积累与记忆。

肖川教授在《教育的真情与智慧》一书中说："我一直觉得写作是一种厚重充实而美好的人生经历的表达方式，有品位的人生需要一个后花园，在这里可以低吟浅唱，可以自由舒展和充分休憩……"阅读与写作是一件幸福的事情，阅读与写作可以使人进入一个美妙的境界，我们应常读常写，常写常新，让"微写作"成为师生学习和生活不可或缺的一部分。

是为序。

目 录
CONTENTS

第一章　含英咀华，关注热点：生发"微话题" ··· 1
 第一节　基于"文本内容"选择"话题机会" ······································· 3
 第二节　基于"社会热点"选择"话题机会" ····································· 112

第二章　运用之妙，存乎一心：熟练"微表达" ····································· 123
 第一节　如何"拟题" ·· 125
 第二节　如何"立意" ·· 129
 第三节　如何"开头" ·· 134
 第四节　如何"结尾" ·· 139
 第五节　如何"选材" ·· 143
 第六节　如何"绘景" ·· 153
 第七节　如何"叙事" ·· 156
 第八节　如何"写人" ·· 161
 第九节　如何"抒情" ·· 166
 第十节　如何"说理" ·· 170

第三章　他山之石，可以攻玉：积累"微素材" ··································· 175
 第一节　高山仰止，景行行止："国家荣誉"人物篇 ···························· 177
 第二节　感动你我，感动中国："感动中国"人物篇 ···························· 187
 第三节　大国工匠，匠心筑梦："大国工匠"人物篇 ···························· 198
 第四节　名家引路，书海探骊："中外名家"人物篇 ···························· 206

第五节　时代脉搏，复兴之路："国内新闻"事件篇 ················· 216
第六节　放眼寰宇，八面来风："国际新闻"事件篇 ················· 222

附　录　2021—2023 年高考作文题目 ································· **228**
2021 年高考作文题目 ··· 228
2022 年高考作文题目 ··· 231
2023 年高考作文题目 ··· 235

第一章 01

含英咀华，关注热点：生发"微话题"

作文话题的选择，只有贴近学生的生活，贴近学生的表达诉求，让学生有"言说空间"，才可以激发学生的"言语冲动"，学生才会有话要说，有话想说，有话可说，真正做到"用我手，写我心"。"微话题"可以从文本学习中来，可以从社会生活中来。因其"微"，可以常常写、日日写、课课写；写出感觉、写出习惯、写出规律。从而，逐步建立属于自己的"编码结构模型"。

第一节

基于"文本内容"选择"话题机会"

阅读教学是语文教学的重要组成部分，文本，是实施语文教学的重要载体。教学中，在学习一篇文质兼美的文本时，我们既要学习文本"写了什么"，又要学习作者是"如何写的"，如何运用语言文字进行准确的表情达意，更要从写作的角度，带着"这个话题如果让我来写，我该如何去写"的深度思考来学习。

基于"文本内容"选择"话题机会"，通过创设一个让学生写作的情境，巧妙"嫁接"一个"微话题"来诱发学生去思考、去交流、去练笔、去抒怀。在此过程中，关键在于"话题机会"的捕捉要恰到好处，贴近学生的生活，有温度、接地气、能够引起学生的兴趣，触动他们的心弦，产生情感的共鸣，激发他们一种呼之欲出、不吐不快的写作冲动和欲望。

由课文内容生发的写作话题，有助于深化学生对课文的理解，有利于强化语文知识和方法，是提升学生表达能力的一种行之有效的方式与途径。在文本学习中，学生研习作家的写作风格，小到遣词造句的表达习惯，大到思想情感、人生观和价值观等，在掌握了作家的表达方法后，在既有的经验上进行"表达"实践，就有了操作的路径。这样的"表达"策略，既解决了"写什么"，即话题选择的问题，又解决了"怎么写"，即写作角度、写作思路、写作结构、表达方式等问题。在实践中学会"表达"，这种"表达"化难为易，化繁为简，富有挑战性和成就感，极大地降低了写作的难度，让学生以低起点进入写作状态，较好地解决了学生写作兴趣不足、持续力不长、表达欲望不强等问题。通过持之以恒地训练，可以解决学生害怕写、不会写、写不出的瓶颈问题。同时，"阅读"与"写作"互为支撑、相互融合，破解了教学中"阅读"与"写作""两张皮"、相互割裂的现状。

01/现代诗歌：青春放歌

教育家叶圣陶说过，"教材只是一个例子"，"凡为教，目的在于达到不需要教"。(《叶圣陶语文教育论集》) 吕叔湘先生也说过："使用语言是一种技能，只有通过不断地模仿和反复的实践才能养成。"(《吕叔湘论语文教学》) 学习诗歌，学生在学会赏析诗歌，领略诗人们精湛的诗歌艺术的基础上，教师更要鼓励学生尝试去写诗，或借题发挥，或顺势引导，或反弹琵琶，让学生进行诗歌仿写训练。比如，舒婷的《致橡树》，既然诗歌中的"木棉"向"橡树"倾诉了心声，那么"橡树"听了这些，又会"情何以堪"，又将做何感想呢？若你是那棵"橡树"，你又如何进行真诚回应呢？以《致木棉》为题，写一首诗或写一段话。王家新的《采石工》从采石工的劳动环境、采石场面、采石动作表现了一个与寂寞苦斗，与困难苦斗，具有坚忍不拔精神的劳动群体形象。诗中从声音、色彩的角度描写了生动可感的采石的劳动场面。在我们的城市中，也有一个类似这样的群体——环卫工，请以《环卫工》为题进行仿写。诸如此类，我们因此也可以让学生用写诗来"激扬文字"、飞扬诗情，将诗歌学习与写作完美融合。

☞ 经典回顾

沁园春·长沙[①]
毛泽东

独立寒秋，湘江北去，橘子洲头。看万山红遍，层林尽染；漫江碧透，百舸争流。鹰击长空，鱼翔浅底，万类霜天竞自由。怅寥廓，问苍茫大地，谁主沉浮？

携来百侣曾游，忆往昔峥嵘岁月稠。恰同学少年，风华正茂；书生意气，挥斥方遒。指点江山，激扬文字，粪土当年万户侯。曾记否，到中流击水，浪遏飞舟？

---

① 王晓东. 毛泽东诗词解读 [M]. 西安：陕西人民出版社，2016.

☞ 话题设计

课堂开展了赏析"湘江秋景图"的教学活动,课后开展"校园秋景图"的"微写作"。

设计1:古人笔下有"秋风萧瑟天气凉,草木摇落露为霜"的秋景描写,毛泽东笔下也有生机盎然、色彩绚丽的湘江秋景图。我们身处美丽的校园,时逢初秋,相信你也一定想用手中的笔去描绘一下"校园秋景图"吧!(要求:选择校园内一些有代表性的景物去写,150字左右。)

设计2:学习诗歌,需要充分展开想象,再现诗歌的画面,并能够用文字去描写出画面。《沁园春·长沙》这首词实际上描绘了四幅画面:独立寒秋图、湘江秋景图、峥嵘岁月图、中流击水图。考虑到学生的语文基础,教师可以先做示范:根据诗句"独立寒秋,湘江北去,橘子洲头",引导学生用小标题形式概括出"独立寒秋图"。然后用文字阐述:深秋时节,年轻的革命家毛泽东站在橘子洲头,深情凝望着湘江之水滚滚北去,心潮澎湃,感慨万千……

课后可以让学生结合全词,展开想象,用文字描述其他几幅画面。

☞ 走近作者

毛泽东(1893—1976),字润之,湖南湘潭人。伟大的马克思主义者,伟大的无产阶级革命家、战略家、理论家,是马克思主义中国化的伟大开拓者,中国共产党、中国人民解放军和中华人民共和国的主要缔造者和领导人。他对马克思列宁主义的发展、军事理论的贡献以及对共产党的理论贡献被称为"毛泽东思想"。毛泽东被视为现代世界历史中最重要的人物之一,《时代》杂志也将他评为20世纪最具影响力100人之一。

☞ 素材积累

自古逢秋悲寂寥,我言秋日胜春朝。(刘禹锡《秋词》)

落霞与孤鹜齐飞,秋水共长天一色。(王勃《滕王阁序》)

树树皆秋色,山山唯落晖。(王绩《野望》)

夜深风竹敲秋韵,万叶千声皆是恨。(欧阳修《玉楼春·别后不知君远近》)

青山隐隐水迢迢,秋尽江南草未凋。(杜牧《寄扬州韩绰判官》)

秋风起兮白云飞,草木黄落兮雁南归。(刘彻《秋风辞》)

碧云天，黄叶地，秋色连波，波上寒烟翠。（范仲淹《苏幕遮·怀旧》）

☞ **拓展阅读**

卜算子·咏梅①
毛泽东

风雨送春归，飞雪迎春到。
已是悬崖百丈冰，犹有花枝俏。
俏也不争春，只把春来报。
待到山花烂漫时，她在丛中笑。

☞ **经典回顾**

再别康桥②
徐志摩

轻轻的我走了，
正如我轻轻的来；
我轻轻的招手，
作别西天的云彩。

那河畔的金柳，
是夕阳中的新娘；
波光里的艳影，
在我的心头荡漾。

软泥上的青荇，
油油的在水底招摇；
在康河的柔波里，
我甘心做一条水草！

那榆荫下的一潭，

---

① 王晓东. 毛泽东诗词解读［M］. 西安：陕西人民出版社，2016.
② 徐志摩. 徐志摩诗全集［M］. 南京：江苏人民出版社，2017.

不是清泉,是天上虹;
揉碎在浮藻间,
沉淀着彩虹似的梦。
寻梦?撑一支长篙,
向青草更青处漫溯;
满载一船星辉,
在星辉斑斓里放歌。

但我不能放歌,
悄悄是别离的笙箫;
夏虫也为我沉默,
沉默是今晚的康桥!

悄悄的我走了,
正如我悄悄的来;
我挥一挥衣袖,
不带走一片云彩。

☞ 话题设计

《再别康桥》是20世纪中国最出色的一首现代别离诗,诗人徐志摩潇洒飘逸的天性与康桥宁静优美的自然风景融合,成就了别具一格的诗境之美。学习了这首意境优美、空灵飘逸而倍受读者青睐的传世之作——《再别康桥》,相信大家脑海中浮现的是自己的初中母校。初中三年,母校的一枝一叶、一事一物、往事与情怀,一定给大家留下了太多的美好回忆。"一枝一叶总关情,一事一物连心扉",请以"别母校"为题,尝试写一首现代诗。

☞ 走近作者

徐志摩(1897—1931),浙江海宁人,现代诗人、散文家。新月派代表诗人,新月社成员。在剑桥两年深受西方教育的熏陶及欧美浪漫主义和唯美派诗人的影响,奠定了其浪漫主义诗风。1931年11月19日,他由南京乘飞机到北平,因飞机失事遇难。

著有诗集《志摩的诗》《翡冷翠的一夜》《猛虎集》《云游》;散文集《落

叶》《巴黎的鳞爪》《自剖》《秋》《轮盘》；小说《春痕》等。

☞ **素材积累**

　　如果真相是种伤害，请选择谎言。如果谎言是一种伤害，请选择沉默。如果沉默是一种伤害，请选择离开。

　　因为我们已习惯在别人面前戴面具，最后导致在自己面前伪装自己。

　　你见，或者不见我，我就在那里，不悲不喜；你念，或者不念我，情就在那里，不来不去；你爱，或者不爱我，爱就在那里，不增不减；你跟，或者不跟我，我的手就在你手里，不舍不弃。

　　我将于茫茫人海寻找我唯一之灵魂伴侣，得之，我幸；不得，我命。

　　年少时，我们因谁因爱或是只因寂寞而同场起舞；沧桑后，我们何因何故寂寞如初却宁愿形同陌路；相爱时，我们明明是两个人，却为何总感觉只是独自一人？

　　一个人的世界，很安静，安静得可以听到自己的呼吸声和心跳声。冷了，给自己加件外套；饿了，给自己买个面包；病了，给自己一份坚强；失败了，给自己一个目标；跌倒了，在伤痛中爬起并给自己一个宽容的微笑。是啊，我总是一个人，你从来不曾来过，我也从来不曾出现在你的世界。

☞ **拓展阅读**

我不知道风是在哪一个方向吹[①]
徐志摩

我不知道风
是在哪一个方向吹——
我是在梦中，
在梦的轻波里依洄。

我不知道风
是在哪一个方向吹——
我是在梦中，
她的温存，我的迷醉。

---

① 徐志摩. 徐志摩诗全集［M］. 南京：江苏人民出版社，2017.

我不知道风
是在哪一个方向吹——
我是在梦中,
甜美是梦里的光辉。

我不知道风
是在哪一个方向吹——
我是在梦中,
她的负心,我的伤悲。

我不知道风
是在哪一个方向吹——
我是在梦中,
在梦的悲哀里心碎!

我不知道风
是在哪一个方向吹——
我是在梦中,
黯淡是梦里的光辉。

☞ **经典回顾**

假如生活欺骗了你[①]
普希金

假如生活欺骗了你,
不要悲伤,不要心急!
忧郁的日子里须要镇静;
相信吧,快乐的日子将会来临。
心儿永远向往着未来;
现在却常是忧郁。

---

① 普希金. 普希金诗集 [M]. 戈宝权,译. 北京:北京出版社,1987.

一切都是瞬息，
一切都将会过去；
而那过去了的，
就会成为亲切的怀恋。

☞ 话题设计

学完普希金的《假如生活欺骗了你》，可以引入中国诗人宫玺写的一首短的说理诗《假如你欺骗了生活》："假如你欺骗了生活/以为神鬼不知/心安理得/且慢/生活并没有到此为止/有一天/它会教你向它认错/大地的心是诚实的/孩子的眼睛是诚实的/人生只有一步一个脚印/才会有无悔的付出无愧的收获。"其实，无论是生活欺骗了你，还是你欺骗了生活，生活都需要重新开头。假如生活重新开头，我们该如何对待新生活呢？以《假如生活重新开头》为题写一首现代短诗。

☞ 走近作者

普希金（1799—1837），俄国诗人、小说家。俄罗斯近代文学的奠基者和俄罗斯文学语言的创建者，是19世纪世界诗坛的一座高峰。他使俄罗斯文学走上了现实主义的道路，进入了世界文学的先进行列。代表作品有长诗《叶普盖尼·奥涅金》，小说《上尉的女儿》等。

☞ 素材积累

法律之剑不能到达的地方，讽刺之鞭必定可以达到。

比海洋阔大的是天空，比天空阔大的是人的心灵。

希望是厄运的忠实的姐妹。

不论是多情的诗句，漂亮的文章，还是闲暇的欢乐，什么都不能代替无比亲密的友谊。

读书和学习是在别人思想和知识的帮助下，建立起自己的思想和知识。

人的影响短暂而微弱，书的影响则广泛而深远。

等青春轻飘的烟雾把少年的欢乐袅袅曳去，之后，我们就能取得一切值得吸取的东西。

爱惜衣裳要从新的时候起，爱惜名誉要从幼小时候起。

世界的设计创造应以人为中心，而不是以谋取金钱，人并非以金钱为对象而生活，人的对象往往是人。

已不会再有那样的月夜，以迷离的光线，穿过幽暗的树林，将静谧的光辉倾泻，淡淡地，隐约地照出我恋人的美丽。

☞ 拓展阅读

致大海[1]
普希金

别了，自由的元素！
这是最后一次在我的面前
你翻滚蓝色的波涛，
和闪耀骄傲美丽的容颜。

好像朋友忧郁的絮语，
好像告别时刻的叮咛，
你沉郁的喧响，你呼唤的喧响。
在我，已是最后一次地倾听。

你是我灵魂期望的归宿呀！
多少次啊，平静而茫然的我
踯躅在你的岸边，
为那珍贵的私愿而愁绪万端。

我多么爱你的回音，
你悠远的声调，空谷的哀鸣，
还有你反复无常的咆哮，
和那黄昏时的宁静！

渔夫们柔顺的风帆，
受到你奇妙的保护，
勇敢地在峰峦间滑行，

---

[1] 普希金. 普希金诗歌精选[M]. 刘湛秋, 译. 太原：北岳文艺出版社，2000.

但当你狂暴地汹涌时,
成群的船只又会轻易地丧生。

我永远无法留住
那寂寞而又不能行动的海岸,
也没有用狂喜来祝贺你,
也没有在你的浪尖上
投出我的诗的敬礼!

你等待过,你呼唤过……而我
却被捆住,我的心徒然地挣扎:
那强烈的热情迷住了我,
我又留在了你的岸边……

有什么可怜惜的?此刻我去哪儿
寻觅那无牵无挂的路程?
在你的辽阔中只有一件东西
或许能击中我的灵魂。

那是一个峭岩,光荣的坟墓……
那是一个伟人的一生,
沉默在冰冷的梦里,
那里陨落了拿破仑。

他在苦难中安息了。
跟在他脚后的,像一阵骤雨狂风,
又一个天才飞离了我们,
又一个我们灵魂的统治者消失了影踪。

就这样走了,为自由所哭泣的诗人!
他只给世间留下了自己的桂冠。
喧嚣吧,让坏天气搅动起你的恶浪吧,

啊，大海，他曾是你的歌者呀！

你的形象集中在他的身上，
你的精神铸造了他的性格，
他像你一样：强大，深邃，沉郁，
也像你一样：任何力量不能使他驯服。

世界空虚了……啊，海洋，
你此刻要把我带向何方？
人们的命运到处都一样：
无论是开明人士，还是暴君，
都会牢牢守住利益死死不放。

啊，别了，大海，我不会忘记
你那辉煌无比的美丽，
我会久久地久久地谛听
你在黄昏时发出的低鸣。

我的心里充满了你，
我将把你的峭岩，你的海湾，
还有闪光、阴影和波浪的絮语，
都带到森林，带到那沉默的荒原。

☞ 经典回顾

我来到这个世界为的是看太阳[①]
巴尔蒙特

我来到这个世界为的是看太阳，
和蔚蓝色的原野。
我来到这个世界为的是看太阳，

[①] 顾蕴璞. 俄罗斯白银时代诗选［M］. 顾蕴璞，魏荒弩，葛崇岳，等译. 广州：花城出版社，2000.

和连绵的群山。

我来到这个世界为的是看大海,
和百花盛开的峡谷。
我与世界面对面签订了和约。
我是世界的真主。

我战胜了冷漠无言的忘川,
我创造了自己的理想。
我每时每刻都充满了启示,
我时时刻刻都在歌唱。

我的理想来自苦难,
但我因此而受人喜爱。
试问天下谁能与我的歌声媲美?
无人、无人媲美。

我来到这个世界为的是看太阳,
而一旦天光熄灭,
我也仍将歌唱……我要歌颂太阳
直到人生的最后时光!

☞ **话题设计**

诗歌中的"太阳"象征着一个崭新的富有生机的世界,象征着希望、光明、爱等生命中一切崇高美好的东西,是生命不息所追求的东西,是世间万物生生不息的源泉。诗人一生执着于对太阳的崇拜,自称为"太阳的歌手",诗人反复吟咏"我来到这个世界为的是看太阳",那么,你来到这个世界为了什么呢?请以"我来到这个世界为的是……"为题仿写。

☞ **走近作者**

巴尔蒙特(1867—1942),俄国诗人、评论家、翻译家。以太阳为题材的作品成为诗人创作的高峰,他被当时的诗歌界誉为"太阳诗人"。他是俄国象征派领袖之一，追求音乐性强、辞藻优美、意境深远的诗风。代表作品有《在北方的天空下》《我们将像太阳》等。

☞ 拓展阅读

生活①

巴尔蒙特

  生活是水里映出的月亮的面容，
  到处都是它的中心，哪儿都不是它的半径，
  这是帝王般的构想，是一个无底的深渊，
  瞬间的永恒——美的瞬间——寂静。

  生活是处于月亮引力下大海的颤动
  波浪那苍白的宠儿——莲花——芳意微醺，
  充满隐秘光子的烟云
  及多数所创造的梦，它属于所有人又不属于任何人。

  宛如蜘蛛从自身拉出蛛网
  它身体笨拙，却在空中架起了轻盈的网——
  犹如画家在绘制自己的作品，
  把繁复事变的每个瞬间都牢牢刻上——

  就这样，世界从永恒中生发——
  存在的统一和多元化
  世界固然只有一个，但世上却永远都有两个：
  寂然不动、万虑皆消的我和他。

---

① 杨守森. 精美诗歌最新读本 [M]. 张冰, 译. 济南：山东友谊出版社, 2016.

☞ 经典回顾

寻梦者①
戴望舒

梦会开出花来的,
梦会开出娇妍的花来的:
去求无价的珍宝吧。

在青色的大海里,
在青色的大海的底里,
深藏着金色的贝一枚。

你去攀九年的冰山吧,
你去航九年的瀚海吧,
然后你逢到那金色的贝。

它有天上的云雨声,
它有海上的风涛声,
它会使你的心沉醉。

把它在海水里养九年,
把它在天水里养九年,
然后,它在一个暗夜里开绽了。

当你鬓发斑斑了的时候,
当你眼睛朦胧了的时候,
金色的贝吐出桃色的珠。

把桃色的珠放在你怀里,

---

① 吴福辉,陈子善主编. 雨巷·我用残损的手掌 [M]. 上海:复旦大学出版社,2006.

把桃色的珠放在你枕边，
于是一个梦静静地升上来了。

你的梦开出花来了，
你的梦开出娇妍的花来了，
在你已衰老了的时候。

☞ **话题设计**

《寻梦者》这首诗告诉我们，美好理想的实现，事业的成功，必须付出艰苦的代价。正如诗歌所言，"攀九年的冰山""航九年的瀚海""在海水里养九年""在天水里养九年"。我们都要做一个"寻梦者"，也许在追求梦想的路上，有挫折、有阻挠，但我们要始终相信"梦会开出花来的"，请以《梦会开出花来的》为题写一首小诗或短文。

☞ **走近作者**

戴望舒（1905—1950），中国现代著名诗人，中国现代象征派诗歌的代表。作品有《我的记忆》《望舒草》。因《雨巷》成为传诵一时的名作，故而被称为"雨巷诗人"。

☞ **素材积累**

如果生命的春天重到，古旧的凝冰都哗哗解冻，那时我会再看见灿烂的微笑，再听见明朗的呼唤。

诗的韵律不在字的抑扬顿挫上，而在诗的情绪的抑扬顿挫上，即在诗情的程度上。

在雨的哀曲里，消了她的颜色，散了她的芬芳，消散了，甚至她的太息般的眼光，丁香般的惆怅。

虽然残秋的风还未到来，但我已经从你的缄默里，觉出了它的寒冷。

星来星去，宇宙运行，春秋代序，人死人生，太阳无量数，太空无限大，我们只是倏忽渺小的夏虫井蛙。

我用残损的手掌，摸索这广大的土地，这一角已变成灰烬，那一角只是血和泥。我夜坐听风，昼眠听雨，悟得月如何缺，天如何老。

你牵引我到一个梦中，我却在别的梦中忘记你，现在是我每天灌溉着蔷薇，却让幽兰枯萎。

☞ **拓展阅读**

雨巷①
戴望舒

撑着油纸伞，独自
彷徨在悠长、悠长
又寂寥的雨巷，
我希望逢着
一个丁香一样地
结着愁怨的姑娘。

她是有
丁香一样的颜色，
丁香一样的芬芳，
丁香一样的忧愁，
在雨中哀怨，
哀怨又彷徨；

她彷徨在这寂寥的雨巷，
撑着油纸伞
像我一样，
像我一样地，
默默彳亍着，
冷漠、凄清，又惆怅。

她静默地走近
走近，又投出
太息一般的眼光，
她飘过

---

① 吴福辉，陈子善. 雨巷·我用残损的手掌 [M]. 上海：复旦大学出版社，2006.

像梦一般地,
像梦一般地凄婉迷茫。

像梦中飘过
一支丁香地,
我身旁飘过这女郎;
她静默地远了、远了,
到了颓圮的篱墙,
走尽这雨巷。

在雨的哀曲里,
消了她的颜色,
散了她的芬芳,
消散了,甚至她的
太息般的眼光,
丁香般的惆怅。

撑着油纸伞,独自
彷徨在悠长、悠长
又寂寥的雨巷,
我希望飘过
一个丁香一样地
结着愁怨的姑娘。

02/古典诗歌：经典流芳

古典诗歌的"话题选择"多结合具体诗句展开，常采用补写、扩写、改写等训练方式，既贴近考纲的题型要求，又能够常教常练，赏写结合。引导学生根据诗歌的内容和意境，抓住意象，将原诗歌写得简洁的部分或者未呈现的内容补写、扩写出来，它是激活思维的一种有效的操作方法。诗歌学习中，学生既能够"入乎其内"，又能够"出乎其外"。

☞ 经典回顾

静女[①]

《诗经》

静女其姝，俟我于城隅。
爱而不见，搔首踟蹰。
静女其娈，贻我彤管。
彤管有炜，说怿女美。
自牧归荑，洵美且异。
匪女之为美，美人之贻。

☞ 话题设计

在《静女》这首诗中，娴静的女子让男子"俟我于城隅"，但女子却"爱而不见"，男子发现恋人没有出现时，他会怎么想、怎么做，请运用动作和心理描写男子的外在行为和内在的心理活动。

☞ 走近作者

《诗经》是中国古代诗歌的滥觞，是最早的一部诗歌总集，收集了西周初年至春秋中叶的诗歌，共305篇，被称为"诗三百"。从汉代起，儒家学者把《诗》当作经典，尊其为"经"，列入"五经"之首。

按其音乐的性质，分为风、雅、颂三类；按其表现手法，分为赋、比、兴

[①] 洪镇涛. 诗经［M］. 上海：上海大学出版社，2012.

三类。四言为主，章节复沓，反复咏叹。它所涉内容丰富，对周代社会生活的各个方面，如劳动与爱情、战争与徭役、压迫与反抗、风俗与婚姻等现实都有所反映，被誉为古代社会的百科全书。

☞ 拓展阅读

关雎①
《诗经》

关关雎鸠，在河之洲。
窈窕淑女，君子好逑。
参差荇菜，左右流之。
窈窕淑女，寤寐求之。
求之不得，寤寐思服。
悠哉悠哉，辗转反侧。
参差荇菜，左右采之。
窈窕淑女，琴瑟友之。
参差荇菜，左右芼之。
窈窕淑女，钟鼓乐之。

绿衣②
《诗经》

绿兮衣兮，绿衣黄里。心之忧矣，曷维其已！
绿兮衣兮，绿衣黄裳。心之忧矣，曷维其亡！
绿兮丝兮，女所治兮。我思古人，俾无訧兮。
絺兮绤兮，凄其以风。我思古人，实获我心！

☞ 经典回顾

归园田居五首（其一）③
陶潜

少无适俗韵，性本爱丘山。

---

① 洪镇涛. 诗经 [M]. 上海：上海大学出版社，2012.
② 洪镇涛. 诗经 [M]. 上海：上海大学出版社，2012.
③ 陶渊明. 陶渊明集 [M]. 逯钦立，校注. 北京：中华书局，1979.

> 误落尘网中，一去三十年。
> 羁鸟恋旧林，池鱼思故渊。
> 开荒南野际，守拙归园田。
> 方宅十余亩，草屋八九间。
> 榆柳荫后檐，桃李罗堂前。
> 暧暧远人村，依依墟里烟。
> 狗吠深巷中，鸡鸣桑树颠。
> 户庭无尘杂，虚室有余闲。
> 久在樊笼里，复得返自然。

☞ **话题设计**

课堂中，我们运用想象还原法，用文字将诗句"暧暧远人村，依依墟里烟"还原成画面。那么，请大家运用此方法，描写"狗吠深巷中，鸡鸣桑树颠"的场景，并运用两种修辞手法。

☞ **走近作者**

陶潜（约365—427年），又名渊明，字元亮，号"五柳先生"，私谥"靖节先生"，出身于没落仕宦家庭。曾任江州祭酒、建威参军、镇军参军、彭泽县令等，做彭泽县令八十多天便弃职而去，从此归隐田园。他是中国第一位田园诗人，代表作有《陶渊明集》，被称为"千古隐逸之宗"。

☞ **拓展阅读**

归园田居五首（其三）[①]

陶潜

> 种豆南山下，草盛豆苗稀。
> 晨兴理荒秽，带月荷锄归。
> 道狭草木长，夕露沾我衣。
> 衣沾不足惜，但使愿无违。

[①] 陶渊明. 陶渊明集 [M]. 逯钦立，校注. 北京：中华书局，1979.

饮酒（其五）①

陶潜

结庐在人境，而无车马喧。
问君何能尔？心远地自偏。
采菊东篱下，悠然见南山。
山气日夕佳，飞鸟相与还。
此中有真意，欲辨已忘言。

饮酒（其八）②

陶潜

青松在东园，众草没其姿；
凝霜殄异类，卓然见高枝。
连林人不觉，独树众乃奇。
提壶挂寒柯，远望时复为。
吾生梦幻间，何事绁尘羁。

饮酒（其十七）③

陶潜

幽兰生前庭，含薰待清风。
清风脱然至，见别萧艾中。
行行失故路，任道或能通。
觉悟当念还，鸟尽废良弓。

---

① 陶渊明. 宋刊陶靖节先生诗注［M］. 北京：中国书店，2021.
② 陶渊明. 宋刊陶靖节先生诗注［M］. 北京：中国书店，2021.
③ 陶渊明. 宋刊陶靖节先生诗注［M］. 北京：中国书店，2021.

☞ 经典回顾

山居秋暝①
王维

空山新雨后，天气晚来秋。
明月松间照，清泉石上流。
竹喧归浣女，莲动下渔舟。
随意春芳歇，王孙自可留。

☞ 话题设计

揣摩全诗的内容和意境，将"明月松间照，清泉石上流"或"竹喧归浣女，莲动下渔舟"扩展成60字左右的一段文字，至少运用一种修辞手法。

☞ 走近作者

王维（701—761，一说699年—761年），唐朝著名诗人、画家，字摩诘，号摩诘居士。开元十九年（731年），王维状元及第。历官右拾遗、监察御史、河西节度使判官。

王维参禅悟理，学庄信道，精通诗、书、画、音乐等，以诗名盛于开元、天宝年间，其尤长五言，多咏山水田园，与孟浩然合称"王孟"，有"诗佛"之称。书画特臻其妙，后人推他为"南宗山水画之祖"。存诗400余首。苏轼评价其："味摩诘之诗，诗中有画；观摩诘之画，画中有诗。"

☞ 拓展阅读

鸟鸣涧②
王维

人闲桂花落，夜静春山空。
月出惊山鸟，时鸣深涧中。

---

① 葛兆光. 唐诗选注［M］. 北京：人民文学出版社，2007.
② 葛兆光. 唐诗选注［M］. 北京：人民文学出版社，2007.

九月九日忆山东兄弟[①]
王维

独在异乡为异客,每逢佳节倍思亲。
遥知兄弟登高处,遍插茱萸少一人。

使至塞上[②]
王维

单车欲问边,属国过居延。
征蓬出汉塞,归雁入胡天。
大漠孤烟直,长河落日圆。
萧关逢候骑,都护在燕然。

送元二使安西[③]
王维

渭城朝雨浥轻尘,客舍青青柳色新。
劝君更尽一杯酒,西出阳关无故人。

☞ 经典回顾

将进酒[④]
李白

君不见黄河之水天上来,奔流到海不复回!
君不见高堂明镜悲白发,朝如青丝暮成雪!
人生得意须尽欢,莫使金樽空对月。
天生我材必有用,千金散尽还复来。
烹羊宰牛且为乐,会须一饮三百杯。
岑夫子,丹丘生,将进酒,杯莫停。

---

① 葛兆光. 唐诗选注 [M]. 北京:人民文学出版社,2007.
② 葛兆光. 唐诗选注 [M]. 北京:人民文学出版社,2007.
③ 葛兆光. 唐诗选注 [M]. 北京:人民文学出版社,2007.
④ 葛兆光. 唐诗选注 [M]. 北京:人民文学出版社,2007.

与君歌一曲,请君为我倾耳听。
钟鼓馔玉不足贵,但愿长醉不复醒。
古来圣贤皆寂寞,惟有饮者留其名。
陈王昔时宴平乐,斗酒十千恣欢谑。
主人何为言少钱,径须沽取对君酌。
五花马,千金裘,呼儿将出换美酒,与尔同销万古愁。

☞ 话题设计

设计1:根据诗句"天生我材必有用,千金散尽还复来",揣摩此刻诗人的内心感受,扩写成一段60字左右的描写性文字。

设计2:根据全诗的内容,合理想象,至少运用一种修辞,将"五花马,千金裘,呼儿将出换美酒"扩写成一段60字左右的描写性文字。

☞ 走近作者

李白(701—762),字太白,号青莲居士,又号"谪仙人"。唐代伟大的浪漫主义诗人,被后人誉为"诗仙",与杜甫并称为"李杜",其人爽朗大方,爱饮酒作诗,喜交友。

有《李太白集》传世,代表作有《望庐山瀑布》《行路难》《蜀道难》《将进酒》《越女词》《早发白帝城》等。其诗以大胆的想象和奇特的夸张的风格为奇,诗风豪放飘逸。

☞ 拓展阅读

望庐山瀑布[①]

李白

日照香炉生紫烟,遥看瀑布挂前川。
飞流直下三千尺,疑是银河落九天。

[①] 葛兆光. 唐诗选注[M]. 北京:人民文学出版社,2007.

行路难（其一）①
李白

金樽清酒斗十千，玉盘珍羞直万钱。
停杯投箸不能食，拔剑四顾心茫然。
欲渡黄河冰塞川，将登太行雪满山。
闲来垂钓碧溪上，忽复乘舟梦日边。
行路难，行路难，多歧路，今安在？
长风破浪会有时，直挂云帆济沧海。

宣州谢朓楼饯别校书叔云②
李白

弃我去者，昨日之日不可留；
乱我心者，今日之日多烦忧。
长风万里送秋雁，对此可以酣高楼。
蓬莱文章建安骨，中间小谢又清发。
俱怀逸兴壮思飞，欲上青天揽明月。
抽刀断水水更流，举杯销愁愁更愁。
人生在世不称意，明朝散发弄扁舟。

☞ 经典回顾

旅夜书怀③
杜甫

细草微风岸，危樯独夜舟。
星垂平野阔，月涌大江流。
名岂文章著，官应老病休。
飘飘何所似，天地一沙鸥。

---

① 葛兆光. 唐诗选注［M］. 北京：人民文学出版社，2007.
② 赵昌平. 李白诗选评［M］. 上海：上海古籍出版社，2019.
③ 葛兆光. 唐诗选注［M］. 北京：人民文学出版社，2007.

☞ 话题设计

课堂上，我们一起用文字再现了诗句"细草微风岸，危樯独夜舟"的画面，课后，请描写"星垂平野阔，月涌大江流"的画面，并运用两种以上的修辞手法。

☞ 走近作者

杜甫（712—770），字子美，自号少陵野老。唐代伟大的现实主义诗人，与李白合称"李杜"。杜甫在中国古典诗歌中的影响非常深远，被后人称为"诗圣"，他的诗被称为"诗史"。后世称其杜拾遗、杜工部，也称他杜少陵、杜草堂。杜甫有《春望》《北征》《三吏》《三别》等代表名作，其诗风沉郁顿挫。杜甫的思想核心是儒家的仁政思想，他有"致君尧舜上，再使风俗淳"的宏伟抱负。杜甫共有约1500首诗歌被保留了下来，大多集于《杜工部集》。

☞ 拓展阅读

望岳[1]
杜甫

岱宗夫如何？齐鲁青未了。
造化钟神秀，阴阳割昏晓。
荡胸生曾云，决眦入归鸟。
会当凌绝顶，一览众山小。

春望[2]
杜甫

国破山河在，城春草木深。
感时花溅泪，恨别鸟惊心。
烽火连三月，家书抵万金。
白头搔更短，浑欲不胜簪。

---

[1] 葛兆光. 唐诗选注 [M]. 北京：人民文学出版社，2007.
[2] 葛兆光. 唐诗选注 [M]. 北京：人民文学出版社，2007.

登高①

杜甫

风急天高猿啸哀,渚清沙白鸟飞回。
无边落木萧萧下,不尽长江滚滚来。
万里悲秋常作客,百年多病独登台。
艰难苦恨繁霜鬓,潦倒新停浊酒杯。

☞ 经典回顾

琵琶行②

白居易

浔阳江头夜送客,枫叶荻花秋瑟瑟。主人下马客在船,举酒欲饮无管弦。醉不成欢惨将别,别时茫茫江浸月。忽闻水上琵琶声,主人忘归客不发。寻声暗问弹者谁?琵琶声停欲语迟。移船相近邀相见,添酒回灯重开宴。千呼万唤始出来,犹抱琵琶半遮面。转轴拨弦三两声,未成曲调先有情。弦弦掩抑声声思,似诉平生不得志;低眉信手续续弹,说尽心中无限事。轻拢慢捻抹复挑,初为霓裳后六幺。大弦嘈嘈如急雨,小弦切切如私语。嘈嘈切切错杂弹,大珠小珠落玉盘;间关莺语花底滑,幽咽泉流冰下难。冰泉冷涩弦凝绝,凝绝不通声暂歇。别有幽愁暗恨生,此时无声胜有声。银瓶乍破水浆迸,铁骑突出刀枪鸣。曲终收拨当心画,四弦一声如裂帛。东船西舫悄无言,唯见江心秋月白。沈吟放拨插弦中,整顿衣裳起敛容。自言本是京城女,家在虾蟆陵下住。十三学得琵琶成,名属教坊第一部。曲罢曾教善才伏,妆成每被秋娘妒。五陵年少争缠头,一曲红绡不知数。钿头云篦击节碎,血色罗裙翻酒污。今年欢笑复明年,秋月春风等闲度。弟走从军阿姨死,暮去朝来颜色故。门前冷落鞍马稀,老大嫁作商人妇。商人重利轻别离,前月浮梁买茶去。去来江口守空船,绕船月明江水寒。夜深忽梦少年事,梦啼妆泪红阑干。我闻琵琶已叹息,又闻此语重唧唧。同是天涯沦落人,相逢何必曾相识!我从去年辞帝京,谪居卧病浔阳城。浔阳地僻无音乐,终岁不闻丝竹声。住近湓江地低湿,黄芦苦竹绕宅生。其间旦暮闻何物,杜鹃啼血猿哀鸣。春江花

---

① 葛兆光. 唐诗选注 [M]. 北京: 人民文学出版社, 2007.
② 葛兆光. 唐诗选注 [M]. 北京: 人民文学出版社, 2007.

朝秋月夜，往往取酒还独倾。岂无山歌与村笛，呕哑嘲哳难为听。今夜闻君琵琶语，如听仙乐耳暂明。莫辞更坐弹一曲，为君翻作《琵琶行》。感我此言良久立，却坐促弦弦转急。凄凄不似向前声，满座重闻皆掩泣。座中泣下谁最多？江州司马青衫湿！

☞ **话题设计**

设计1：揣摩全诗的内容和意境，将"千呼万唤始出来，犹抱琵琶半遮面"或"东船西舫悄无言，唯见江心秋月白"扩展成60字左右的一段文字，至少运用一种修辞手法。

设计2：《琵琶行》中，诗人用文字描摹音乐堪称经典。诗人运用比喻，把抽象的音乐以具体可感的声、色、形的形象表现了出来。运用叠词模拟声音，使音乐描写更形象。请用文字描写"大弦嘈嘈如急雨，小弦切切如私语……四弦一声如裂帛"。

☞ **走近作者**

白居易（772—846），字乐天，号香山居士，唐代现实主义诗人。白居易与元稹共同倡导新乐府运动，世称"元白"，与刘禹锡并称"刘白"。

白居易的诗歌题材广泛，形式多样，语言平易通俗，有"诗魔"和"诗王"之称。官至翰林学士、左赞善大夫。公元846年，白居易在洛阳逝世，葬于香山。有《白氏长庆集》传世，代表诗作有《长恨歌》《卖炭翁》《琵琶行》等。

☞ **拓展阅读**

钱塘湖春行[①]

白居易

孤山寺北贾亭西，水面初平云脚低。
几处早莺争暖树，谁家新燕啄春泥？
乱花渐欲迷人眼，浅草才能没马蹄。
最爱湖东行不足，绿杨阴里白沙堤。

---

① 葛兆光. 唐诗选注 [M]. 北京：人民文学出版社，2007.

长恨歌①

白居易

汉皇重色思倾国，御宇多年求不得。杨家有女初长成，养在深闺人未识。
天生丽质难自弃，一朝选在君王侧。回眸一笑百媚生，六宫粉黛无颜色。
春寒赐浴华清池，温泉水滑洗凝脂。侍儿扶起娇无力，始是新承恩泽时。
云鬓花颜金步摇，芙蓉帐暖度春宵。春宵苦短日高起，从此君王不早朝。
承欢侍宴无闲暇，春从春游夜专夜。后宫佳丽三千人，三千宠爱在一身。
金屋妆成娇侍夜，玉楼宴罢醉和春。姊妹弟兄皆列土，可怜光彩生门户。
遂令天下父母心，不重生男重生女。骊宫高处入青云，仙乐风飘处处闻。
缓歌慢舞凝丝竹，尽日君王看不足。渔阳鼙鼓动地来，惊破霓裳羽衣曲。
九重城阙烟尘生，千乘万骑西南行。翠华摇摇行复止，西出都门百餘里。
六军不发无奈何，宛转蛾眉马前死。花钿委地无人收，翠翘金雀玉搔头。
君王掩面救不得，回看血泪相和流。黄埃散漫风萧索，云栈萦纡登剑阁。
峨嵋山下少人行，旌旗无光日色薄。蜀江水碧蜀山青，圣主朝朝暮暮情。
行宫见月伤心色，夜雨闻铃肠断声。天旋日转回龙驭，到此踌躇不能去。
马嵬坡下泥土中，不见玉颜空死处。君臣相顾尽沾衣，东望都门信马归。
归来池苑皆依旧，太液芙蓉未央柳。芙蓉如面柳如眉，对此如何不泪垂。
春风桃李花开日，秋雨梧桐叶落时。西宫南内多秋草，落叶满阶红不扫。
梨园弟子白发新，椒房阿监青娥老。夕殿萤飞思悄然，孤灯挑尽未成眠。
迟迟钟鼓初长夜，耿耿星河欲曙天。鸳鸯瓦冷霜华重，翡翠衾寒谁与共。
悠悠生死别经年，魂魄不曾来入梦。临邛道士鸿都客，能以精诚致魂魄。
为感君王辗转思，遂教方士殷勤觅。排空驭气奔如电，升天入地求之遍。
上穷碧落下黄泉，两处茫茫皆不见。忽闻海上有仙山，山在虚无缥缈间。
楼阁玲珑五云起，其中绰约多仙子。中有一人字太真，雪肤花貌参差是。
金阙西厢叩玉扃，转教小玉报双成。闻道汉家天子使，九华帐里梦魂惊。
揽衣推枕起徘徊，珠箔银屏迤逦开。云鬓半偏新睡觉，花冠不整下堂来。
风吹仙袂飘飘举，犹似霓裳羽衣舞。玉容寂寞泪阑干，梨花一枝春带雨。
含情凝睇谢君王，一别音容两渺茫。昭阳殿里恩爱绝，蓬莱宫中日月长。
回头下望人寰处，不见长安见尘雾。惟将旧物表深情，钿合金钗寄将去。

---

① 葛兆光. 唐诗选注 [M]. 北京：人民文学出版社，2007.

钗留一股合一扇，钗擘黄金合分钿。但令心似金钿坚，天上人间会相见。临别殷勤重寄词，词中有誓两心知。七月七日长生殿，夜半无人私语时。在天愿作比翼鸟，在地愿为连理枝。天长地久有时尽，此恨绵绵无绝期。

☞ 经典回顾

虞美人[①]

李煜

春花秋月何时了？往事知多少。小楼昨夜又东风，故国不堪回首月明中。雕栏玉砌应犹在，只是朱颜改。问君能有几多愁？恰似一江春水向东流。

☞ 话题设计

"春花秋月何时了？往事知多少。"亡国之君李煜面对"春花秋月"，物是人非，多少往事涌上心头，此情此景，他会想起哪些"往事"呢？请你替他说出来。

☞ 走近作者

李煜（937—978），原名李从嘉，字重光，是南唐元宗（南唐中主）李璟的第六子。在位十五年，世称李后主、南唐后主。公元975年，后主被俘到汴京，封违命侯。据宋代王铚的《默记》记载，李煜最后因写《虞美人》而被宋太宗用牵机药毒杀。

李煜精书法，善绘画，通音律，诗与文均有一定造诣，尤以词的成就最高。词作内容主要可分作两类：第一类为降宋之前所写，主要反映宫廷生活和男女情爱，题材较窄；第二类为降宋后所写，主要反映亡国的悲痛，此时期的作品成就远远超过前期，可谓"神品"。有千古杰作《虞美人》《浪淘沙》《相见欢》等。

[①] 王仲闻. 南唐二主词笺注［M］. 北京：中华书局，2015.

☞ 拓展阅读

浪淘沙[1]
李煜

帘外雨潺潺，春意阑珊。罗衾不耐五更寒。梦里不知身是客，一晌贪欢。
独自莫凭栏，无限江山，别时容易见时难。流水落花春去也，天上人间。

乌夜啼[2]
李煜

无言独上西楼，月如钩，寂寞梧桐深院锁清秋。
剪不断，理还乱，是离愁，别是一番滋味在心头。

乌夜啼[3]
李煜

林花谢了春红，太匆匆。无奈朝来寒雨晚来风。
胭脂泪，相留醉，几时重。自是人生长恨水长东。

破阵子[4]
李煜

四十年来家国，三千里地山河。凤阁龙楼连霄汉，玉树琼枝作烟萝，几曾识干戈？
一旦归为臣虏，沈腰潘鬓消磨。最是仓皇辞庙日，教坊犹奏别离歌，垂泪对宫娥。

---

[1] 王仲闻. 南唐二主词笺注 [M]. 北京：中华书局，2015.
[2] 王仲闻. 南唐二主词笺注 [M]. 北京：中华书局，2015.
[3] 王仲闻. 南唐二主词笺注 [M]. 北京：中华书局，2015.
[4] 王仲闻. 南唐二主词笺注 [M]. 北京：中华书局，2015.

☞ 经典回顾

雨霖铃①

柳永

寒蝉凄切，对长亭晚，骤雨初歇。都门帐饮无绪，留恋处，兰舟催发。执手相看泪眼，竟无语凝噎。念去去，千里烟波，暮霭沉沉楚天阔。

多情自古伤离别，更那堪，冷落清秋节！今宵酒醒何处？杨柳岸，晓风残月。此去经年，应是良辰好景虚设。便纵有千种风情，更与何人说？

☞ 话题设计

设计1：柳永《雨霖铃》中的"执手相看泪眼，竟无语凝噎"，无声胜有声，说是"无语"，实际上有千言万语，只是临别感伤之时，不知从何说起，此时的柳永和恋人，有太多想说而说不出的话。你能否试着代他们说两句，请展开想象写一写，100字左右。

设计2：白描铺叙别离，其人、其情、其景、其境，虚实之间，自然交融，终成千古一别。别后，离开对方的日子会怎样度过呢？会不会鸿雁传书呢？请以主人公的角度写一封书信，200~300字左右。

设计3：词又称"诗余"，可见诗词本是一家，那么大家能不能选取《雨霖铃》中的意象，把这首词改写成诗呢？

设计4：揣摩全词的内容和意境，将"今宵酒醒何处？杨柳岸、晓风残月"扩展成60字左右的一段文字，至少运用一种修辞手法。

☞ 走近作者

柳永（约984—约1053），原名三变，字景庄，后改名柳永，字耆卿，因排行第七，又称柳七，福建崇安人，北宋著名词人，婉约派代表人物。

柳永出身官宦世家，少时学习诗词，有功名用世之志。年轻时，因常出入歌楼妓馆，为乐工歌妓撰写歌词，为权贵所不齿。后来科考落第，他索性放浪形迹。宋仁宗景祐元年（1034）考取进士，做过屯田员外郎等小官，世称柳屯田。

柳永是北宋第一个专力填词的作家，他一生穷困潦倒，独以词著称于世。

---

① 柳永. 乐章集[M]. 南京：江苏凤凰文艺出版社，2019.

他的词多写都市繁华景象及青楼歌妓的生活,尤善于表达羁旅行役之苦,扩大了词的题材。柳永精通乐律,大量制作慢词,对推进词体的发展起了重要的作用。柳词以铺叙见长,善于用通俗的语言传情状物,雅俗共赏,因而流传很广。他的代表作有《乐章集》。

☞ 拓展阅读

鹤冲天①
柳永

黄金榜上,偶失龙头望。明代暂遗贤,如何向。未遂风云便,争不恣游狂荡。何须论得丧?才子词人,自是白衣卿相。

烟花巷陌,依约丹青屏障。幸有意中人,堪寻访。且恁偎红倚翠,风流事,平生畅。青春都一饷。忍把浮名,换了浅斟低唱!

八声甘州②
柳永

对潇潇暮雨洒江天,一番洗清秋。渐霜风凄紧,关河冷落,残照当楼。是处红衰翠减,苒苒物华休。惟有长江水,无语东流。

不忍登高临远,望故乡渺邈,归思难收。叹年来踪迹,何事苦淹留!想佳人、妆楼颙望,误几回、天际识归舟。争知我、倚阑干处,正恁凝愁!

☞ 话题设计

设计1:请据柳永《八声甘州》中的"想佳人,妆楼颙望,误几回、天际识归舟",合理想象当时的情形,写出"佳人"的"思"和"行"。

设计2:揣摩全词的内容和意境,将"渐霜风凄紧,关河冷落,残照当楼"扩展成60字左右的一段文字,至少运用一种修辞手法。

---

① 柳永. 乐章集 [M]. 南京:江苏凤凰文艺出版社,2019.
② 柳永. 乐章集 [M]. 南京:江苏凤凰文艺出版社,2019.

蝶恋花①
柳永

伫倚危楼风细细，望极春愁，黯黯生天际。草色烟光残照里，无言谁会凭阑意。

拟把疏狂图一醉，对酒当歌，强乐还无味。衣带渐宽终不悔，为伊消得人憔悴。

☞ **经典回顾**

念奴娇·赤壁怀古②
苏轼

大江东去，浪淘尽、千古风流人物。故垒西边，人道是、三国周郎赤壁。乱石穿空，惊涛拍岸，卷起千堆雪。江山如画，一时多少豪杰。

遥想公瑾当年，小乔初嫁了，雄姿英发。羽扇纶巾，谈笑间，樯橹灰飞烟灭。故国神游，多情应笑我、早生华发。人生如梦，一尊还酹江月。

☞ **话题设计**

设计1：揣摩全词的内容和意境，将"乱石穿空，惊涛拍岸，卷起千堆雪"扩展成60字左右的一段文字，至少运用一种修辞手法。

设计2：面对如画江山，想到志得意满的周瑜，看看自己早生的华发，回想"乌台诗案"后的九死一生，苏轼此时内心一定感慨万千，请你揣摩诗人此刻的心境，帮他写出来。

☞ **走近作者**

苏轼（1037—1101），字子瞻，号东坡居士，世称苏东坡，北宋著名文学家、书法家、美食家、画家。

嘉祐二年（1057年），苏轼进士及第。元丰三年（1080年），因"乌台诗案"被贬为黄州团练副使。宋哲宗即位后任翰林学士、侍读学士、礼部尚书等职，外放治理杭州、颍州、扬州、定州等地，晚年因新党执政被贬惠州、儋州。宋徽宗时获大赦北还，途中于常州病逝。

---

① 柳永. 乐章集 [M]. 南京：江苏凤凰文艺出版社，2019.
② 王宗堂，邹同庆. 苏轼词编年校注 [M]. 北京：中华书局，2002.

苏轼是北宋中期文坛领袖，在诗、词、文、书、画等方面取得很高成就。其文纵横恣肆，清新豪健，善用夸张、比喻，独具风格，与黄庭坚并称"苏黄"；词开豪放一派，与辛弃疾同是豪放派代表，并称"苏辛"；散文著述宏富，豪放自如，与欧阳修并称"欧苏"，为"唐宋八大家"之一。苏轼善书，"宋四家"之一；擅长文人画，尤擅墨竹、怪石、枯木等。李志敏评价："苏轼是全才式的艺术巨匠。"王士祯更将其与李白、曹植并称为汉魏以来，二千余年间的"三大仙才"。

☞ 拓展阅读

水调歌头①
苏轼

明月几时有？把酒问青天。不知天上宫阙，今夕是何年。我欲乘风归去，又恐琼楼玉宇，高处不胜寒。起舞弄清影，何似在人间。

转朱阁，低绮户，照无眠。不应有恨，何事长向别时圆！人有悲欢离合，月有阴晴圆缺，此事古难全。但愿人长久，千里共婵娟。

江城子（乙卯正月二十日夜记梦）②
苏轼

十年生死两茫茫，不思量，自难忘。千里孤坟，无处话凄凉。纵使相逢应不识，尘满面，鬓如霜。

夜来幽梦忽还乡，小轩窗，正梳妆。相顾无言，唯有泪千行。料得年年肠断处，明月夜，短松冈。

定风波③
苏轼

莫听穿林打叶声，何妨吟啸且徐行。竹杖芒鞋轻胜马，谁怕？一蓑烟雨任平生。

料峭春风吹酒醒，微冷，山头斜照却相迎。回首向来萧瑟处，归去，也

---

① 王水照，朱刚. 苏轼诗词文选评［M］. 上海：上海古籍出版社，2019.
② 王水照，朱刚. 苏轼诗词文选评［M］. 上海：上海古籍出版社，2019.
③ 王水照，朱刚. 苏轼诗词文选评［M］. 上海：上海古籍出版社，2019.

无风雨也无晴。

自题金山画像①
苏轼

心似已灰之木，身如不系之舟。
问汝平生功业，黄州惠州儋州。

☞ 经典回顾

永遇乐·京口北固亭怀古②
辛弃疾

千古江山，英雄无觅，孙仲谋处。舞榭歌台，风流总被、雨打风吹去。斜阳草树，寻常巷陌，人道寄奴曾住。想当年，金戈铁马，气吞万里如虎。

元嘉草草，封狼居胥，赢得仓皇北顾。四十三年，望中犹记，烽火扬州路。可堪回首，佛狸祠下，一片神鸦社鼓。凭谁问，廉颇老矣，尚能饭否？

☞ 话题设计

京口，南北朝时镇江旧称。北固亭，在镇江东北北固山上。辛弃疾施展雄才大略、恢复中原的愿望再一次落空，词人来到北固亭，登高眺望，怀古忆昔，心潮澎湃，感慨万千，写下了千古传诵的杰作《永遇乐·京口北固亭怀古》，请将词的内容改写为200字的记叙文。

☞ 走近作者

辛弃疾（1140—1207），字幼安，号稼轩，南宋豪放派词人，有"词中之龙"之称。与苏轼合称"苏辛"，与李清照并称"济南二安"。著有《美芹十论》《九议》，条陈战守之策。由于与当政的主和派政见不合，后被弹劾落职，退隐山居。开禧北伐前后，相继被起用为绍兴知府、镇江知府。开禧三年（1207年），辛弃疾病逝，时年六十八。

辛弃疾一生以恢复中原为志，以功业自许，却命运多舛，备受排挤，壮志

---

① 张志烈，马德富，周裕锴. 苏轼全集校注（第八册）[M]. 石家庄：河北人民出版社，2010.

② 辛弃疾. 辛弃疾词 [M]. 北京：中国纺织出版社，2020.

难酬。他把满腔激情和对国家兴亡、民族命运的关切、忧虑，全部寄寓于词作之中。其词艺术风格多样，以豪放为主，风格沉郁豪迈又不乏细腻柔媚之处。其词题材广阔又善化用典故入词，抒写力图恢复国家统一的爱国热情，倾诉壮志难酬的悲愤，对当时执政者的屈辱求和颇多谴责，也有不少吟咏祖国河山的作品。现存词六百多首，有词集《稼轩长短句》等传世。

☞ 拓展阅读

丑奴儿·书博山道中壁[①]

辛弃疾

少年不识愁滋味，爱上层楼。爱上层楼，为赋新词强说愁。
而今识尽愁滋味，欲说还休。欲说还休，却道"天凉好个秋"！

破阵子·为陈同甫赋壮词以寄之[②]

辛弃疾

醉里挑灯看剑，梦回吹角连营。八百里分麾下炙，五十弦翻塞外声，沙场秋点兵。
马作的卢飞快，弓如霹雳弦惊。了却君王天下事，赢得生前身后名。可怜白发生！

青玉案·元夕[③]

辛弃疾

东风夜放花千树，更吹落、星如雨。宝马雕车香满路。凤箫声动，玉壶光转，一夜鱼龙舞。
蛾儿雪柳黄金缕，笑语盈盈暗香去。众里寻他千百度。蓦然回首，那人却在，灯火阑珊处。

[①] 辛弃疾. 辛弃疾词集［M］. 上海：上海古籍出版社，2016.
[②] 辛弃疾. 辛弃疾词［M］. 北京：中国纺织出版社，2020.
[③] 辛弃疾. 辛弃疾词［M］. 北京：中国纺织出版社，2020.

03/散文：生活本色

散文是一种自由而宽广的文体，没有什么是它不能表达的，同时，它又几乎囊括了所有的文学表现手法。高尔基说过："语言是文学的第一要素，散文靠内在的诗意和语言的魅力来吸引读者。"高明的语言艺术家，就像一位神奇的魔法师。散文题材的"话题选择"广泛，或写景状物，或叙事抒情。可以引导学生学习散文体物入微、以小见大的取材立意；学习散文语言刻画、因事多变的叙事手法；学习散文合旨适境、叹为观止的语言描写。

如学完汪曾祺《多年父子成兄弟》后，可以这样设计："儿女是属于他们自己的。他们的现在，和他们的未来，都应由他们自己来设计。一个想用自己理想的模式塑造自己的孩子的父亲是愚蠢的，而且，可恶！另外作为一个父亲，应该尽量保持一点童心。"作者提出了对父子间关系的看法：营造平等、自由的家庭氛围，保持一颗童心。打破父辈用模子塑造子女的错误做法。在你的家庭中，是怎样的一种家庭氛围，你对你的父亲想表达些什么？请你给你的父亲写一封信，说出你的心里话。还可以这样设计：细处落笔，小中见大，是汪曾祺的《多年父子成兄弟》的艺术表现特点之一，请你用这种艺术手法写一写自己的父亲。同样，莫言笔下《过去的年》一文阐释了过去的年有美食的诱惑、有神秘的气氛、有纯洁的童心。但随着经济的发展，人们的生活方式、娱乐方式都发生了很大的变化，可以让学生以《现在的年》为题仿写对"现在的年"的认识和感想。德国批判现实主义作家亨利希·曼的《化装舞会》可以这样设计写作话题：一件童年往事，让作者第一次知道了贫富的差距，对作者的影响和冲击是非常大的，对他形成自己的世界观、人生观产生了重要的影响。在你的童年生活中，一定也会有一些对你产生影响的往事，请你用笔将它写出来。苇岸的《大地上的事情》一文由许多札记式的片段组成，每一个片段都是白描（以简洁的文字勾勒所观察的事物的性状）、取喻（采用拟人或比喻）、议论（从普通事物中挖掘出意义、获得哲理性认识与启示）。课堂上可以开展"学描述、赏修辞、悟启发"的教学活动，课后可以开展"我观察到的大地上的事情"的"微写作"。刘亮程的《今生今世的证据》一文，作者这样写道：我走的时候，还不懂得怜惜曾经拥有的事物；我走的时候，还不知道向那些熟悉的东西去告别；我走的时候，我还不知道曾经的生活有一天，会需要证明。作家刘亮程一再强调"不懂得""不知道",字里行间充满着深深的懊悔。是的,许多事情总是要经过历练和思考才会明白,而等到明白时,时间的流水已经带走了许多的东西,所以人生常有遗憾。随着城市化进程的加快,许多农村的房屋正在拆迁或即将拆迁,面对那些承载着儿时记忆的一屋一瓦、一草一木即将消失,为了不留下遗憾,相信你们也一定想用文字把它们记录下来。让学生以《留下家乡的记忆》为题进行"微写作",写下自己的所思所感。

作家是生活的发现者,他们以文学的形式为我们打开了一扇又一扇生活之窗。慢慢走,欣赏的同时,引导学生学会观察、思考与表达,引导学生的语文学习"向青草更青处漫溯"。

☞ 经典回顾

荷塘月色[①]
朱自清

这几天心里颇不宁静。今晚在院子里坐着乘凉,忽然想起日日走过的荷塘,在这满月的光里,总该另有一番样子吧。月亮渐渐地升高了,墙外马路上孩子们的欢笑,已经听不见了;妻在屋里拍着闰儿,迷迷糊糊地哼着眠歌。我悄悄地披了大衫,带上门出去。

沿着荷塘,是一条曲折的小煤屑路。这是一条幽僻的路;白天也少人走,夜晚更加寂寞。荷塘四面,长着许多树,蓊蓊郁郁的。路的一旁,是些杨柳,和一些不知道名字的树。没有月光的晚上,这路上阴森森的,有些怕人。今晚却很好,虽然月光也还是淡淡的。

路上只我一个人,背着手踱着。这一片天地好像是我的;我也像超出了平常的自己,到了另一世界里。我爱热闹,也爱冷静;爱群居,也爱独处。像今晚上,一个人在这苍茫的月下,什么都可以想,什么都可以不想,便觉是个自由的人。白天里一定要做的事,一定要说的话,现在都可不理。这是独处的妙处,我且受用这无边的荷香月色好了。

曲曲折折的荷塘上面,弥望的是田田的叶子。叶子出水很高,像亭亭的舞女的裙。层层的叶子中间,零星地点缀着些白花,有袅娜地开着的,有羞涩地打着朵儿的;正如一粒粒的明珠,又如碧天里的星星,又如刚出浴的美人。微风过处,送来缕缕清香,仿佛远处高楼上渺茫的歌声似的。这时候叶子与花也

[①] 朱自清. 朱自清散文集[M]. 南京:南京出版社,2018.

有一丝的颤动,像闪电般,霎时传过荷塘的那边去了。叶子本是肩并肩密密地挨着,这便宛然有了一道凝碧的波痕。叶子底下是脉脉的流水,遮住了,不能见一些颜色;而叶子却更见风致了。

月光如流水一般,静静地泻在这一片叶子和花上。薄薄的青雾浮起在荷塘里。叶子和花仿佛在牛乳中洗过一样;又像笼着轻纱的梦。虽然是满月,天上却有一层淡淡的云,所以不能朗照;但我以为这恰是到了好处——酣眠固不可少,小睡也别有风味的。月光是隔了树照过来的,高处丛生的灌木,落下参差的斑驳的黑影,峭楞楞如鬼一般;弯弯的杨柳的稀疏的倩影,却又像是画在荷叶上。塘中的月色并不均匀;但光与影有着和谐的旋律,如梵婀玲上奏着的名曲。

荷塘的四面,远远近近,高高低低都是树,而杨柳最多。这些树将一片荷塘重重围住;只在小路一旁,漏着几段空隙,像是特为月光留下的。树色一例是阴阴的,乍看像一团烟雾;但杨柳的丰姿,便在烟雾里也辨得出。树梢上隐隐约约的是一带远山,只有些大意罢了。树缝里也漏着一两点路灯光,没精打采的,是渴睡人的眼。这时候最热闹的,要数树上的蝉声与水里的蛙声;但热闹是它们的,我什么也没有。

忽然想起采莲的事情来了。采莲是江南的旧俗,似乎很早就有,而六朝时为盛;从诗歌里可以约略知道。采莲的是少年的女子,她们是荡着小船,唱着艳歌去的。采莲人不用说很多,还有看采莲的人。那是一个热闹的季节,也是一个风流的季节。梁元帝《采莲赋》里说得好:

于是妖童媛女,荡舟心许;鹢首徐回,兼传羽杯;櫂将移而藻挂,船欲动而萍开。尔其纤腰束素,迁延顾步;夏始春余,叶嫩花初,恐沾裳而浅笑,畏倾船而敛裾。

可见当时嬉游的光景了。这真是有趣的事,可惜我们现在早已无福消受了。

于是又记起《西洲曲》里的句子:

采莲南塘秋,莲花过人头;低头弄莲子,莲子清如水。

今晚若有采莲人,这儿的莲花也算得"过人头"了;只不见一些流水的影子,是不行的。这令我到底惦着江南了。——这样想着,猛一抬头,不觉已是自己的门前;轻轻地推门进去,什么声息也没有,妻已睡熟好久了。

☞ **话题设计**

品完朱自清笔下唯美空灵的荷塘月色图,大家对如何写景,特别是对如何描写荷塘之景一定掌握了相应的技法,课后同学们可以欣赏学校知心湖的荷花,或者游览相城区的4A级景点"荷塘月色",近距离实地观察一下荷塘景色,然后写一段荷塘美景图。要求:运用"动与静、远与近、点与面、声与色"等多种写景角度去描写,不少于两种修辞手法。

☞ **走近作者**

朱自清(1898—1948),原名自华,号秋实,后改名自清,字佩弦。原籍浙江绍兴。现代杰出的散文家、诗人、学者、民主战士。1928年第一本散文集《背影》出版。1932年,任清华大学中国文学系主任。1934年,出版《欧游杂记》和《伦敦杂记》。1935年,出版散文集《你我》。1948年病逝于北平,年仅50岁。

朱自清的散文,一是以写社会生活抨击黑暗现实;二是叙事性和抒情性的小品文,主要描写个人和家庭生活,表现父子、夫妻、朋友间的人伦之情,具有浓厚的人情味;三是以写自然景物为主的一组借景抒情的小品文。其散文素朴缜密、清隽沉郁,以语言洗练,文笔清丽著称,极富真情实感。

朱自清散文,追求一个"真"字,以真挚的感情,写自己的所见所闻、所思所感,求得逼真的艺术效果。"真"是朱自清散文的艺术核心。讲真话,写真情,描绘实景,是他散文艺术的最高成就。

☞ **拓展阅读**

桨声灯影里的秦淮河[①]

朱自清

一九二三年八月的一晚,我和平伯同游秦淮河;平伯是初泛,我是重来了。我们雇了一只"七板子",在夕阳已去,皎月方来的时候,便下了船。于是桨声汩——汩,我们开始领略那晃荡着蔷薇色的历史的秦淮河的滋味了。

秦淮河里的船,比北京万生园,颐和园的船好,比西湖的船好,比扬州瘦西湖的船也好。这几处的船不是觉着笨,就是觉着简陋、局促;都不能引起乘客们的情韵,如秦淮河的船一样。秦淮河的船约略可分为两种:一是大船;一是小船,就是所谓"七板子"。大船舱口阔大,可容二三十人。里面陈

[①] 《伴随》编辑部. 人生的乐趣:经典散文中的民俗民生 [M]. 哈尔滨:北方文艺出版社,2011.

设着字画和光洁的红木家具，桌上一律嵌着冰凉的大理石面。窗格雕镂颇细，使人起柔腻之感。窗格里映着红色蓝色的玻璃；玻璃上有精致的花纹，也颇悦人目。"七板子"规模虽不及大船，但那淡蓝色的栏杆，空敞的舱，也足系人情思。而最出色处却在它的舱前。舱前是甲板上的一部。上面有弧形的顶，两边用疏疏的栏杆支着。里面通常放着两张藤的躺椅。躺下，可以谈天，可以望远，可以顾盼两岸的河房。大船上也有这个，便在小船上更觉清隽罢了。舱前的顶下，一律悬着灯彩；灯的多少，明暗，彩苏的精粗，艳晦，是不一的。但好歹总还你一个灯彩。这灯彩实在是最能勾人的东西。夜幕垂垂地下来时，大小船上都点起灯火。从两重玻璃里映出那辐射着的黄黄的散光，反晕出一片朦胧的烟霭；透过这烟霭，在黯黯的水波里，又逗起缕缕的明漪。在这薄霭和微漪里，听着那悠然的间歇的桨声，谁能不被引入他的美梦去呢？只愁梦太多了，这些大小船儿如何载得起呀？我们这时模模糊糊的谈着明末的秦淮河的艳迹，如《桃花扇》及《板桥杂记》里所载的。我们真神往了。我们仿佛亲见那时华灯映水，画舫凌波的光景了。于是我们的船便成了历史的重载了。我们终于恍然秦淮河的船所以雅丽过于他处，而又有奇异的吸引力的，实在是许多历史的影像使然了。

秦淮河的水是碧阴阴的；看起来厚而不腻，或者是六朝金粉所凝么？我们初上船的时候，天色还未断黑，那漾漾的柔波是这样恬静，委婉，使我们一面有水阔天空之想，一面又憧憬着纸醉金迷之境了。等到灯火明时，阴阴的变为沉沉了：黯淡的水光，像梦一般；那偶然闪烁着的光芒，就是梦的眼睛了。我们坐在舱前，因了那隆起的顶棚，仿佛总是昂着首向前走着似的；于是飘飘然如御风而行的我们，看着那些自在的湾泊着的船，船里走马灯般的人物，便像是下界一般，迢迢的远了，又像在雾里看花，尽朦朦胧胧的。这时我们已过了利涉桥，望见东关头了。沿路听见断续的歌声：有从沿河的妓楼飘来的，有从河上船里度来的。我们明知那些歌声，只是些因袭的言词，从生涩的歌喉里机械的发出来的；但它们经了夏夜的微风的吹漾和水波的摇拂，袅娜着到我们耳边的时候，已经不单是她们的歌声，而混着微风和河水的密语了。于是我们不得不被牵惹着，震撼着，相与浮沉于这歌声里了。从东关头转湾，不久就到大中桥。大中桥共有三个桥拱，都很阔大，俨然是三座门儿；使我们觉得我们的船和船里的我们，在桥下过去时，真是太无颜色了。桥砖是深褐色，表明它的历史的长久；但都完好无缺，令人太息于古昔工程的坚美。桥上两旁都是木壁的房子，中间应该有街路？这些房子都破旧了，多年烟熏的迹，遮没了当年的美丽。我想象秦淮河的极盛时，在这样宏阔的桥上，特地盖了房子，必然是髹漆得富富丽丽的；晚间必然是灯火通明的，现在却只剩下一片黑沉沉！但是桥上造着房子，毕竟使我们多少可以想见往日的繁华；这也慰情聊胜于无了。过了大中桥，便到了灯月交辉，笙歌彻夜的秦淮河；这才是秦淮河的真面目哩。

大中桥外，顿然空阔，和桥内两岸排着密密的人家的景象大异了。一眼望去，疏疏的林，淡淡的月，衬着蔚蓝的天，颇像荒江野渡光景；那边呢，郁丛丛的，阴森森的，又似乎藏着无边的黑暗：令人几乎不信那是繁华的秦淮河了。但是河中眩晕着的灯光，纵横着的画舫，悠扬着的笛韵，夹着那吱吱的胡琴声，终于使我们认识绿如茵陈酒的秦淮水了。此地天裸露着的多些，故觉夜来的独迟些；从清清的水影里，我们感到的只是薄薄的夜——这正是秦淮河的夜。大中桥外，本来还有一座复成桥，是船夫口中的我们的游迹尽处，或也是秦淮河繁华的尽处了。我的脚曾踏过复成桥的脊，在十三四岁的时候。但是两次游秦淮河，却都不曾见着复成桥的面；明知总在前途的，却常觉得有些虚无缥缈似的。我想，不见倒也好。这时正是盛夏。我们下船后，借着新生的晚凉和河上的微风，暑气已渐渐消散；到了此地，豁然开朗，身子顿然轻了——习习的清风荏苒在面上，手上，衣上，这便又感到了一缕新凉。南京的日光，大概没有杭州猛烈；西湖的夏夜老是热蓬蓬的，水像沸着一般，秦淮河的水却尽是这样冷冷地绿着。任你人影的憧憧，歌声的扰扰，总像隔着一层薄薄的绿纱面幂似的；它尽是这样静静的，冷冷的绿着。我们出了大中桥，走不上半里路，船夫便将船划到一旁，停了桨由它宕着。他以为那里正是繁华的极点，再过去就是荒凉了；所以让我们多多赏鉴一会儿。他自己却静静地蹲着。他是看惯这光景的了，大约只是一个无可无不可。这无可无不可，无论是升的沉的，总之，都比我们高了。

那时河里闹热极了；船大半泊着，小半在水上穿梭似的来往。停泊着的都在近市的那一边，我们的船自然也夹在其中。因为这边略略的挤，便觉得那边十分的疏了。在每一只船从那边过去时，我们能画出它的轻轻的影和曲曲的波，在我们的心上；这显着是空，且显着是静了。那时处处都是歌声和凄厉的胡琴声，圆润的喉咙，确乎是很少的。但那生涩的，尖脆的调子能使人有少年的，粗率不拘的感觉，也正可快我们的意。况且多少隔开些儿听着，因为想象与渴慕的作美，总觉更有滋味；而竞发的喧嚣，抑扬的不齐，远近的杂沓，和乐器的嘈嘈切切，合成另一意味的谐音，也使我们无所适从，如随着大风而走。这实在因为我们的心枯涩久了，变为脆弱；故偶然润泽一下，便疯狂似的不能自主了。但秦淮河确也腻人。即如船里的人面，无论是和我们一堆儿泊着的，无论是从我们眼前过去的，总是模模糊糊的，甚至渺渺茫茫的；任你张圆了眼睛，揩净了眦垢，也是枉然。这真够人想呢。在我们停泊的地方，灯光原是纷然的；不过这些灯光都是黄而有晕的。黄已经不能明了，再加上了晕，便更不成了。灯愈多，晕就愈甚；在繁星般的黄的交错里，秦淮河仿佛笼上了一团光雾。光芒与雾气腾腾的晕着，什么都只剩了轮廓了；所以人面的详细的曲线，便消失于我们的眼底了。但灯光究竟夺不了那边的月色；灯光是浑的，月色是清的，在浑沌的灯光里，渗入了一派清辉，却真是奇迹！那晚月儿已瘦削了两三分，她晚妆才罢，盈盈的上了柳梢头。天是蓝得可爱，仿佛一汪水似的；月儿便更出落得精神了。岸上原有三株两株的垂杨树，淡淡的影子，在水里摇曳着。它们那柔细的枝条浴着月光，就像一支支美人的臂膊，交互的缠着，挽着；又像是月儿披着的发。而月儿偶然也从它们的交叉处偷偷窥看我们，大有小姑娘怕羞的样子。岸上另有几株不知名的老树，光光的立着；在月光里照起来，却又俨然是精神矍铄的老人。远处——快到天际线了，才有一两片白云，亮得现出异彩，像美丽的贝壳一般。白云下便是黑黑的一带轮廓；是一条随意画的不规则的曲线。这一段光景，和河中的风味大异了。但灯与月竟能并存着，交融着，使月成了缠绵的月，灯射着渺渺的灵辉；这正是天之所以厚秦淮河，也正是天之所以厚我们了。

　　这时却遇着了难解的纠纷。秦淮河上原有一种歌妓，是以歌为业的。从前都在茶舫上，唱些大曲之类。每日午后一时起，什么时候止，却忘记了。晚上照样也有一回。也在黄晕的灯光里。我从前过南京时，曾随着朋友去听过两次。因为茶舫里的人脸太多了，觉得不大适意，终于听不出所以然。前年听说歌妓被取缔了，不知怎的，颇涉想了几次——却想不出什么。这次到南京，先到茶舫上去看看，觉得颇是寂寥，令我无端的怅怅了。不料她们却仍在秦淮河里挣扎着，不料她们竟会纠缠到我们，我于是很张皇了。她们也乘着"七板子"，她们总是坐在舱前的。舱前点着石油汽灯，光亮眩人眼目：坐在下面的，自然是纤毫毕见了——引诱客人们的力量，也便在此了。舱里躲着乐工等人，映着汽灯的余辉蠕动着；他们是永远不被注意的。每船的歌妓大约都是二人；天色一黑，她们的船就在大中桥外往来不息的兜生意。无论行着的船，泊着的船，都要来兜揽的。这都是我后来推想出来的。那晚不知怎样，忽然轮着我们的船了。我们的船好好的停着，一只歌舫划向我们来的；渐渐和我们的船并着了。烁烁的灯光逼得我们皱起了眉头；我们的风尘色全给它托出来了，这使我不安了，那时一个伙计跨过船来，拿着摊开的歌折，就近塞向我的手里，说："点几出吧！"他跨过来的时候，我们船上似乎有许多眼光跟着。同时相近的别的船上也似乎有许多眼睛炯炯的向我们船上看着。我真窘了！我也装出大方的样子，向歌妓们瞥了一眼，但究竟是不成的！我勉强将那歌折翻了一翻，却不曾看清了几个字；便赶紧递还那伙计，一面不好意思地说："不要，我们……不要。"他便塞给平伯。平伯掉转头去，摇手说："不要！"那人还腻着不走。平伯又回过脸来，摇着头道，"不要！"于是那人重到我处。我窘着再拒绝了他。他这才有所不屑似的走了。我的心立刻放下，如释了重负一般。我们就开始自白了。

我说我受了道德律的压迫，拒绝了她们；心里似乎很抱歉的。这所谓抱歉，一面对于她们，一面对于我自己。她们于我们虽然没有很奢的希望；但总有些希望的。我们拒绝了她们，无论理由如何充足，却使她们的希望受了伤；这总有几分不作美了。这是我觉得很怅怅的。至于我自己，更有一种不足之感。我这时被四面的歌声诱惑了，降服了；但是远远的，远远的歌声总仿佛隔着重衣搔痒似的，越搔越搔不着痒处。我于是憧憬着贴耳的妙音了。在歌舫划来时，我的憧憬，变为盼望；我固执的盼望着，有如饥渴。虽然从浅薄的经验里，也能够推知，那贴耳的歌声，将剥去了一切的美妙，但一个平常的人像我的，谁愿凭了理性之力去丑化未来呢？我宁愿自己骗着了。不过我的社会感性是很敏锐的；我的思力能拆穿道德律的西洋镜，而我的感情却终于被它压服着，我于是有所顾忌了，尤其是在众目昭彰的时候。道德律的力，本来是民众赋予的；在民众的面前，自然更显出它的威严了。我这时一面盼望，一面却感到了两重的禁制：一、在通俗的意义上，接近妓者总算一种不正当的行为；二、妓是一种不健全的职业，我们对于她们，应有哀矜勿喜之心，不应赏玩的去听她们的歌。在众目睽睽之下，这两种思想在我心里最为旺盛。她们暂时压倒了我的听歌的盼望，这便成就了我的灰色的拒绝。那时的心实在异常状态中，觉得颇是混乱。歌舫去了，暂时宁静之后，我的思绪又如潮涌了。两个相反的意思在我心头往复：卖歌和卖淫不同，听歌和狎妓不同，又干道德甚事——但是，但是，她们既被逼的以歌为业，她们的歌必无艺术味的；况她们的身世，我们究竟该同情的。所以拒绝倒也是正办。但这些意思终于不曾撇开我的听歌的盼望。它力量异常坚强；它总想将别的思绪踏在脚下。从这重重的争斗里，我感到了浓厚的不足之感。这不足之感使我的心盘旋不安，起坐都不安宁了。唉！我承认我是一个自私的人！平伯呢，却与我不同。他引周启明先生的诗，"因为我有妻子，所以我爱一切的女人，因为我有子女，所以我爱一切的孩子。"他的意思可以见了。他因为推及的同情，爱着那些歌妓，并且尊重着她们，所以拒绝了她们。在这种情形下，他自然以为听是对于她们的一种侮辱。但他也是想听歌的，虽然不和我一样，所以在他的心中，当然也有一番小小的争斗；争斗的结果，是同情胜了。至于道德律，在他是没有什么的；因为他很有蔑视一切的倾向，民众的力量在他是不大觉着的。这时他的心意的活动比较简单，又比较松弱，故事后还怡然自若；我却不能了。这里平伯又比我高了。

在我们谈话中间，又来了两只歌舫。伙计照前一样的请我们点戏，我们照前一样的拒绝了。我受了三次窘，心里的不安更甚了。清艳的夜景也为之减色。船夫大约因为要赶第二趟生意，催着我们回去；我们无可无不可的答应了。我们渐渐和那些晕黄的灯光远了，只有些月色冷清清的随着我们的归舟。我们的船竟没个伴儿，秦淮河的夜正长哩！到大中桥近处，才遇着一只来船。这是一只载妓的板船，黑漆漆的没有一点光。船头上坐着一个妓女；暗里看出，白地小花的衫子，黑的下衣。她手里拉着胡琴，口里唱着青衫的调子。她唱得响亮而圆转；当她的船箭一般驶过去时，余音还袅袅的在我们耳际，使我们倾听而向往。想不到在弩末的游踪里，还能领略到这样的清歌！这时船过大中桥了，森森的水影，如黑暗张着巨口，要将我们的船吞了下去。我们回顾那渺渺的黄光，不胜依恋之情；我们感到了寂寞了！这一段地方夜色甚浓，又有两头的灯火招邀着；桥外的灯火不用说了，过了桥另有东关头疏疏的灯火。我们忽然仰头看见依人的素月，不觉深悔归来之早了！走过东关头，有一两只大船湾泊着，又有几只船向我们来着。嚣嚣的一阵歌声人语，仿佛笑我们无伴的孤舟哩。东关头转弯，河上的夜色更浓了；临水的妓楼上，时时从帘缝里射出一线一线的灯光；仿佛黑暗从酣睡里眨了一眨眼。我们默然的对着，静听那汩——汩的桨声，几乎要入睡了；朦胧里却温寻着适才的繁华的余味。我那不安的心在静里愈显活跃了！这时我们都有了不足之感，而我的更其浓厚。我们却又不愿回去，于是只能由懊悔而怅惘了。船里便满载着怅惘了。直到利涉桥下，微微嘈杂的人声，才使我豁然一惊；那光景却又不同。右岸的河房里，都大开了窗户，里面亮着晃晃的电灯，电灯的光射到水上，蜿蜒曲折，闪闪不息，正如跳舞着的仙女的臂膊。我们的船已在她的臂膊里了；如睡在摇篮里一样，倦了的我们便又入梦了。那电灯下的人物，只觉像蚂蚁一般,更不去萦念。这是最后的梦;可惜是最短的梦!黑暗重复落在我们面前,我们看见傍岸的空船上一星两星的,枯燥无力又摇摇不定的灯光。我们的梦醒了,我们知道就要上岸了;我们心里充满了幻灭的情思。

一九二三年十月十一日作完,于温州。

☞ 经典回顾

我的母亲(节选)[①]
胡适

　　每天天刚亮时,我母亲就把我喊醒,叫我披衣坐起。我从不知道她醒来坐了多久了。她看我清醒了,才对我说昨天我做错了什么事,说错了什么话,要我认错,要我用功读书。有时候她对我说父亲的种种好处,她说:"你总要踏上你老子的脚步。我一生只晓得这一个完全的人,你要学他,不要跌他的股。"(跌股便是丢脸出丑。)她说到伤心处,往往掉下泪来。到天大明时,她才把我的衣服穿好,催我去上早学。学堂门上的锁匙放在先生家里;我先到学堂门口一望,便跑到先生家里去敲门。先生家里有人把锁匙从门缝里递出来,我拿了跑回去,开了门,坐下念生书。十天之中,总有八九天我是第一个去开学堂门的。等到先生来了,我背了生书,才回家吃早饭。

　　我母亲管束我最严。她是慈母兼严父。但她从来不在别人面前骂我一句,打我一下。我做错了事,她只对我一望,我看见了她的严厉眼光,便吓住了。犯的事小,她等到第二天早晨我睡醒时才教训我。犯的事大,她等到晚上人静时,关了房门,先责备我,然后行罚,或罚跪,或拧我的肉,无论怎样重罚,总不许我哭出声音来。她教训儿子不是借此出气叫别人听的。

　　有一个初秋的傍晚,我吃了晚饭,在门口玩,身上只穿着一件单背心。这时候我母亲的妹子玉英姨母在我家住,她怕我冷了,拿了一件小衫出来叫我穿上。我不肯穿,她说:"穿上吧,凉了。"我随口回答:"娘(凉)什么!老子都不老子呀。"我刚说了这句话,一抬头,看见母亲从家里走出,我赶快把小衫穿上。但她已听见这句轻薄的话了。晚上人静后,她罚我跪下,重重地责罚了一顿。她说:"你没了老子,是多么得意的事!好用来说嘴!"她气得坐着发抖,也不许我上床去睡。我跪着哭,用手擦眼泪,不知擦进了什么微菌,后来足足

[①] 胡适. 胡适自传[M]. 合肥:黄山书社,1986.

害了一年多的眼翳病。医来医去，总医不好。我母亲心里又悔又急，听说眼翳可以用舌头舔去，有一夜她把我叫醒，她真用舌头舔我的病眼。这是我的严师，我的慈母。

……

我母亲待人最仁慈，最温和，从来没有一句伤人感情的话。但她有时候也很有刚气，不受一点人格上的侮辱。我家五叔是个无正业的浪人，有一天在烟馆里发牢骚，说我母亲家中有事总请某人帮忙，大概总有什么好处给他。这句话传到了我母亲耳朵里，她气得大哭，请了几位本家来，把五叔喊来，她当面质问他，她给了某人什么好处。直到五叔当众认错赔罪，她才罢休。

我在我母亲的教训之下住了九年，受了她的极大极深的影响。我十四岁（其实只有十二岁零两三个月）便离开她了。在这广漠的人海里独自混了二十多年，没有一个人管束过我。如果我学得了一丝一毫的好脾气，如果我学得了一点点待人接物的和气，如果我能宽恕人，体谅人——我都得感谢我的慈母。

☞ 话题设计

在学习胡适的《我的母亲》后，胡适笔下的母亲对儿子严慈相济、对家人温和隐忍的形象跃然纸上。为了训练学生选用典型事例刻画人物形象的写作能力，我投影了我的作文《我的母亲》。课堂上，我的深情朗读，拨动着学生的心弦，调动着学生的情绪，荡起了他们内心的情愫，引起了他们对自己父母日常生活中与自己之间的点点滴滴。我将自己写的文章与学生共享更是赢得了他们的认同，我顺势布置学生课后用二三事去写一写自己的亲人、朋友、老师。

☞ 走近作者

胡适（1891—1962），字适之。现代著名学者、诗人、历史家、文学家、哲学家。安徽绩溪人，1946年至1948年任北大校长。以倡导"白话文"、领导新文化运动闻名于世。主要著作有《中国哲学史大纲》《尝试集》《白话文学史》和《胡适文存》等。胡适毕生宣扬自由主义，是中国自由主义的先驱。提倡怀疑主义，并以《新青年》月刊为阵地，宣传民主、科学。毕生畅言"大胆的假设、小心的求证""言必有证"的治学方法，以及"认真地做事，严肃地做人"的做人之道。

☞ 拓展阅读

追悼志摩①

胡适

悄悄的我走了,
　正如我悄悄的来;
我挥一挥衣袖,
　不带走一片云彩。　　　（《再别康桥》）

志摩这一回真走了！可不是悄悄的走。在那淋漓的大雨里，在那迷蒙的大雾里，一个猛烈的大震动，三百匹马力的飞机碰在一座终古不动的山上，我们的朋友额上受了一个致命的撞伤，大概立刻失去了知觉，半空中起了一团大火，像天上陨了一颗大星似的直掉下地去。我们的志摩和他的两个同伴就死在那烈焰里了！

我们初得着他的死信，却不肯相信，都不信志摩这样一个可爱的人会死得这么惨酷。但在那几天的精神大震撼稍稍过去之后，我们忍不住要想，那样的死法也许只有志摩最配。我们不相信志摩会"悄悄的走了"，也不忍想志摩会死一个"平凡的死"，死在天空之中，大雨淋着，大雾笼罩着，大火焚烧着，那撞不倒的山头在旁边冷眼瞧着，我们新时代的新诗人，就是要自己挑一种死法，也挑不出更合式，更悲壮的了。

志摩走了，我们这个世界里被他带走了不少的云彩。他在我们这些朋友之中，真是一片最可爱的云彩，永远是温暖的颜色，永远是美的花样，永远是可爱。他常说：

我不知道风
是在那一个方向吹——

我们也不知道风是在那一个方向吹，可是狂风过去之后，我们的天空变惨淡了，变寂寞了，我们才感觉我们的天上的一片最可爱的云彩被狂风卷去了，永远不回来了！

这十几天里，常有朋友到家里来谈志摩，谈起来常常有人痛哭。在别处痛哭他的，一定还不少。志摩所以能使朋友这样哀念他，只是因为他的为人整个的只是一团同情心，只是一团爱。叶公超先生说，

---

① 胡适. 新生活：胡适散文 [M]. 杭州：浙江文艺出版社，2015.

他对于任何人，任何事，从未有过绝对的怨恨，甚至于无意中都没有表示过一些憎嫉的神气。

陈通伯先生说，

尤其朋友里缺不了他。他是我们的连索，他是黏着性的，发酵性的。在这七八年中，国内文艺界里起了不少的风波，吵了不少的架，许多很熟的朋友往往弄得不能见面。但我没有听见有人怨恨过志摩。谁也不能抵抗志摩的同情心，谁也不能避开他的黏着性。他才是和事的无穷的同情，使我们老，他总是朋友中间的"连索"。他从没有疑心，他从不会妒忌。使这些多疑善妒的人们十分惭愧，又十分羡慕。

他的一生真是爱的象征。爱是他的宗教，他的上帝。

> 我攀登了万仞的高冈，
> 荆棘扎烂了我的衣裳，
> 我向飘渺的云天外望——
> 　上帝，我望不见你！
> ……
> 我在道旁见一个小孩：
> 活泼，秀丽，褴褛的衣衫；
> 他叫声"妈"，眼里亮着爱——
> 　上帝，他眼里有你！

（《他眼里有你》）

志摩今年在他的《猛虎集自序》里，曾说他的心境是"一个曾经有单纯信仰的流入怀疑的颓废"。这句话是他最好的自述。他的人生观真是一种"单纯信仰"，这里面只有三个大字：一个是爱，一个是自由，一个是美。他梦想这三个理想的条件能够会合在一个人生里，这是他的"单纯信仰"。他的一生的历史，只是他追求这个单纯信仰的实现的历史。

社会上对于他的行为，往往有不谅解的地方，都只因为社会上批评他的人不曾懂得志摩的"单纯信仰"的人生观。他的离婚和他的第二次结婚，是他一生最受社会严厉批评的两件事。现在志摩的棺已盖了，而社会上的议论还未定。但我们知道这两件事的人，都能明白，至少在志摩的方面，这两件事最可以代表志摩的单纯理想的追求。他万分诚恳的相信那两件事都是他实现那"美与爱与自由"的人生的正当步骤。这两件事的结果，在别人看来，似乎都不曾能够实现志摩的理想生活。但到了今日，我们还忍用成败来议论他吗?

　　我忍不住我的历史癖,今天我要引用一点神圣的历史材料,来说明志摩决心离婚时的心理。民国十一年三月,他正式向他的夫人提议离婚,他告诉她,他们不应该继续他们的没有爱情没有自由的结婚生活了,他提议"自由之偿还自由",他认为这是"彼此重见生命之曙光,不世之荣业"。他说:

　　故转夜为日,转地狱为天堂,直指顾间事矣。……真生命必自奋斗自求得来,真幸福亦必自奋斗自求得来,真恋爱亦必自奋斗自求得来!彼此前途无限……彼此业有改良社会之心,彼此有造福人类之心,其先自作榜样,勇决智断,彼此尊重人格,自由离婚,止绝苦痛,始兆幸福,皆在此矣。

　　这信里完全是青年的志摩的单纯的理想主义,他觉得那没有爱又没有自由的家庭是可以摧毁他们的人格的,所以他下了决心,要把自由偿还自由,要从自由求得他们的真生命,真幸福,真恋爱。

　　后来他回国了,婚是离了,而家庭和社会都不能谅解他。最奇怪的是他和他已离婚的夫人通信更勤,感情更好。社会上的人更不明白了。志摩是梁任公先生最爱护的学生,所以民国十二年任公先生曾写一封很恳切的信去劝他。在这信里,任公提出两点:

　　其一,万不容以他人之苦痛,易自己之快乐。弟之此举,其于弟将来之快乐能得与否,殆茫如捕风,然先已于多数人以无量之苦痛。

　　其二,恋爱神圣为今之少年所乐道。……兹事盖可遇而不可求。……况多情多感之人,其幻想起落鹘突,而得满足得宁帖也极难。所梦想之神圣境界恐终不可得,徒以烦恼终其身已耳。

　　任公又说:

　　呜呼志摩!天下岂有圆满之宇宙?……当知吾以不求偿圆满为生活态度,斯可以领略生活之妙味矣。……若沉迷于不可必得之梦境,挫折数次,生意尽矣,郁邑侘傺以死,死为无名。死犹可也,最可畏者,不死不生而堕落至不复能自拔。呜呼志摩,可无惧耶!可无惧耶!

(十二年一月二日信)

　　任公一眼看透了志摩的行为是追求一种"梦想的神圣境界",他料到他必要失望,又怕他少年人受不起几次挫折,就会死,就会随落。所以他以老师的资格警告他:"天下岂有圆满之宇宙?"

　　但这种反理想主义是志摩所不能承认的。他答复任公的信,第一不承认他是把他人的苦痛来换自己的快乐。他说:

> 我之甘冒世之不韪，竭全力以斗者，非特求免凶惨之苦痛，实求良心之安顿，求人格之确立，求灵魂之救度耳。
>
> 人谁不求庸德？人谁不安现成？人谁不畏艰险？然且有突围而出者，夫岂得已而然哉？

第二，他也承认恋爱是可遇而不可求的，但他不能不去追求。他说：

> 我将于茫茫人海中访我唯一灵魂之伴侣；得之，我幸；不得，我命，如此而已。

他又相信他的理想是可以创造培养出来的。他对任公说：

> 嗟夫吾师！我尝奋我灵魂之精髓，以凝成一理想之明珠，涵之以热满之心血，朗照我深奥之灵府。而庸俗忌之嫉之，辄欲麻木其灵魂，捣碎其理想，杀灭其希望，污毁其纯洁！我之不流入堕落，流入庸懦，进入卑污，其几亦微矣！

我今天发表这三封不曾发表过的信，因为这几封信最能表现那个单纯的理想主义者徐志摩。他深信理想的人生必须有爱，必须有自由，必须有美；他深信这种三位一体的人生是可以追求的，至少是可以用纯洁的心血培养出来的。——我们若从这个观点来观察志摩的一生，他这十年中的一切行为就全可以了解了。我还可以说，只有从这个观点上才可以了解志摩的行为；我们必须先认清了他的单纯信仰的人生观，方才认得清志摩的为人。

志摩最近几年的生活，他承认是失败。他有首《生活》的诗，诗是暗惨的可怕：

> 阴沉，黑暗，毒蛇似的蜿蜒，
> 生活逼成了一条甬道：
> 一度陷入，你只可向前，
> 手扪索着冷壁的粘潮，
>
> 在妖魔的脏腑内挣扎，
> 头顶不见一线的天光，
> 这魂魄，在恐怖的压迫下，
> 除了消灭更有什么愿望？
>
> （十九年五月二十九日）

他的失败是一个单纯的理想主义者的失败。他的追求，使我们惭愧，因为我们的信心太小了，从不敢梦想他的梦想。他的失败，也应该使我们对他表示更深厚的恭敬与同情,因为偌大的世界之中,只有他有这信心,冒了绝大的危险,费了无数的麻烦,牺牲了一切平凡的安逸,牺牲了家庭的亲谊和人间的名誉,去追求,去试验一个"梦想之神圣境界",而终于免不了惨酷的失败,也不完全是他的人生观的失败。他的失败是因为他的信仰太单纯了,而这个现实世界太复杂了,他的单纯的信仰禁不起这个现实世界的摧毁;正如易卜生的诗剧 Brand 里的那个理想主义者,抱着他的理想,在人间处处碰钉子,碰的焦头烂额,失败而死。

然而我们的志摩"在这恐怖的压迫下",从不叫一声"我投降了!"他从不曾完全绝望,他从不曾绝对怨恨谁。他对我们说:

你们不能更多的责备。我觉得我已是满头的血水,能不低头已算是好的。(《猛虎集自序》)

是的,他不曾低头。他仍旧昂起头来做人;他仍旧是他那一团的同情心,一团的爱。我们看他替朋友做事,替团体做事,他总是仍旧那样热心,仍旧那样高兴。几年的挫折,失败,苦痛,似乎使他更成熟了,更可爱了。

他在苦痛之中,仍旧继续他的歌唱。他的诗作风也更成熟了。他所谓"初期的汹涌性"固然是没有了,作品也减少了;但是他的意境变深厚了,笔致变淡远了,技术和风格都更进步了。这是读《猛虎集》的人都能感觉到的。

志摩自己希望今年是他的"一个真正的复活的机会"。他说:

抬起头居然又见到天了。眼睛睁开了,心也跟着开始了跳动。

我们一班朋友都替他高兴。他这几年来想用心血浇灌的花树也许是枯萎的了;但他的同情,他的鼓舞,早又在别的园地里种出了无数的可爱的小树,开出了无数可爱的鲜花。他自己的歌唱有一个时期是几乎消沉了;但他的歌声引起了他的园地外无数的歌喉,嘹亮的唱,哀怨的唱,美丽的唱。这都是他的安慰,都使他高兴。

谁也想不到在这个最有希望的复活时代,他竟丢了我们走了!他的《猛虎集》里有一首咏一只黄鹂的诗,现在重读了,好像他在那里描写他自己的死,和我们对他的死的悲哀:

等候他唱,我们静着望,
怕惊了他。但他一展翅,
冲破浓密,化一朵彩云:
他飞了,不见了,没了——
像是春光,火焰,像是热情。

志摩这样一个可爱的人，真是一片春光，一团火焰，一腔热情。现在难道都完了？

　　决不！决不！志摩最爱他自己的一首小诗，题目叫做"偶然"，在他的《卞昆冈》剧本里，在那个可爱的孩子阿明临死时，那个瞎子弹着三弦，唱着这首诗：

　　　　我是天空里的一片云，
　　　　偶尔投影在你的波心——
　　　　　你不必讶异，
　　　　　更无需欢喜——
　　　　在转瞬间消灭了踪影。

　　　　你我相逢在黑暗的海上，
　　　　你有你的，我有我的，方向。
　　　　　你记得也好，
　　　　　最好你忘掉，
　　　　在这交会时互放的光亮！

　　朋友们，志摩是走了，但他投的影子会永远留在我们心里，他放的光亮也会永远留在人间，他不曾白来了一世。我们有了他做朋友，也可以安慰自己说不曾白来了一世。我们忘不了，和我们

　　　　在那交会时互放的光亮！

　　　　　　　　　　　　　　二十年，十二月，三日夜。

☞ 经典回顾

假如给我三天光明（节选）[①]

海伦·凯勒

　　有时我认为，如果我们像明天就会死去那样去生活，才是最好的规则。这样一种态度可以尖锐地强调生命的价值。我们每天都应该怀着友善、朝气和渴望去生活，但是，当时间在我们前面日复一日，月复一月，年复一年地不断延伸开去，这些品质常常就会丧失。我们大多数人都把人生视为当然。

[①] 海伦·凯勒. 假如给我三天光明 [M]. 刘冬妮，译. 北京：华文出版社，2002.

我们并不感激我们的所有，直到我们丧失了它；我们意识不到我们的健康，直到我们生了病——自古以来，莫不如此。

我常想，如果每个人在他的初识阶段患过几天盲聋症，这将是一种幸福。黑暗会使他更珍惜视觉；哑默会教导他更喜慕声音。我时常测验我那些有视觉的朋友，看他们究竟看见了什么。

前几天，一位很要好的朋友来探望我，她刚从树林里远足而来，于是我就问她，观察到一些什么。"没有什么特别的。"她回答说。要不是我惯于听到这样的回答（因为我很久就已确信有视觉的人看得很少），我简直会不相信我的耳朵。

在树林中穿行一个小时，却没有看到什么值得注意的东西，这怎么可能呢？我自问着。我这个不能用眼睛看的人，仅仅凭借触觉，就能发现好几百种使我感兴趣的东西。我用双手亲切地抚摸一株桦树光滑的外皮，或者一株松树粗糙不平的树皮。在春天，我摸着树枝，满怀希望地寻找蓓蕾，寻找大自然冬眠之后苏醒过来的第一个征兆。有时，我感觉到一朵花的可爱而柔润的肌理，发现它那不平常的卷曲。偶然，如果我非常走运，将手轻柔地放在小树上，我可以感觉到小鸟在音律丰满的歌声中快乐地跳跃。我非常喜欢让小溪凉爽的流水从我张开的手指缝隙间急促地淌过。我觉得，松针或者海绵似的柔草铺就的茂盛葱郁的地毯，比豪华奢侈的波斯小地毯更受欢迎。对我来说，四季的盛景是一场极其动人且演不完的戏剧，它的情节从我指尖一幕幕滑过。

有时，我的心在哭泣，渴望看到所有这些东西。如果我仅仅凭借触觉就能得到那么多的快乐，那么凭借视觉将会有多少美展现出来啊！可是，那些有眼睛的人显然看得很少。对于世界上充盈的五颜六色、千姿百态万花筒般的景象，他们认为是理所当然的。也许人类就是这样，极少去珍惜我们所拥有的东西，反而去渴望那些我们所没有的东西。在光明的世界中，视觉这一天赋才能，竟只被作为一种便利，而不是一种丰富生活的手段，这是多么可惜啊！

……

我的这一番如何度过重见光明的三天的简述，也许与你假设知道自己即将失明而为自己所做的安排不相一致。可是，我相信，假如你真的面临那种厄运，你的目光将会尽量投向以前从未曾见过的事物，并将它们储存在记忆中，为今后漫长的黑夜所用。你将比以往更好地利用自己的眼睛。你所看到的每一件东西，对你来说都是那么珍贵，你的目光将饱览那出现在你视线之内的每一件物品。然后，你将真正看到，一个美的世界在你面前展开。

失明的我可以给那些看得见的人们一个提示——对那些能够充分利用天赋视觉的人们一个忠告：善用你的眼睛吧，犹如明天你将遭到失明的灾难。同样的方法也可以应用于其他感官。聆听乐曲的妙音，鸟儿的歌唱，管弦乐队的雄浑而铿锵有力的曲调吧，犹如明天你将遭到耳聋的厄运。抚摸每一件你想要抚摸的物品吧，犹如明天你的触觉将会衰退。嗅闻所有鲜花的芳香，品尝每一口佳肴吧，犹如明天你再不能嗅闻品尝。充分利用每一个感官，通过自然给予你的几种接触手段，为世界向你显示的所有愉快而美好的细节而自豪吧！不过，在所有感官中，我相信，视觉一定是最令人赏心悦目的。

☞ 话题设计

《假如给我三天光明》一文，表现了作者坚强不屈、积极乐观的精神，表露出对世人强烈的爱和热切的希望。海伦·凯勒的故事警示我们，要珍惜光明，珍惜人世间一切美好的事物，追求知识，并且不被任何困难吓倒。"善用你的眼睛吧，犹如明天你将遭到失明的灾难。"海伦·凯勒提醒着我们：也许最应该珍惜的就是我们视而不见的平凡的世界和平常的生活。珍惜光明，珍惜光阴，珍爱生命，请围绕这些话题，结合自己的人生经历，谈谈自己的理解和感悟。

☞ 走近作者

海伦·凯勒（1880—1968），美国著名女作家、教育家、慈善家、社会活动家。出生后19个月时因患急性胃充血、脑充血而失去视力和听力。

1899年6月考入哈佛大学拉德克利夫女子学院。代表作有《假如给我三天光明》《我的人生故事》。1964年获"总统自由勋章"，次年入选美国《时代周刊》"二十世纪美国十大英雄偶像"之一。

☞ 拓展阅读

亲近大自然[①]
海伦·凯勒

1887年3月，莎莉文老师走进了我的生命，让我张开了心灵的眼睛。其

[①] 浦漫汀，曹文轩. 假如给我三天光明［M］. 北京：北京燕山出版社，2009.

间各种往事至今记忆犹新。我整天用手去探摸我所接触到的东西，并记住它们的名称。我探摸的东西越多，对其名字和用途了解得越细，就越发高兴和充满信心，越发能感到同外界的联系。

繁花似锦的夏季来临，莎莉文小姐牵着我的手漫步在田纳西河的岸边，望着田野、山坡，人们正在田间地头翻土播种。我们在河边温软的草地上坐下，开始了人生新的课程。在这里，我明白了大自然施与人类的恩惠。我懂得了阳光雨露如何使树木在大地上茁壮成长起来；我懂得了鸟儿如何筑巢，如何繁衍，如何随着季节的变化而迁徙；也懂得了松鼠、鹿和狮子等各种各样的动物如何觅食，如何栖息。我了解的事情越多，就越感到自然的伟大和世界的美好。

莎莉文小姐先教会我从那粗壮的树木，那细嫩的草叶，还有我妹妹的那双小手领略美的享受，然后才教我画地球的形状。她把对我的启蒙同大自然联系起来，使我同花同鸟结成愉快的伙伴。但是这期间却发生了一件事，让我发现大自然并不总是那么慈爱可亲。

那是一个明朗的清晨，我和老师散步到一个较远的地方。但在我们回家的路上，天气变得闷热起来，好几次我们不得不在路旁的树下小憩。最后一次歇息在离家不远的一棵野樱桃树下。树枝茂盛又好攀登，莎莉文老师用手一托，我就上了树，找个枝杈坐了下来。树上真是凉快舒畅，于是莎莉文小姐提议就在这儿吃午餐。我乐坏了，答应她一定安静地坐在那里，等她回去把饭拿来。

忽然间风云突变，太阳的温暖完全消失了，天空乌云密布，泥土里散发出一股怪味。我知道这是暴风雨来临之前常有的预兆。我感到一种不可名状的恐惧，一种同亲人隔绝、同大地分离的孤独感油然而生。我一动不动地坐着，紧紧地抱着树干，一阵阵发抖，心中祈盼着莎莉文小姐快快回来。

一阵沉寂之后，树叶哗啦啦齐声作响，强风似乎要将大树连根拔起。我吓得抱住树枝，唯恐被风吹走。树摇动得越来越厉害，落叶和折断的小树枝雨点般向我打来。虽然我急得想从树上跳下来，却又不敢动弹。我觉得大地在一阵一阵地震动，像有什么沉重的东西掉到了地上，这震动由下而上地传到了我坐着的枝干上。我惊恐到了极点，正要放声大叫时，莎莉文小姐赶到了，她抓着了我的手，扶我下来。我紧紧抱着她，为又一次接触到坚实的大地而高兴得发狂。我又获得了一种新的知识——大自然有时也会向她的儿女开战，在她那温柔美丽的外表下面还隐藏着利爪哩！

经过这次惊险后，我有很长一段时间不敢爬树，甚至一想到爬树就浑身发抖。直到有一天，抵挡不住那繁花满枝、香味扑鼻的含羞树的诱惑后，才克服了这种恐惧心理。

那是春天一个美丽的早晨，我独自坐在凉亭里看书，一股淡淡的香气迎面扑来，仿佛"春之神"穿亭而过。我分得出来那是含羞树的花香。我决定去看看，于是摸索到花园的尽头，含羞树就长在篱边小路的拐弯处。

在温暖的阳光照耀下，含羞树的花朵在阳光下飞舞，开满花朵的树枝几乎垂到青草上。那些美丽的花儿，只要轻轻一碰就会纷纷掉落。我穿过落英缤纷的花瓣，走近大树，站在那里愣了片刻，然后，我把脚伸到枝桠的空处，两手抓住枝干往上爬。树干很粗，抓不牢，我的手又被树皮擦破了，但我有一种美妙的感觉：我正在做一件奇妙的事。因此我不断往上爬，直到爬上一个舒适的座位。这个座位是很早以前别人造的小椅子，日久天长，已成了树的一部分。我在上面待了很长的时间，好像在天空中凌云的仙女一样。从那以后，我常在这棵月宫仙桂上尽兴玩耍，冥思遐想，遨游在美妙的梦境中。

☞ **经典回顾**

回忆鲁迅先生（节选）[1]

萧红

鲁迅先生的笑声是明朗的，是从心里的欢喜。若有人说了什么可笑的话，鲁迅先生笑得连烟卷都拿不住了，常常是笑的咳嗽起来。

鲁迅先生走路很轻捷，尤其使人记得清楚的，是他刚抓起帽子来往头上一扣，同时左腿就伸出去了，仿佛不顾一切地走去。

鲁迅先生不大注意人的衣裳，他说："谁穿什么衣裳我看不见的……"

鲁迅先生生病，刚好了一点，窗子开着，他坐在躺椅上，抽着烟，那天我穿着新奇的火红的上衣，很宽的袖子。

鲁迅先生说："这天气闷热起来，这就是梅雨天。"他把他装在象牙烟嘴上的香烟，又用手装得紧一点，往下又说了别的。

许先生忙着家务跑来跑去，也没有对我的衣裳加以鉴赏。

于是我说："周先生，我的衣裳漂亮不漂亮？"

鲁迅先生从上往下看了一眼："不大漂亮。"

---

[1] 杨良志. 鲁迅回忆录（散篇）中册 [M]. 北京：北京出版社，1999.

过了一会又加着说:"你的裙子配的颜色不对,并不是红上衣不好看,各种颜色都好看的,红上衣要配红裙子,不然就是黑裙子,咖啡色的就不行了;这两种颜色放在一起很浑浊……你没看到外国人在街上走的吗?绝没有下边穿一件绿裙子,上边穿一件紫上衣,也没有穿一件红裙子而后穿一件白上衣的……"

鲁迅先生就在躺椅上看着我:"你这裙子是咖啡色的,还带格子,颜色浑浊得很,所以把红色衣裳也弄得不漂亮了。"

"……人瘦不要穿黑衣裳,人胖不要穿白衣裳;脚长的女人一定要穿黑鞋子,脚短就一定要穿白鞋子;方格子的衣裳胖人不能穿,但比横格子的还好;横格子的,胖人穿上,就把胖子更往两边裂着,更横宽了,胖子要穿竖条子的,竖的把人显得长,横的把人显的宽……"

那天下午要赴一个宴会去,我要许先生给我找一点布条或绸条束一束头发。许先生拿了来米色的绿色的还有桃红色的。经我和许先生共同选定的是米色的。为着取笑,把那桃红色的,许先生举起来放在我的头发上,并且许先生很开心地说着:

"好看吧!多漂亮!"

我也非常得意,很规矩又顽皮地在等着鲁迅先生往这边看我们。

鲁迅先生这一看,他就生气了,他的眼皮往下一放向着我们这边看着:

"不要那样装她……"

许先生有点窘了。

我也安静下来。

鲁迅先生在北平教书时,从不发脾气,但常常好用这种眼光看人,许先生常跟我讲。她在女师大读书时,周先生在课堂上,一生气就用眼睛往下一掠,看着他们,这种眼光是鲁迅先生在记范爱农先生的文字曾自己述说过,而谁曾接触过这种眼光的人就会感到一个时代的全智者的催逼。

我开始问:"周先生怎么也晓得女人穿衣裳的这些事情呢?"

"看过书的,关于美学的。"

"什么时候看的……"

"大概是在日本读书的时候……"

"买的书吗?"

"不一定是买的,也许是从什么地方抓到就看的……"

"看了有趣味吗?!"

61

"随便看看……"

"周先生看这书做什么?"

"……"没有回答。好像很难以答。

许先生在旁说:"周先生什么书都看的。"

鲁迅先生的休息,不听留声机,不出去散步,也不倒在床上睡觉,鲁迅先生自己说:

"坐在椅子上翻一翻书就是休息了。"

鲁迅先生从下午两三点钟起就陪客人,陪到五点钟,陪到六点钟,客人若在家吃饭,吃过饭又必要在一起喝茶,或者刚刚喝完茶走了,或者还没走就又来了客人,于是又陪下去,陪到八点钟、十点钟,常常陪到十二点钟。从下午两三点钟起,陪到夜里十二点,这么长的时间,鲁迅先生都是坐在藤躺椅上,不断吸着烟。

客人一走,已经是下半夜了,本来已经是睡觉的时候了,可是鲁迅先生正要开始工作。在工作之前,他稍微阖一阖眼睛,燃起一支烟来,躺在床边上,这一支烟还没有吸完,许先生差不多就在床里边睡着了(许先生为什么睡得这样快?因为第二天早晨六七点钟就要来管理家务)。海婴这时也在三楼和保姆一道睡着了。

全楼都寂静下去,窗外也是一点声音没有了,鲁迅先生站起来,坐到书桌边,在那绿色的台灯下开始写文章了。

许先生说鸡鸣的时候,鲁迅先生还是坐着,街上的汽车嘟嘟地叫起来了,鲁迅先生还是坐着。

有时许先生醒了,看着玻璃窗白萨萨的了,灯光也不显得怎样亮了,鲁迅先生的背影不像夜里那样黑大。

鲁迅先生的背影是灰黑色的,仍旧坐在那里。

人家都起来了,鲁迅先生才睡下。

海婴从三楼下来了,背着书包,保姆送他到学校去,经过鲁迅先生的门前,保姆总是吩咐他说:

"轻一点走,轻一点走。"

鲁迅先生刚一睡下,太阳就高起来了,太阳照着隔院子的人家,明亮亮的,照着鲁迅先生花园的夹竹桃,明亮亮的。

鲁迅先生的书桌整整齐齐的,写好的文章压在书下边,毛笔在烧瓷的小龟背上站着。

一双拖鞋停在床下，鲁迅先生在枕头上边睡着了。

☞ **话题设计**

《回忆鲁迅先生》一文，作者通过细心体察，捕捉到了鲁迅先生许多生活细节，通过以小见大，传神地刻画出了一个热情、幽默、睿智、勤奋、平和的鲁迅先生形象，凸显了一个生活化、充满人情味的鲁迅。课后，要求学生采用以小见大的手法，通过二三例去刻画你最熟悉、最敬佩的人，凸显他（她）身上最显著的性格、品质。

☞ **走近作者**

萧红（1911—1942），中国近现代女作家，被誉为"二十世纪三十年代的文学洛神"，四大才女之一。本名张秀环，笔名萧红、悄吟、玲玲、田娣等。

1911年，萧红出生于今黑龙江省哈尔滨市呼兰区一个地主家庭。幼年丧母。1932年，结识萧军。1933年，以悄吟为笔名发表第一篇小说《弃儿》。1935年，在鲁迅的支持下，发表成名作《生死场》。1936年，东渡日本，创作散文《孤独的生活》，长篇组诗《砂粒》等。1940年，与端木蕻良同抵香港，之后发表中篇小说《马伯乐》、长篇小说《呼兰河传》等。1942年，因肺结核和恶性气管扩张病逝于香港，年仅31岁。

☞ **拓展阅读**

回忆鲁迅先生（节选）[①]

萧红

鲁迅先生很喜欢北方饭，还喜欢吃油炸的东西，喜欢吃硬的东西，就是后来生病的时候，也不大吃牛奶。鸡汤端到旁边用调羹舀了一二下就算了事。

有一天约好我去包饺子吃，那还是住在法租界，所以带了外国酸菜和用绞肉机绞成的牛肉，就和许先生站在客厅后边的方桌边包起来。海婴公子围着闹得起劲，一会儿把按成圆饼的面拿去了，他说做了一只船来，送在我们的眼前，我们不看它，转身他又做了一只小鸡。许先生和我都不去看它，对他竭力避免加以赞美，若一赞美起来，怕他更做得起劲。

客厅后没到黄昏就先黑了，背上感到些微的寒凉，知道衣裳不够了，但

[①] 杨良志. 鲁迅回忆录（散篇）中册 [M]. 北京：北京出版社，1999.

为着忙,没有加衣裳去。等把饺子包完了看看那数目并不多,这才知道许先生我们谈话谈得太多,误了工作。许先生怎样离开家的,怎样到天津读书的,在女师大读书时怎样做了家庭教师,她去考家庭教师的那一段描写,非常有趣,只取一名,可是考了好几十名,她之能够当选算是难的了。指望对于学费有点补足,冬天来了,北平又冷,那家离学校又远,每月除了车子钱之外,若伤风感冒还得自己拿出买阿司匹林的钱来,每月薪金十元要从西城跑到东城……

饺子煮好,一上楼梯,就听到楼上鲁迅先生明朗的笑声冲下楼梯来,原来有几个朋友在楼上也正谈得热闹。那一天吃得是很好的。

以后我们又做过韭菜合子,又做过荷叶饼,我一提议,鲁迅先生必然赞成,而我做得又不好,可是鲁迅先生还是在饭桌上举着筷子问许先生:"我再吃几个吗?"

因为鲁迅先生的胃不大好,每饭后必吃"脾自美"胃药丸一二粒。

有一天下午鲁迅先生正在校对着瞿秋白的《海上述林》,我一走进卧室去,他从那圆转椅上转过来了,向着我,还微微站起了一点。

"好久不见,好久不见。"一边说着一边向我点头。

刚刚我不是来过了吗?怎么会好久不见?就是上午我来的那次周先生忘记了,可是我也每天来呀……怎么都忘记了吗?

周先生转身坐在躺椅上才自己笑起来,他是在开着玩笑。

梅雨季,很少有晴天。一天的上午刚一放晴,我高兴极了,就到鲁迅先生家去了,跑得上楼还喘着。鲁迅先生说:"来啦!"我说:"来啦!"

我喘着连茶也喝不下。

鲁迅先生就问我:

"有什么事吗?"

我说:"天晴啦,太阳出来啦。"

许先生和鲁迅先生都笑着,一种对于冲破忧郁心境的展然的会心的笑。

☞ **经典回顾**

故都的秋①

郁达夫

秋天，无论在什么地方的秋天，总是好的；可是啊，北国的秋，却特别地来得清，来得静，来得悲凉。我的不远千里，要从杭州赶上青岛，更要从青岛赶上北平来的理由，也不过想饱尝一尝这"秋"，这故都的秋味。

江南，秋当然也是有的；但草木凋得慢，空气来得润，天的颜色显得淡，并且又时常多雨而少风；一个人夹在苏州上海杭州，或厦门香港广州的市民中间，混混沌沌地过去，只能感到一点点清凉，秋的味，秋的色，秋的意境与姿态，总看不饱，尝不透，赏玩不到十足。秋并不是名花，也并不是美酒，那一种半开半醉的状态，在领略秋的过程上，是不合适的。

不逢北国之秋，已将近十余年了。在南方每年到了秋天，总要想起陶然亭的芦花，钓鱼台的柳影，西山的虫唱，玉泉的夜月，潭柘寺的钟声。在北平即使不出门去罢，就是在皇城人海之中，租人家一椽破屋来住着，早晨起来，泡一碗浓茶，向院子一坐，你也能看得到很高很高的碧绿的天色，听得到青天下驯鸽的飞声。从槐树叶底，朝东细数着一丝一丝漏下来的日光，或在破壁腰中，静对着像喇叭似的牵牛花（朝荣）的蓝朵，自然而然地也能够感觉到十分的秋意。说到了牵牛花，我以为以蓝色或白色为佳，紫黑色次之，淡红色最下。最好，还要在牵牛花底，教长着几根疏疏落落的尖细且长的秋草，使作陪衬。

北国的槐树，也是一种能使人联想起秋来的点缀。像花而又不是花的那一种落蕊，早晨起来，会铺得满地。脚踏上去，声音也没有，气味也没有，只能感出一点点极微细极柔软的触觉。扫街的在树影下一阵扫后，灰土上留下来的一条条扫帚的丝纹，看起来既觉得细腻，又觉得清闲，潜意识下并且还觉得有点儿落寞，古人所说的梧桐一叶而天下知秋的遥想，大约也就在这些深沉的地方。

秋蝉的衰弱的残声，更是北国的特产；因为北平处处全长着树，屋子又

---

① 郁达夫. 郁达夫文集（国内版）：第三卷·散文 [M]. 广州：花城出版社，生活·读书·新知三联书店，1982.

低，所以无论在什么地方，都听得见它们的啼唱。在南方是非要上郊外或山上去才听得到的。这秋蝉的嘶叫，在北平可和蟋蟀耗子一样，简直像是家家户户都养在家里的家虫。

还有秋雨哩，北方的秋雨，也似乎比南方的下得奇，下得有味，下得更像样。

在灰沉沉的天底下，忽而来一阵凉风，便息列索落地下起雨来了。一层雨过，云渐渐地卷向了西去，天又青了，太阳又露出脸来了；着着很厚的青布单衣或夹袄的都市闲人，咬着烟管，在雨后的斜桥影里，上桥头树底下去一立，遇见熟人，便会用了缓慢悠闲的声调，微叹着互答着的说：

"唉，天可真凉了——"（这了字念得很高，拖得很长。）

"可不是么？一层秋雨一层凉了！"

北方人念阵字，总老像是层字，平平仄仄起来，这念错的歧韵，倒来得正好。

北方的果树，到秋来，也是一种奇景。第一是枣子树；屋角，墙头，茅房边上，灶房门口，它都会一株株地长大起来。像橄榄又像鸽蛋似的这枣子颗儿，在小椭圆形的细叶中间，显出淡绿微黄的颜色的时候，正是秋的全盛时期，等枣树叶落，枣子红完，西北风就要起来了。北方便是沙尘灰土的世界，只有这枣子、柿子、葡萄，成熟到八九分的七八月之交，是北国的清秋的佳日，是一年之中最好也没有的 Golden Days。

有些批评家说，中国的文人学士，尤其是诗人，都带着很浓厚的颓废色彩，所以中国的诗文里，赞颂秋的文字特别的多。但外国的诗人，又何尝不然？我虽则外国诗文念的不多，也不想开出账来，做一篇秋的诗歌散文钞，但你若去一翻英德法意等诗人的集子，或各国的诗文的 Anthology 来，总能够看到许多关于秋的歌颂与悲啼。各著名的大诗人的长篇田园诗或四季诗里，也总以关于秋的部分，写得最出色而最有味。足见有感觉的动物，有情趣的人类，对于秋，总是一样的能特别引起深沉、幽远、严厉、萧索的感触来的。不单是诗人，就是被关闭在牢狱里的囚犯，到了秋天，我想也一定会感到一种不能自已的深情；秋之于人，何尝有国别，更何尝有人种阶级的区别呢？不过在中国，文字里有一个"秋士"的成语，读本里又有着很普遍的欧阳子的《秋声》与苏东坡的《赤壁赋》等，就觉得中国的文人，与秋的关系特别深了。可是这秋的深味，尤其是中国的秋的深味，非要在北方，才感受得到底。

南国之秋，当然也是有它的特异的地方的，比如廿四桥的明月，钱塘江的秋潮，普陀山的凉雾，荔枝湾的残荷等等，可是色彩不浓，回味不永。比起北国的秋来，正像是黄酒之与白干，稀饭之与馍馍，鲈鱼之与大蟹，黄犬之与骆驼。

秋天，这北国的秋天，若留得住的话，我愿把寿命的三分之二折去，换得一个三分之一的零头。

一九三四年八月在北平

☞ **话题设计**

郁达夫的《故都的秋》，选取了故都北京之秋富有特征的景物，依次描写了清晨静观、落蕊清扫、秋蝉残鸣、都市闲人、胜日秋果等五种景观。写景过程中，作者能够紧扣"清、静、悲凉"落笔，以情驭景，以景显情。文章并无华丽辞藻，很写意地用明白晓畅的语言和细腻清新的描写，创造了无穷的诗意，给我们带来了美的艺术享受。请你也仔细观察并体味你生活的城市，选择这个城市某一季节富有特征的景物，拟一个小标题，进行片段描写。

☞ **走近作者**

郁达夫（1896—1945），原名郁文，字达夫，浙江富阳人，中国现代著名小说家、散文家、诗人。郁达夫是新文学团体创造社的发起人之一，一位为抗日救国而殉难的爱国主义作家。在文学创作的同时，他还积极参加各种反帝抗日组织，先后在上海、武汉、福州等地从事抗日救国宣传活动。其文学代表作有《怀鲁迅》《沉沦》《故都的秋》《春风沉醉的晚上》《过去》《迟桂花》等。

☞ **拓展阅读**

北平的四季[1]
郁达夫

对于一个已经化为异物的故人，追怀起来，总要先想到他或她的好处；随后再慢慢的想想，则觉得当时所感到的一切坏处，也会变作很可寻味的一些纪念，在回忆里开花。关于一个曾经住过的旧地，觉得此生再也不会第二

---

[1] 《伴随》编辑部. 黄河之水天上来：经典散文中的山川名胜 [M]. 哈尔滨：北方文艺出版社，2011.

次去长住了，身处入了远离的一角，向这方向的云天遥望一下，回想起来的，自然也同样地只是它的好处。

中国的大都会，我前半生住过的地方，原也不在少数；可是当一个人静下来回想起从前，上海的闹热，南京的辽阔，广州的乌烟瘴气，汉口武昌的杂乱无章，甚至于青岛的清幽，福州的秀丽，以及杭州的沉着，总归都还比不上北京——我住在那里的时候，当然还是北京——的典丽堂皇，幽闲清妙。

先说人的分子吧，在当时的北京——民国十一二年前后——上自军财阀政客名优起，中经学者名人，文士美女教育家，下而至于负贩拉车铺小摊的人，都可以谈谈，都有一艺之长，而无憎人之貌；就是由荐头店荐来的老妈子，除上炕者是当然以外，也总是衣冠楚楚，看起来不觉得会令人讨嫌。

其次说到北京物质的供给哩，又是山珍海错，洋广杂货，以及萝卜白菜等本地产品，无一不备，无一不好的地方。所以在北京住上两三年的人，每一遇到要走的时候，总只感到北京的空气太沉闷，灰沙太暗淡，生活太无变化；一鞭出走，出前门便觉胸舒，过芦沟方知天晓，仿佛一出都门，就上了新生活开始的坦道似的；但是一年半载，在北京以外的各地——除了在自己幼年的故乡以外——去一住，谁也会得重想起北京，再希望回去，隐隐地对北京害起剧烈的怀乡病来。这一种经验，原是住过北京的人，个个都有，而在我自己，却感觉得格外的浓，格外的切。最大的原因或许是为了我那长子之骨，现在也还埋在郊外广谊园的坟山，而几位极要好的知己，又是在那里同时毙命的受难者的一群。

北平的人事品物，原是无一不可爱的，就是大家觉得最要不得的北平的天候，和地理联合在一起，在我也觉得是中国各大都会中所寻不出几处来的好地。为叙述的便利起见，想分成四季来约略地说说。

北平自入旧历的十月之后，就是灰沙满地，寒风刺骨的节季了，所以北平的冬天，是一般人所最怕过的日子。但是要想认识一个地方的特异之处，我以为顶好是当这特异处表现得最圆满的时候去领略；故而夏天去热带，寒天去北极，是我一向所持的哲理。北平的冬天，冷虽则比南方要冷得多，但是北方生活的伟大幽闲，也只有在冬季，使人感受得最彻底。

先说房屋的防寒装置吧，北方的住屋，并不同南方的摩登都市一样，用的是钢骨水泥，冷热气管；一般的北方人家，总只是矮矮的一所四合房，四面是很厚的泥墙；上面花厅内都有一张暖炕，一所回廊；廊子上是一带明窗，窗眼里糊着薄纸，薄纸内又装上风门，另外就没有什么了。在这样简陋的房屋之内，你只教把炉子一生，电灯一点，棉门帘一挂上，在屋里住着，却一辈子总是暖炖炖像是春三四月里的样子。尤其会得使你感觉到屋内的温软堪恋，而屋外窗外面乌乌在叫啸的西北风。天色老是灰沉沉的，路上面也老是灰的围障，而从风尘灰土中下车，一踏进屋里，就觉得一团春气，包围在你的左右四周，使你马上就忘记了屋外的一切寒冬的苦楚。若是喜欢吃吃酒，烧烧羊肉锅的人，那冬天的北方生活，就更加不能够割舍；酒已经是御寒的妙药了，再加上以大蒜与羊肉酱油合煮的香味，简直可以使一室之内，涨满了白濛濛的水蒸温气。玻璃窗内，前半夜，会流下一条条的清汗，后半夜就变成了花色奇异的冰纹。

到了下雪的时候哩，景象当然又要一变。早晨从厚棉被里张开眼来，一室的清光，会使你的眼睛眩晕。在阳光照耀之下，雪也一粒一粒的放起光来了，蛰伏得很久的小鸟，在这时候会飞出来觅食振翎，谈天说地，吱吱的叫个不休。数日来的灰暗天空，愁云一扫，忽然变得澄清见底，翳障全无；于是年轻的北方住民，就可以营屋外的生活了，溜冰，做雪人，赶冰车雪车，就在这一种日子里最有劲儿。

我曾于这一种大雪时晴的傍晚，和几位朋友，跨上跛驴，出西直门上骆驼庄去过过一夜。北平郊外的一片大雪地，无数枯树林，以及西山隐隐现现的不少白峰头，和时时吹来的几阵雪样的西北风，所给与人的印象，实在是深刻，伟大，神秘到了不可以言语来形容。直到了十余年后的现在，我一想起当时的情景，还会得打一个寒颤而吐一口清气，如同在钓鱼台溪旁立着的一瞬间一样。

北平的冬宵，更是一个特别适合于看书，写信，追思过去，与作闲谈说废话的绝妙时间。记得当时我们兄弟三人，都住在北京，每到了冬天的晚上，总不远千里地走拢来聚在一道，会谈少年时候在故乡所遇所见的事事物物。小孩们上床去了，佣人们也都去睡觉了，我们弟兄三个，还会得再加一次煤再加一次煤地长谈下去。有几宵因为屋外面风紧天寒之故，到了后半夜的一二点钟的时候，便不约而同地会说出索性坐坐到天亮的话来。像这一种可宝贵的记忆，像这一种最深沉的情调，本来也就是一生中不能够多享受几次的昙花佳境，可是若不是在北平的冬天的夜里，那趣味也一定不会得像如此的悠长。

总而言之，北平的冬季，是想赏识赏识北方异味者之唯一的机会；这一季里的好处，这一季里的琐事杂忆，若要详细地写起来，总也有一部《帝京景物略》那么大的书好做；我只记下了一点点自身的经历，就觉得过长了，下面只能再来略写一点春和夏以及秋季的感怀梦境，聊作我的对这日就沦亡的故国的哀歌。

春与秋，本来是在什么地方都属可爱的时节，但在北平，却与别的地方也有点儿两样。北国的春，来得较迟，所以时间也比较得短。西北风停后，积雪渐渐地消了，赶牲口的车夫身上，看不见那件光板老羊皮的大袄的时候，你就得准备着游春的服饰与金钱；因为春来也无信，春去也无踪，眼睛一眨，在北平市内，春光就会得同飞马似的溜过。屋内的炉子，刚拆去不久，说不定你就马上得去叫盖凉棚的才行。

而北方春天的较值得记忆的痕迹，是城厢内外的那一层新绿，同洪水似的新绿。北京城，本来就是一个只见树木不见屋顶的绿色的都会，一踏出九城的门户，四面的黄土坡上，更是杂树丛生的森林地了；在日光里颤抖着的嫩绿的波浪，油光光，亮晶晶，若是神经系统不十分健全的人，骤然间深入到这一个淡绿色的海洋涛浪里去一看，包管你要张不开眼，立不住脚，而昏厥过去。

北京市内外的新绿，琼岛春阴，西山挹翠诸景里的新绿，真是一幅何等奇伟的外光派的妙画！但是这画的框子，或者简直说这画的画布，现在却已经完全掌握在一只满长着黑毛的巨魔的手里了！北望中原，究竟要到哪一日才能够重见得到天日呢？

从地势纬度上讲来，北方的夏天，当然要比南方的夏天来得凉爽。在北平城里过夏，实在是并没有上北戴河或西山去避暑的必要。一天到晚，较热的时候，只有中午到午后三四点钟的几个钟头，晚上太阳一下山，总没有一处不是凉阴阴要穿单衫才能过去的；半夜以后，更是非盖薄棉被不可了。而北平的天然冰的便宜耐久，又是夏天住过北平的人所忘不了的一件恩惠。

我在北平，曾经过过三个夏天；像什刹海，菱角沟，二闸等暑天游耍的地方，当然是都到过的；但是在三伏的当中，不问是白天或是晚上，你只教有一张藤榻，搬到院子里的葡萄架下或藤花阴处去躺着，吃吃冰茶雪藕，听听盲人的鼓词与树上的蝉鸣，也可以一点儿也感不到炎热与薰蒸。而夏天最热的时候，在北平顶多总不过九十四五度，这一种大热的天气，全夏顶多顶多又不过十日的样子。

在北平，春夏秋的三季，是连成一片；一年之中，仿佛只有一段寒冷的时期，和一段比较得温暖的时期相对立。由春到夏，是短短的一瞬间，自夏到秋,也只觉得是过了一次午睡,就有点儿凉冷起来了。因此,北方的秋季也特别的觉得长,而秋天的回味,也更觉得比别处来得浓厚。前两年,因去北戴河回来,我曾在北平过过一个秋,在那时候,已经写过一篇《故都的秋》,对这北平的秋季颂赞过了一道了,所以在这里不想再来重复;可是北平近郊的秋色,实在也正像是一册百读不厌的奇书,使你愈翻愈会感到兴趣。

秋高气爽,风日晴和的早晨,你且骑着一匹驴子,上西山八大处或玉泉山碧云寺去走走看;山上的红柿,远处的烟树人家,郊野里的芦苇黍稷,以及在驴背上驮着生果进城来卖的农户佃家,包管你看一个月也不会看厌。春秋两季,本来是到处都好的,但是北方的秋空,看起来似乎更高一点,北方的空气,吸起来似乎更干燥健全一点。而那一种草木摇落,金风肃杀之感,在北方似乎也更觉得要严肃、凄凉、沉静得多。你若不信,你且去西山脚下,农民的家里或古寺的殿前,自阴历八月至十月下旬,去住它三个月看看。古人的"悲哉秋之为气"以及"胡笳互动,牧马悲鸣"的那一种哀感,在南方是不大感觉得到的,但在北平,尤其是在郊外,你真会得感至极而涕零,思千里兮命驾。所以我说,北平的秋,才是真正的秋;南方的秋天,不过是英国话里所说的 Indian Summer 或叫作小春天气而已。

统观北平的四季,每季每节,都有它的特别的好处;冬天是室内饮食奄息的时期,秋天是郊外走马调鹰的日子,春天好看新绿,夏天饱受清凉。至于各节各季,正当移换中的一段时间哩,又是别一种情趣,是一种两不相连,而又两都相合的中间风味,如雍和宫的打鬼,净业庵的放灯,丰台的看芍药,万牲园的寻梅花之类。

五六百年来文化所聚萃的北平,一年四季无一月不好的北平,我在遥忆,我也在深祝,祝她的平安进展,长久地为我们黄帝子孙所保有的旧都城。

一九三六年五月廿七

怀鲁迅[①]
郁达夫

真是晴天的霹雳,在南台的宴会席上,忽而听到了鲁迅的死!

发出了几通电报,荟萃了一夜行李,第二天我就匆匆跳上了开往上海的轮船。

---

① 郁达夫. 郁达夫精选集 [M]. 济南:齐鲁书社,2016.

二十二日上午十时船靠了岸，到家洗一个澡，吞了两口饭，跑到胶州路万国殡仪馆去，遇见的只是真诚的脸，热烈的脸，悲愤的脸，和千千万万将要破裂似的青年男女的心肺与紧捏的拳头。

这不是寻常的丧葬，这也不是沉郁的悲哀，这正像是大地震要来，或黎明将到时充塞在天地之间的一瞬间的寂静。

生死，肉体，灵魂，眼泪，悲叹，这些问题与感觉，在此地似乎太渺小了，在鲁迅的死的彼岸，还照耀着一道更伟大，更猛烈的寂光。

没有伟大人物出现的民族，是世界上最可怜的生物之群；有了伟大的人物，而不知拥护，爱戴，崇仰的国家，是没有希望的奴隶之邦。因鲁迅的一死，使人们觉出了民族的尚可以有为，也因鲁迅之一死，使人家看出了中国还是奴隶性很浓厚的半绝望的国家。

鲁迅的灵柩，在夜阴城被埋入浅土中去了；西天角却出现一片微红的新月。

一九三六年十月二十四日在上海

☞ **经典回顾**

神的一滴①

湖是自然风景中最美、最有表情的姿容。它是大地的眼睛，望着它的人可以测出自己天性的深浅。湖边的树木宛若睫毛一样，而四周森林蓊郁的群山和山崖是它的浓密突出的眉毛。

我第一次划船在瓦尔登湖上游弋的时候，它的四周完全被浓密而高大的松树和橡树围着，有些山凹中，葡萄藤爬过了湖边的树，盘成一弯凉亭，船只可以在下面惬意地通过。湖岸边的山太峻峭，山上的树木又太高，所以从西端望下来，这里像一个圆形剧场，水上可以演出山林舞台剧。我年纪轻一点的时候，就在那儿消磨了好些光阴，像和风一样地在湖上漂浮。一个夏天的上午，我先把船划到湖心，而后背靠在座位上，似梦非梦地漂流着，直到船撞在沙滩上，惊醒的我才欠起身来，看看命运已把我推送到哪一个岸边来了。在那种日子里，慵懒是最诱惑人的事情，我就这样偷闲地度过了许多个

---

① 梭罗. 瓦尔登湖[M]. 徐迟, 译. 上海：上海译文出版社, 1997。

上午。我宁愿把一天中最宝贵的光阴这样虚掷，我是富有的，虽然与金钱无关，因为我拥有阳光照耀的时辰以及夏令的日月，我挥霍着它们。可是，自从我离开这洒满古典生态阳光的湖岸之后，伐木人竟大砍大伐起来了。从此要有许多年不可能在林间的甬道上徜徉了，不可能在这样的森林中遇见湖水了。我的缪斯女神如果沉默了，她是情有可原的——森林已被砍伐，怎能希望鸟儿歌唱？

现在，湖底的树干，古老的独木舟，黑魃魃的四周的林木，都没有了，村民本来是连这个湖在什么地方都不知道的，如今却想到用一根管子来把这些湖水引到村中洗碗洗碟子了。这是和恒河之水一样圣洁的水！而他们却想转动一个开关，拔起一个塞子就利用瓦尔登的湖水了！这恶魔似的铁马，那震耳欲聋的机器喧嚣声已经传遍全乡镇了，它已经用肮脏的工业脚步使湖水混浊了，正是它，把瓦尔登湖岸上的树木和风景吞噬了。

虽然伐木人已经把湖岸这一段和那一段的树木先后砍光了，爱尔兰人也已经在那儿建造了他们的陋室，铁路线已经侵入了它的边境，冰藏商人已经豪取过它的冰，然而，它仍然顽强地生存着，还是我在青春时代所见的湖水——它虽然有那么多的涟漪，却并没有一条永久性的皱纹。它永远年轻，我还可以站在那儿，看到一只飞燕坦然掠下，从水面衔走一条小虫，正和从前一样。今儿晚上，这感情又来袭击我了，仿佛二十多年来我并没有每天都和它在一起厮守一样，——啊，这是瓦尔登湖，还是我许多年之前发现的那个充满着神秘和活力的林中湖泊。这儿，去年冬天被砍伐了一片森林，而另一片林子已经拔地而起，在湖边蓬勃华丽地生长着。还是同样水潋潋的欢乐，内在的喜悦，创造者的喜悦，是的，这可能就是我的喜悦。

这湖当然是一个大勇者的作品，其中毫无一丝一毫的虚伪！他用他的手围起了这一泓湖水，在他的思想中愈来愈深化，愈来愈清澈，并把它传给了康科德河，我从康科德河的水面上又看到了同样的倒影，我几乎要惊呼：瓦尔登湖，是你吗?！

这不是我的梦，
用于装饰一行诗；
我不能更接近上帝和天堂
甚于我之生活在瓦尔登。
我是它的圆石岸，
飘拂而过的风；

在我掌中的一握，
是它的水，它的沙，
而它的最深邃僻隐处
高高躺在我的思想中。

火车从来不停下来欣赏湖光山色，然而我想，那些司机和那些买了月票的旅客，常看到它，他们多少是会留心这些风景的。每天他们至少有一次机会与庄严、纯洁的瓦尔登湖相遇。对它，就算只有一瞥，也已经可以洗净现代繁华大街上的污浊和引擎上的油腻了。有人建议过，这湖可以称为"神的一滴"。

☞ 话题设计

设计1：2010年，在上海举办的第41届世界博览会，提出的主题是"城市，让生活更美好"。你是喜欢那种高楼林立、车水马龙的繁华城市生活，还是喜欢那种"左顾有山外青山，右盼有绿野阡陌""采菊东篱下，悠然见南山"的恬淡闲适的田园生活？请谈谈你的选择，谈谈你心目中理想生活的样子。

设计2：在《神的一滴》一文中，梭罗流露出对大自然的热爱以及远离尘嚣各种俗事后心灵获得自由的惬意，同时表达了对工业文明侵害自然所造成的破坏的痛惜之情。随着中国现代化进程的加快，工业的飞速发展，也不可避免地带来了环境的破坏，如果你是一位环保大使，对此，你想说些什么呢？

☞ 走近作者

梭罗（1817—1862），19世纪美国最具世界影响力的作家、哲学家。他的思想深受爱默生的影响，提倡回归本心，亲近自然。1845年，在距离康科德两英里的瓦尔登湖畔隐居两年，自耕自食，体验简朴和接近自然的生活，并以此为题材写成了散文集《瓦尔登湖》。梭罗才华横溢，一生共创作了二十多部一流的散文集，被称为自然随笔的创始者，其文简练有力，朴实自然，富有思想性，在美国19世纪散文中独树一帜。而《瓦尔登湖》在美国文学中被公认为最受读者欢迎的非虚构作品。

☞ 拓展阅读

冬天的湖（节选）[①]
梭罗

经过一个静静的夜晚，我醒来时有一个印象，好像有人向我提过问题，睡梦中我想努力给予回答，但却回答不出，比如什么如何——何时——哪儿？但是所有的生物全都生活在自然之中，此刻已是黎明，自然透过宽宽的窗户，凝视着屋内，神态安详，心满意足。她的嘴唇并没有提问题。我醒来时天已大亮，自然历历在目，问题也就有了答案。大地上，积雪深深，幼松点点，让我安居其上的山坡似乎在说：向前看！自然并不发问，发问的是我们这些凡夫俗子，但是自然并不回答。很久以前，她就下了决心。"啊！王子，我们的两眼满怀欣羡，凝神沉思，将宇宙神奇的大千景象传到灵魂。毫无疑问，夜幕遮盖了部分光辉灿烂的创造，但是白天又会将这一杰作揭示给我们，它甚至从大地一直延伸到茫茫苍穹。"

接下来我便开始忙早上的活儿。首先我拿了一把斧头和桶，外出找水，但愿这不是一场梦。经过一个寒冷而多雪的夜晚，找水还真得需要一根占卜杖呢。湖面水波激滟，稍有呼吸，便有所感觉，并能折射出每一道光和影，可是一到冬天，湖里的冰便深达一英尺，甚至一英尺半，就是再重的牲口踏上去，湖上的冰也能承受，或许湖上的积雪与田野齐平，使你分不出彼此。跟周围群山上的土拨鼠一样，湖水闭上了眼睛，开始了三个多月的冬眠。站在冰雪覆盖的平原，就像站在群山素裹的牧场一样，我先是劈开一英尺厚的积雪，然后又劈开一英寸的冰，在我的脚下开出一道窗口，跪下饮用湖水。我低头看去，鱼儿的客厅静悄悄的，里面有一道柔和的光，仿佛是穿过毛玻璃窗口照射进去的，湖底的沙子依然明亮，跟夏天一样；在那里，长久以来，水波不兴，一片宁静，仿佛琥珀色的黄昏在此统治，这跟水中居民冷静而又平和的气质颇为吻合。天空既在我们的脚下，也在我们的头上。

大清早，严霜将一切冻得松脆，这时，人们拎着鱼竿，提着一点儿午饭，穿过雪地，向湖中甩下了细细的鱼线，垂钓狗鱼和鲈鱼。真是一帮野性不改的家伙，他们不是听从镇上的同胞，而是本能地遵循其他的生活方式，相信别的权威，他们来来去去，将各个镇子一个一个地缝合了起来，要不然它们

[①] 梭罗. 瓦尔登湖 [M]. 王光林, 译. 北京：中央编译出版社，2015.

还是分裂着的。他们身着肥肥的粗绒大衣，坐在岸边干枯的橡树叶上，吃着午饭，城里的人精于书本知识，而他们却擅长自然知识，他们从不看书，但是他们的所作所为远远多于他们的所知所言。据说他们做的事还没人知道。瞧这儿，他们用成年鲈鱼作诱饵，去钓狗鱼，看着他的桶，你会惊奇地感到进入了一个夏日湖泊，仿佛他将夏天锁在家里，或知道夏天躲到什么地方。有人会问，寒冷的仲冬，他怎么会钓这么多的鱼。噢，大地一开始冻结，他就从烂木中挖出小虫，从而钓到了这么多的鱼。他的生活已深入自然，比自然科学家的研究还要深入，其本人就是自然科学家的研究对象，后者用刀子轻轻刮掉苔藓和树皮，寻找昆虫，而前者则用斧头劈开树芯，震得苔藓和树皮四处飞扬。他就靠剥树皮为生。这种人有权钓鱼，我很高兴地看到自然在他的身上得到了体现。鲈鱼吃小虫，狗鱼吃鲈鱼，渔夫吃狗鱼，这样一来，生物等级中的所有空缺都已得到了填补。

  迷雾蒙蒙的天气里，我沿湖散步，有时会看到纯朴的渔夫们采用原始的生活方式，心中不免感到有趣。冰上有不少狭小的洞口，每个洞口相距四五杆远，距离湖岸也同样这么远，也许他们就在这些洞上架些桤木枝，将鱼线的一头系在一根木枝上，防止它落水，然后再将松散的渔线绕在一根离冰有一英尺多高的嫩枝上，再在上面系一片干橡树叶，只要叶子下沉，就表明鱼已上钩。你沿湖漫步，走到一半，回头再看，蒙蒙迷雾中，这些桤木枝隐隐呈现，间距相等。

  啊，瓦尔登湖的狗鱼！每当我看到它们躺在冰上，或是在渔夫们在冰上开凿、并挖有小洞、可以通水的井里，我就常常为它们的稀世之美所震撼，仿佛它们是传说中的鱼，大街上看不到，就连森林里也见不着，就好像我们康科德人的生活中见不到阿拉伯半岛一样。它们有一种耀眼炫目、超凡脱俗的美丽，和白鳕与黑线鳕不可同日而语，而后者的名声早已传遍大街小巷。它们没有松树那么绿，没有石头那么灰，也没有天空那么蓝，但是在我看来，它们的色彩稀世罕见，像花朵，像宝石，仿佛它们就是珍珠，是瓦尔登湖中兼有动物形态的核或水晶。当然喽，它们是彻头彻尾的瓦尔登种，在动物王国中，它们本身就是一个小瓦尔登，属瓦尔登派。令人惊奇的是，它们居然在这儿被人捉到，这个像黄金和绿宝石一样的大鱼，原本在既深又大的湖水里嬉戏，远离瓦尔登路上行走的队队牲口、鳞鳞马车和叮当雪橇。我从未在任何市场上看到过这种鱼，如果有的话，它必将成为万众瞩目的中心。它们像痉挛一样，抽动了几下，便轻而易举地摆脱了湿漉漉的鬼影，就像一个凡人，时机还没成熟，就已升入天堂。

……

如果我们知道了自然的一切法则，那么我们需要的就只有一个事实，或者说只需描述一个实际现象，由此推断，得出各种特殊结论。现在我们知道的法则只有几个，而且我们的结论漏洞百出，当然，这并不是因为大自然杂乱无章，或漫无规则，而是我们对计算的基本原理一无所知。我们对法则与和谐的认识往往局限于我们已知的事物，而我们未知的法则数量更多，虽然它们表面冲突，但是实际上却和睦融洽，由此而产生的和谐更加奇妙。特殊的法则取决于我们的观点，正如对一名游客来说，每迈一步，山的轮廓就会发生变化，虽然山的绝对形态只有一个，但是山的轮廓无数。就算你将它劈开，或钻山而过，你也无法窥其全貌。

根据我的观察，湖泊如此，伦理道德又何独不然。这就是平均律。这样一种双直径规律，不仅指引我们观察天体中的太阳和人心，而且还将一个人每天的特殊行为和生活浪潮加以聚集，并且在这聚集体的长度和宽度上，画上两条线，通向他的湖湾和入口，相互交叉的地方就是他性格的高度或深度。或许我们只要知道他的湖岸走向或他邻近的国家或环境，就可知道他的深度和藏而不露的底子。如果他的周围群山环抱，湖岸威武，山峰高耸，那么在他这个人身上，也必然会体现出相应的深度。但是如果湖岸低洼平滑，那么这个人也必然十分肤浅。在我们的身体上，一根明显突出的眉毛脱落，表明了一种相应的思想深度。此外，我们每个湖湾的入口处都有一个沙洲，或特殊倾向，每个沙洲都是我们临时的港口，我们滞留其中，难以脱身。这些倾向并非异想天开，实际上，确定它们的形态、大小和方向的是湖岸的岬角或古代的上升轴线。由于风暴侵袭，潮涨潮落，或水位高升，或水位低落，这个沙洲渐渐增大，浮出水面，起先这只不过是湖岸的一个倾向，蕴藏着一种思想，现在却形成了一个独立的湖泊，远离海洋；脱离了海洋之后，思想获得了自己的位置，或许还从咸水变成了淡水，成为一个淡海、死海，或一个沼泽。随着每一个个体降临人世，我们是否可以说这样一座沙洲已经浮出水面？不错，我们航海经验不足，思想常常在没有港口的海岸上驶进驶出，交往的也只是有些诗意的河湾，要不我们就驶向公共进口港，进入枯燥的科学码头，重新装备，以适应这个世界，没有什么自然潮流会使它们一个个独立。

至于瓦尔登湖的出入口，除了雨雪和蒸发，我什么也没发现，也许拿一支温度计和一根绳子，就可以找到这样的地方，因为水流入湖之处，或许夏天最冷，冬天最暖。1846—1847年，掘冰的人到这儿来掘冰，有一天，他们送往岸上的冰被堆冰的人退回，理由是冰太薄，与别的冰堆在一起不够厚，于是割冰的人发现，有一小块地方比别处薄两三英寸，他们就此认为，这是一个入口。他们还指给我另一个所谓的"漏洞"，通过这个漏洞，湖水漏进山底，流到隔壁的草地，他们还把我放到一块冰上，推了出去，让我看一看，这是一个小洞，离水面有10英尺，但是我可以保证，此洞不必填补，除非他们在湖中找到一个更糟的漏洞，有人认为，如果"漏洞"和草地确有联系，那么证明这点并不难，你只要在洞口撒一些染有色彩的粉末或木屑，然后再在草地的泉水边放一只过滤器，就必然会滤到水流带来的粉末。

我正在进行勘察，微风乍起，16英寸厚的冰像湖水一样波动了起来。众所周知，冰上是不可能用水准仪的，于是我在冰上放了一根标有刻度的棍子，再在岸上放了一只水准仪，通过水准仪向冰上观看，虽然冰和岸紧密相连，但是在离岸一杆远的地方，冰的最大波幅有四分之三英寸。湖心的波幅或许更大。谁知道呢？要是我们的仪器再精密一点，没准儿我们还能测出地壳的波动呢。我将水准仪的两条腿放在岸上，而将第三条腿放到冰上，视线自然也就集中到了第三条腿上，湖上的冰稍有升降，湖对岸的一棵树就会出现几英尺的变化。为了勘察，我凿了几个洞，由于积雪很深，冰块都给压得沉了下去，积了三四英寸的水，我的洞凿好之后，这些水立刻流了进来，仿佛深深的溪流，一连流了两天，磨掉了各边的冰，虽说这不是湖面干燥的主要原因，但至少也是基本的原因，因为水流进来后，冰块上升，浮到了水上。就像在船底凿了一个洞，放水出去。这种洞冻结了之后，雨水就会降临，最后，新的冰冻会使水面重新变得光滑，冰的里面斑驳陆离，美不胜收，就像一个蜘蛛网，你也可以称之为玫瑰冰，这是四面八方的水流向中心后形成的。有时候，冰上布满了浅浅的水坑，这时我会看到自己的双重侧影，一个在冰上，另一个则在树上，或山坡上，相互重叠。

……

☞ 经典回顾

小树林中的泉水①

康·帕乌斯托夫斯基

许多俄国字本身就现出诗意,犹如宝石放射出神秘的闪光。

当然我明白宝石的光泽,并没有什么神秘的地方,任何一个物理学家都能很容易地用光学法则来解释这种现象。

但是宝石的光彩仍旧引起人一种神秘的感觉。发出光彩的宝石里面,自身并没有光源——要摆脱这样的想法是有困难的。

许多宝石都是这样,甚至像海蓝宝石那样平凡的宝石也是一样。它的颜色简直说不上来。一时还找不出相当的字眼来说明这种颜色。

海蓝宝石照它的名字看来,是表现海浪颜色的石头。并不完全是这样。在它透明的深处有柔和的浅绿和碧蓝的色调。但宝石的总的特征在于它从内部灿烂地发出纯粹银色的(银色的,而不是白色的)闪光。

据说,如果仔细观察海蓝宝石,你就会看见一片静静的星星色的海水。

显然,就是海蓝宝石和其他一些宝石的这些色泽的特点,引起我们的神秘感。它们的美,我们总觉得是不可解的。

解释许多俄国字的"诗的流露"是比较容易的。显然,只有当文字表达那在我们看来是充满诗的内容的概念时,才是有诗意的。

但文字本身(不是它所表达的概念),譬如即使像"露水闪"这么一个普通的词儿,对我们的想象力的影响都是难以解释的。这个词儿的声音本身就好像表现着夜间远方雷电缓慢的闪光。

当然这个感觉是极其主观的。不能执着于这种感觉,而把它作为普遍的原则。我是这样意会这个词的。但完全不想强使别人也如此感受。

只有大多数这些富有诗意的词和我们的大自然有着关联这一点是无可争辩的。

俄罗斯语言只对那无限热爱自己的人民,了解他们到"入骨"的程度、而且感觉得到我们的土地的玄秘美的人,才会全部展示出它的真正的奇幻性和丰富性来。

自然中存在的一切——水、空气、天空、白云、太阳、雨、森林、沼泽、

---

① 康·帕乌斯托夫斯基. 林中水滴 [M]. 李时,译. 北京:东方出版社,1996.

河流和湖泊、草原和田野、花朵和青草——在俄罗斯语言中，都有无数的美丽的字眼和名称。

　　为了证明这一点，为了研究丰富准确的词汇，我们除了研究像凯果罗多夫、普利希文、高尔基、阿历克赛·托尔斯泰、阿克萨科夫、列斯柯夫、蒲宁和其他许多作家这样的了解自然和人民语言的专家的作品而外，还应该去研究主要的取之不尽的语言源泉——人民自己的语言，即集体农庄庄员、船夫、牧人、养蜂人、猎人、渔夫、老工人、守林人、海标看守人、手工业者、农村画家、手艺匠和所有那些字字金石的久经风霜的人的语言。

　　在我遇到一个守林人之后，这些思想对我格外明确了。

　　记得好像在什么地方已经讲过这件事情。如果是这样，便请原谅，只好重弹一番老调。因为这个故事对俄罗斯语言这个话题非常重要。

　　我和这位守林人走在一座小树林里。这个地方自古以来是一大片泥沼，后来泥沼干涸，便为草莽芜蔓了，现在只有深厚的多年的苔藓、苔藓上的一些小水塘和无数的矶石还会勾起人们对往日的池沼的记忆来。

　　我不像一般那样轻视小树林。林中动人的地方很多。各种柔嫩的小树——云杉和松树，白杨和白桦——都密密地和谐地长在一起。那里总是明亮、干净，好像收拾好准备过节的农舍的上房一样。

　　我每次到这个小树林里来，都觉得画家涅斯切洛夫正是在这种地方找到了他的风景画的轮廓。在这里，每一支修茎，每一条细枝都挺秀如画，所以特别出色、动人。

　　在苔藓上，有些地方，像我已经说过的，会碰到一些圆圆的小水塘。里边的水看上去像是静止的。但假如仔细看下去，便可以发现水塘的深处时时刻刻涌出静静的水流来，有越橘的枯叶和黄松针在里面打旋。

　　我们在一个这样的水塘旁边站下，喝了许多水。这水有一股松脂的味道。

　　"泉水！"守林人看到一个拼命挣扎的甲虫，从水塘中浮起来，又立刻沉了下去，说道，"伏尔加河想必也是由这样的水塘发源的吧？"

　　"是的，大概是的，"我同意地说。

　　"我最喜欢分析字眼，"守林人忽然说，难为情地微笑了一下。"真奇怪！有的时候一个字儿缠住你，弄得你坐立不安。"

　　守林人沉默了一下，把肩上的枪扶正，然后问道："听说，您好像是个写书的？"

　　"是的。"

"那就是说,您用的词儿是经过考虑的?而我不管怎样努力琢磨,总难给一个字找到解释。人在林子里走着,脑子翻来覆去地想着词儿,这么想,那么想:这些词儿是打哪儿来的?什么也想不出来。我没有知识。没受过教育。不过有的时候,给一个词儿找到了一种解释,那真高兴。可高兴什么呢?我也不是教小孩子的。我是看林子的,普通的看守。"

"现在是个什么词儿缠着您呢?"我问。

"就是'泉水'这个词儿。我早就注意到这个词儿了。我四面八方绕着圈子琢磨这个词儿。大概因为水是从这儿淌出来的。泉水产生河,而河水流过我们的母亲大地,流遍祖国各地,养育着人民。您看这多有道理——ролник(泉水),ролина(祖国),Народ(人民)。而这些词儿好像亲族似的。好像亲戚一样!"他重复一下,笑了起来。

这些普通的词儿给我掘出了我国语言最深的根蒂。

世世代代人民的全部经验,所有他们性格的诗的方面,都蕴含在这些词里。

☞ 话题设计

设计1:在苏州工业园区,有一所职业学校确立了"上善若水"的校园核心文化,在校园中营造"若水文化",弘扬"若水精神",追求"若水境界",并提出"上善若水"文化的具体体现——齐心、坚忍、包容、润物、灵动、沟通。请同学们以此谈谈对"上善若水"的理解与感悟。

设计2:对于俄国文字,作者认为不能用概念来理解,而是要有对文字的想象力。比如"露水闪"一词,作者从它的发音联想到夜间远方雷电缓慢的闪光。同样,汉语博大精深,具有形体美、音乐美和意义美,理解它,也要借助我们的想象力,当我们看到"淅淅沥沥"这个词时,我们的脑海中会出现怎样的场景呢?请用100字左右进行描写。

设计3:清代著名诗评家王国维在《人间词话》里对宋祁《玉楼春·春景》中的名句"绿杨烟外晓寒轻,红杏枝头春意闹"一句做过如下评价:"著一'闹'字而境界全出。"这一"闹"字到底妙在何处?请展开说说。

☞ 走近作者

康·帕乌斯托夫斯基(1892—1968),苏联著名小说家、剧作家、散文家和文艺评论家。他于1956年发表的《金蔷薇》是一本创作札记,其中谈了许多创作体会和经历，受到广泛欢迎。康·帕乌斯托夫斯基的作品多以普通人、艺术家为主人公，突出地表现了对人类美好品质的赞颂，具有动人的抒情风格。他的散文作品优美如诗，充满了对生活和大自然的热爱，以及高度的人道主义精神，具有很高的艺术水平。美国学者马克·斯洛宁在谈到他的创作时说："与其说是情节，倒不如说是抒情的风采、情感的一致性、一种不间断的音符，使他那不连贯的散文具有一种统一性。他的散文还具有某些评论家认为是他对法语的爱好所导致的那种光彩。"著有散文集《金蔷薇》《大师的馈赠》等。

☞ **拓展阅读**

珍贵的尘土[①]

康·帕乌斯托夫斯基

已无法想起我是如何得知巴黎清洁工让·夏米的故事了。在自己居住的街区，夏米靠给各个手工作坊打扫清洁为生。

夏米住在城边一个逼仄简陋的窝棚里。当然，我也可以详尽描绘一番这个郊外的景色，不过这会误导读者偏离故事的主线。但是，或许还是值得提一点，那就是巴黎城郊这些古堡保留至今却完好无损。这则故事发生的时候，这些古堡还湮没在一片枝繁叶茂的金银花和山楂树丛中，鸟儿在此筑窝栖息。

清洁工的窝棚紧贴城堡北墙的墙根，与铁匠、鞋匠、拾荒人和叫花子的棚屋为邻。

如果郊外这些窝棚居民的生活当时引起了莫泊桑的兴趣，那他很可能还会写出几个短篇小说的杰作来。也许，这些作品将会在他不可动摇的荣誉之上再为他增添新的花环。

很可惜，除了侦探，没有人会注意到这种地方。就是那些侦探，也只是在追赃的时候才会光顾此地。邻居们都叫夏米的外号"啄木鸟"，由此可以想见，他是瘦瘦的个头，尖鼻子，帽檐底下总是露出一撮毛，活像鸟冠子。

让·夏米也曾经有过好日子。墨西哥战争期间，他曾是"小拿破仑"军中小兵一枚。

夏米很走运。他在韦拉克鲁斯得了一场严重的疟疾。一个病号，一个未曾参加过次真正战斗的士兵，就这样被遣送回国了。团长利用这个机会，委托夏米把他的女儿苏珊娜带回法国，小姑娘只有八岁。

[①] 康·帕乌斯托夫斯基. 金蔷薇 [M]. 苏玲，译. 成都：四川人民出版社，2023.

团长是个鳏夫,所以他不得不把女儿带在身边。但这次他决定与女儿暂别,把她送到鲁昂的姐姐家。墨西哥的气候对欧洲来的孩子是致命的。况且,毫无规律的游击生活往往会带来许多意想不到的危险。

在夏米返回法国的途中,大西洋海面上暑热升腾。小姑娘整天一语不发。甚至当鱼儿跃出油汪汪的水面,她也丝毫不为所动。

夏米尽其所能地照顾着苏珊娜。他明白,她不仅希望得到他的照料,更需要他的爱抚。而他这个殖民军团的大兵,还能想出什么爱抚人的法子呢?他怎么才能逗她开心?跟她玩骨牌?或者是哼唱几句兵营里流传的粗野小曲儿?

但是总不能这么长久地默默相对吧。夏米不时能捕捉到小姑娘向自己投来的迷惑的目光。最后,他终于决定开口向她讲述自己的身世,回忆起了在拉芒什海峡岸边那个小小渔村里发生的桩桩件件:流沙,退潮后的水洼,村教堂那口有裂缝的钟,给邻居治疗胃疾的妈妈。

在这些往事里,夏米找不出半点能让苏珊娜开心的地方。但小姑娘令他非常吃惊,她不仅好奇地听着这些故事,甚至还让他一遍遍地讲,而且要讲得更详细。

夏米搜肠刮肚地讲述着这些故事的各种细节,最后他自己也搞不清这些细节到底有没有发生过。这已经不再是回忆,而是淡淡的记忆的影子。这些影子已像雾一般弥漫开去。说真的,夏米也从来没想过需要重新回忆自己生活中那些无关紧要的日子。

有一次他隐隐约约地想了一个关于金蔷薇的故事。或许,夏米并没有亲眼看到那朵金子打造、做工粗糙、微微发黑的金蔷薇,它挂在一个渔妇家的十字架上,或许,他只是从旁人那里听到了这则金蔷薇的故事。

不,他好像有一次是真的看到了这朵金蔷薇。它熠熠闪光,尽管那时窗外并没有太阳,且海面上乌云密布。越是往下讲,夏米就越是想起了它的光泽,在那低矮的天花板下如微微泛光的星星。

全村人都很奇怪,这老太婆为啥不卖掉这个值钱的物件。她能用它换一大笔钱呢。只有夏米的妈妈相信,卖了金蔷薇会带来灾难,因为这金蔷薇是一个深爱老太婆的人送她以表达"祝福"的,当时她还是个爱笑的姑娘,在奥迪埃尔纳一家沙丁鱼罐头厂做女工。

"这样的蔷薇世上少有,"夏米的妈妈说,"但谁家要是拥有,谁家就会得福。不只是这样,谁要是碰了碰这蔷薇,也会有福降临。"

小男孩夏米迫不及待地等着，想见证一下老太婆如何得福。但任何福降的征兆都没有。老太婆的房子被风刮得摇摇晃晃，晚上屋里连灯都点不起。

还没等到老太婆时来运转，夏米就离开村子了。直到一年之后，一位在勒阿弗尔邮船上当司炉工的熟人才告诉他，老人的艺术家儿子出人意料地从巴黎回到她身边，他留着胡子，性情开朗，有些古怪。从那之后小屋就完全变了模样，不仅欢声笑语，而且生活富足。人们都说，艺术家只要涂几笔就能赚大钱。

有一天，夏米坐在甲板上，用自己那把铁齿梳为头发被吹得乱蓬蓬的苏珊娜梳头。她问道：

"让，以后会有人给我送金蔷薇吗？"

"一切都有可能的，"夏米回答说，"会有一个傻小子，苏珊，专门为你而来。我们连队就有这么个小子，他可真是走运呢。他在战地上捡到了一段被折断的金牙，于是请我们连队大喝一顿。这还是安南战争的时候。喝醉的炮兵们为了逗乐就打炮玩，有一发炮弹正好落在了死火山的山口，在里面炸开，于是引起了火山喷发，岩浆突突地往外流。谁知道这火山叫什么名字啊！好像叫克拉喀-塔喀。那简直就是毁灭性的爆发！四十个村民在灾难中丧生。想想，这都是那段假牙惹的祸，白白死了这么多人！后来才知道，这副假牙是我们团长丢失的。事情嘛，当然就压下了，军队的名声要紧啊。不过那一次我们的确喝得烂醉如泥。"

"这是在哪里发生的事？"苏珊满是疑惑地问。

"我已经跟你说过了嘛，是在安南。在印度支那。那里的大洋上火焰滚滚，像是地狱，可海蜇却像是芭蕾舞女的短裙。而且那里非常潮湿，一夜之间我们的靴子里就能长出蘑菇。如果我瞎说，就把我吊死！"

此前，夏米听过许多当兵的吹牛，但他自己可从来没说过一句瞎话。倒不是因为他不会，而是因为没这个必要。现在，他认为最为神圣的事情，就是想方设法让苏珊娜开心。

夏米将小姑娘带到鲁昂，把她交到了一个嘴唇又瘪又黄的高个子女人手里，这就是苏珊的姑妈。老太婆浑身上下缀满了黑色玻璃珠，活像一条马戏团的蛇。

看到她以后，小姑娘使劲往夏米的身边贴，紧挨着他那件褪了色的军大衣。

"怕什么！"夏米轻声地说道，推了推苏珊的肩膀，"我们这些当兵的也不能选择自己的长官,要忍耐,苏珊,你也是一个女兵!"

夏米走了。他好几次回望那栋死气沉沉的房子的窗户,连风都没有把窗帘掀一掀。在窄窄的街巷,回荡着小铺里传出的嘀嗒嘀嗒的钟表走动声。在夏米的军用背囊里,还留有一个苏珊的纪念品———条被揉得皱巴巴的蓝色发带。不知道为什么,这条缎带散发出了一股淡淡的幽香,仿佛在一个紫罗兰花篮里放了很久。

墨西哥疟疾让夏米的身体彻底垮了。他没有得到部队的授衔就退了伍。他以一个普通列兵的身份回到了百姓的生活中。

多年的光阴只是在满足单一的生存需求中过去了。夏米曾换过许多卑微的工作,最终成了巴黎的一名清洁工。从此,他总是能闻到一股尘土和污水的气味。甚至从塞纳河对岸飘过来吹过了整条街道的微风中,从小巷里衣着干净的老太太所出售的湿漉漉的鲜花中,他都能闻到这种气味。

时光渐渐汇聚成了一团黄色的雾气。但是,他内心的眼睛有时会透过这团雾气,看到一朵轻盈的玫瑰色云彩出现在眼前,那是苏珊的一条旧裙子。这条裙子也散发着一种春天的清新气息,似乎也是在紫罗兰花篮里放了很久似的。

她在哪里,苏珊?她怎么样了?他知道,她现在已经长成了大姑娘,她的父亲也因受伤而亡。

夏米一直想去鲁昂看看苏珊娜,但每一次他都推迟了行程,直到最后他才明白,时间过去很久,苏珊娜也许早就把他忘了。

每当他想起和她告别的场景,他就骂自己是头蠢猪。应该亲亲小姑娘的,他却把她往那个恶老太婆跟前一推,还说什么"要忍耐,苏珊,你也是一个女兵"!

众所周知,清洁工都是在深夜工作。原因大概有两个:那热闹而并非有益的人类活动所产生的大部分垃圾,通常是在一天结束的时候被收集齐,除此,不能玷污巴黎人的嗅觉和视觉。深夜,除了老鼠,没有谁会看得到清洁工在工作。

夏米习惯于夜间工作,甚至爱上了这夜半时分。他尤其喜欢曙光在巴黎上空懒洋洋地显露的那一刻。塞纳河上聚集着雾气,但这雾气从来没有超过桥栏。

有一天,夏米就在这样一个雾蒙蒙的黎明走过残疾人桥,他看见了一位少妇,她身穿一条镶着黑色花边的淡青色连衣裙,倚着桥栏,眼望塞纳河。

夏米停下脚步，脱下满是尘土的帽子，说道：

"夫人，塞纳河水这个时候很凉，还是让我送您回家吧！"

"我现在没有家。"女人一边很快地回答，一边向夏米转过身来。

夏米的帽子从他手中脱落掉地。"苏珊！"他又惊又喜地喊道，"苏珊，小女兵！我的小姑娘！我终于见到你了。你恐怕是忘记我了吧。我是让·欧内斯特·夏米，那个第二十七殖民军团的士兵，后来把你带到了鲁昂你那个可恶的姑妈家。你简直长成大美人了！瞧你这头发梳得多好看！而我这个笨手笨脚的大兵，当时完全不会梳头啊！"

"让！"女人大喊一声，朝夏米奔过来，一把抱住他的脖子，哭了起来，"让，您还是那么善良，就像以前一样。我都记得的！"

"嗳，说什么傻话！"夏米喃喃地说，"我这善良对谁有用啊。谁让你这么难过了，我的小姑娘？"

夏米把苏珊紧紧搂住，做了他在鲁昂没敢做的事情——抚摸和亲吻了她那闪亮的头发。他很快又退了一步，怕她闻到自己衣服上散发出的老鼠臊味。但苏珊娜却更是紧紧地贴在他的肩上。

"你怎么了，小姑娘？"夏米惊慌失措地又问了一遍。

苏珊娜没有回答。她失控地号啕大哭起来。夏米明白，现在什么也不该问她了。

"我在古堡墙边下有个小窝，"他急急忙忙地说，"离这里有点远。小屋里当然空空荡荡的，不过，烧个水睡个觉的地方还是有的。你可以到那里去洗洗，休息一下。总之你想住几天就住几天。"

苏珊娜在夏米那里住了五天。在这五天里，巴黎上空升起的太阳都是不同寻常的。所有的房屋，甚至是那些积满了烟尘的老房子，所有的花园，还有夏米的小窝棚，都在这太阳光芒照耀下像一颗颗宝石一样放光。

谁要是看到熟睡的少妇发出轻微的呼吸声而无动于衷，那么他就不懂得什么是温柔。她的双唇比花瓣还要娇艳，她的睫毛因夜晚的泪珠而熠熠发光。

是的，苏珊娜所遭遇到的一切，夏米都料到了。她的情人，一个年轻的演员，背叛了她。但是，在苏珊娜住在夏米这里的五天时间，他们完全有足够的时间和好如初。

夏米还介入其中。他不得不充当苏珊娜和年轻演员之间的信使，当他想递给夏米几个苏当茶钱的时候，夏米还要教育这个年轻的美男子懂得待人接物的礼貌。

很快，男演员就乘着租来的马车把苏珊娜接走了。该做的都做了：鲜花，亲吻，含泪的笑，忏悔，声音颤抖而轻松的交谈。

两个年轻人离开时是那样的急切匆忙，以至于苏珊娜甚至忘记跟夏米告别就进了马车。但她及时发现了自己的疏忽，脸有些微微地红了，并歉疚地把手伸给他。

"既然你选择了这样的生活方式，"夏米最后不无责备地说，"那么就祝你幸福！"

"我还什么都不知道呢。"苏珊娜回答说，眼里闪着泪光。

"你何必这么激动，我的小乖乖，"年轻演员不满地伸出手，又喊了一声，"我迷人的小乖乖！"

"要是我能得到一朵金蔷薇就好了！"苏珊娜叹了口气，"那样就会得到幸福了啊。我还记得你在船上讲的故事，让。"

"谁知道呢！"夏米回答说，"不过无论如何这位绝不是送你金蔷薇的人。抱歉，我是个当兵的。我不喜欢这类花花公子。"

两个年轻人相互看了一眼。演员耸了耸肩。马车启程了。

过去，夏米通常是把一天里从作坊扫出的垃圾全部倒掉。但自从遇见苏珊，他就把从首饰作坊里扫出的垃圾单独留了下来。他把这些垃圾收集到一个麻袋里，然后带回自己家。邻居们都觉得这个清洁工"有毛病"。很少有人知道，在这些尘土中有零星的金屑，因为工匠打首饰的时候总会锉掉一些金屑的。

夏米决定从这些首饰坊的尘土里筛出金子，把它铸成小金块，然后再拿小金块去加工成一小朵金蔷薇，作为送给苏珊娜的祝福。也许，真会像妈妈对他说的那样，金蔷薇会将幸福带给许多的普通人。谁知道呢！他决定，在没打出金蔷薇的时候，他不再去跟苏珊娜见面了。

夏米对谁都没有透露过一个字。他怕政府和警察找碴儿。他们总是听到风就是雨，会说他是小偷，把他投进监狱，没收他的金子，因为说到底这金子的确是人家的嘛。

入伍之前，夏米曾经在一个乡村神父的农场帮工，所以他知道选种。这些知识现在就派上用场了。他想起了如何扬场，让沉甸甸的谷粒落到地上，而轻轻的尘土则随风飘散了。

夏米自制了一个小小的簸扬器，每到深夜便在院子里簸扬首饰作坊的尘土。直到看见簸槽里有了星星点点的金粉，他才心安。

时间过了很久，金粉早已攒到足够熔成一个金块。但夏米迟迟没去交给工匠打出金蔷薇。

他倒不是没钱，只要他拿出金块的三分之一当工钱，任何工匠都会满意这桩活计。

问题不出在这里。眼看和苏珊娜见面的日子一天天临近，夏米却不知从什么时候开始竟害怕起这一刻来。

所有的柔情，他要把这深埋于心的柔情，都献给苏珊，而且只献给她。可谁会在意一个老丑男的柔情呢！夏米早就发现，凡是见到他的人的最大愿望就是尽快离开他，忘记他那张干瘪灰暗、皮肤松弛、眼神空洞的脸。

窝棚里有一面破镜子。夏米偶尔也会拿起镜子照照自己，不过每回他都狠狠地把它扔到一边，并且破口大骂。还是别看自己为好——一个因患风湿病而瘸了腿的丑八怪。

当金蔷薇终于打造出来，夏米却得知，苏珊娜一年前就离开巴黎去了美国，而且永远不会回来了。谁也没能告诉夏米新的地址。

得知消息的第一刻，夏米甚至还感到了轻松。但是，之前关于同苏珊娜见面的那些温柔愉快的想象，于是也变成了一块生锈的破铁片。这块破铁片直戳夏米的胸口，就在心脏附近，夏米于是祈求上帝让它快快刺入自己这颗衰老的心脏，让它永远停止跳动。

夏米不再去打扫作坊。他一连几天躺在窝棚里，面朝着墙壁。他默不作声，仅有一次当他用破衣袖遮住了眼睛，脸上才露出了微笑。但谁也没有看见。邻居们甚至都没到窝棚来看一眼，人人都在忙着自己的生计。

只有一个人注意到了夏米，就是那个上了年纪的首饰匠。是他用夏米那块金子打出了一朵极其精致的蔷薇，蔷薇旁边还有一段花枝，枝丫上有一个露出细尖的花蕾。

首饰匠虽造访夏米，但并没给他带药来。他觉得那是多余的。

果然，首饰匠在一次造访时就发现夏米已经死了。他扶起这位清洁工的头，从他灰色的枕头下拿出了被一条皱巴巴的蓝色缎带包裹着的金蔷薇，不慌不忙地走了，离开时还不忘掩上吱吱呀呀的破门。那条缎带已散发出了一股鼠臊味。

正值晚秋。秋风和闪烁的灯火在近晚的黄昏中摇曳。首饰匠想起了夏米死后那张变形的面孔。它是那样严肃而安详。而这副面孔所饱含的苦难，在他看来甚至都是美的。

"生没得到，死会带来。"首饰匠这么想着，他历来信服这种廉价的安慰，最后还夸张地长叹一声。

不久，首饰匠就把金蔷薇卖给了一位年老的作家。据首饰匠说，这位作家衣着寒酸，看样子根本就买不起这么贵重的物件。

显然，老作家之所以买下金蔷薇，完全是因为听了首饰匠所讲述的这段故事。

我们应该感激这位老作家，是他的札记让我们知道了第二十七殖民军团士兵让·欧内斯特·夏米这段悲惨往事。

在札记中，老作家还这样写道：

"每一分钟，每一个无意说出的词，每一个无意抛出的眼神，每一个深刻或可笑的念头，每一次毫无察觉的心跳，都像是一朵飞起的杨絮或夜晚水洼里泛起的一点星光，这一切都是一粒粒金粉。

"我们这些文学工作者，历经数十载筛选，将那数以百万计的碎屑聚拢成堆，熔炼成块，最终打造出自己的'金蔷薇'——中篇小说，长篇小说，或史诗。

"这夏米的金蔷薇啊！我认为从某种程度上说，它就是我们创作活动的榜样。令人吃惊的是，竟没有一个人去深究，活生生的文学源流是怎样从这些珍贵的尘土中产生的。

"但是，就像年迈的清洁工希望金蔷薇带给苏珊娜幸福一样，我们的创作也是为了带给大地美丽，去呼唤人们为幸福、快乐和自由而斗争，用人类心灵的宽阔和理性的力量去战胜黑暗，如不落的太阳光辉永照。"

☞ **经典回顾**

千篇一律与千变万化（节选）[①]
——音乐、绘画、建筑之间的通感
梁思成

在艺术创作中，往往有一个重复和变化的问题：只有重复而无变化，作品就必然单调枯燥；只有变化而无重复，就容易陷于散漫零乱。在有"持续性"的作品中，这一问题特别重要。我所谓"持续性"，有些是时间的持续；

[①] 张岱年，邓九平. 人世文丛·云梦生涯 [M]. 北京：北京师范大学出版社，1997.

有些是空间转移的持续，由于作品或者观赏者由一个空间逐步转入另一空间，所以同时也具有时间的持续性，成为时间、空间的综合的持续。

……

就举首都人民大会堂为例。它的艺术效果中一个最突出的因素就是那几十根柱子。虽然在不同的部位上，这一列柱和另一列柱在高低大小上略有不同，但每一根柱子都是另一根柱子的完全相同的简单重复。至于其他门、窗、檐、额等等，也都是一个个依样葫芦。这种重复却是给予这座建筑以其统一性和雄伟气概的一个重要因素；是它的形象上最突出的特征之一。

历史中最杰出的一个例子是北京的明清故宫。从（已被拆除了的）中华门（大明门、大清门）开始就以一间接着一间，重复了又重复的千步廊一口气排列到天安门。从天安门到端门、午门又是一间间重复着的"千篇一律"的朝房。再进去，太和门和太和殿、中和殿、保和殿成为一组"前三殿"与乾清门和乾清宫、交泰殿、坤宁宫成为一组的"后三殿"的大同小异的重复，就更像乐曲中的主题和"变奏"；每一座的本身也是许多构件和构成部分（乐句、乐段）的重复；而东西两侧的廊、庑、楼、门，又是比较低微的，以重复为主但亦有相当变化的"伴奏"。然而整个故宫，它的每一个组群，每一个殿、阁、廊、门却全部都是按照明清两朝工部的"工程做法"的统一规格、统一形式建造的，连彩画、雕饰也尽如此，都是无尽的重复。我们完全可以说它们"千篇一律"。

但是，谁能不感到，从天安门一步步走进去，就如同置身于一幅大"手卷"里漫步；在时间持续的同时，空间也连续着"流动"。那些殿堂、楼门、廊庑虽然制作方法千篇一律，然而每走几步，前瞻后顾，左睇右盼，那整个景色的轮廓、光影，却都在不断地改变着；一个接着一个新的画面出现在周围，千变万化。空间与时间，重复与变化的辩证统一在北京故宫中达到了最高的成就。

颐和园里的谐趣园，绕池环览整整三百六十度周圈，也可以看到这点。

至于颐和园的长廊，可谓千篇一律之尤者也。然而正是那目之所及的无尽的重复，才给游人以那种只有它才能给人的特殊感受。大胆来个荒谬绝伦的设想：那八百米长廊的几百根柱子，几百根梁枋，一根方，一根圆，一根八角，一根六角……；一根肥，一根瘦，一根曲，一根直……；一根木，一根石，一根铜，一根钢筋混凝土……；一根红，一根绿，一根黄，一根蓝……；一根素净无饰，一根高浮盘龙，一根浅雕卷草，一根彩绘团花……；

这样"千变万化"地排列过去,那长廊将成何景象?!

有人会问:那么走到长廊以前,乐寿堂临湖回廊墙上的花窗不是各具一格,千变万化的吗?是的。就回廊整体来说,这正是一个"大同小异",大统一中的小变化的问题。既得花窗"小异"之谐趣,又无伤回廊"大同"之统一。且先以这些花窗的小小变化,作为廊柱无尽重复的"前奏",也是一种"欲扬先抑"的手法。

翻开一部世界建筑史,凡是较优秀的个体建筑或者组群,一条街道或者一个广场,往往都以建筑物形象重复与变化的统一而取胜。说是千篇一律,却又千变万化。每一条街都是一轴"手卷"、一首"乐曲"。千篇一律和千变万化的统一在城市面貌上起着重要作用。

十二年来,在全国各城市的建筑中,我们规划设计人员在这一点上做得还不能尽满人意。为了多快好省,我们做了大量标准设计,但是"好"中自应包括艺术的一面,也就是"百花齐放"。我们有些住宅区的标准设计"千篇一律"到孩子哭着找不到家;有些街道又一幢房子一个样式、一个风格,互不和谐;即使它们本身各自都很美观,放在一起就都"损人"且不"利己","千变万化"到令人眼花缭乱。我们既要百花齐放,丰富多彩,又要避免杂乱无章,相互减色;既要和谐统一,全局完整,又要避免千篇一律,单调枯燥。这恼人的矛盾是建筑师们应该认真琢磨的问题。

☞ **话题设计**

学完梁思成的《千篇一律与千变万化》,我们深深体会到了明清故宫、颐和园等建筑重复与变化的辩证统一之美,其中尤以皇家园林颐和园做到了极致。而身为苏州人,让我们引以为豪的是苏州的园林。苏州园林是中国私家园林的代表,被联合国教科文组织列为世界文化遗产。苏州古典园林以其古、秀、精、雅、多而享有"江南园林甲天下,苏州园林甲江南"之誉,所以,请选择你最熟悉的苏州的某一园林谈谈其建筑之美。

☞ **走近作者**

梁思成(1901—1972),籍贯广东新会,生于日本东京,社会活动家梁启超的儿子。他毕生致力于中国古代建筑的研究和保护,是建筑历史学家、建筑教育家和建筑师。主持人民英雄纪念碑、中华人民共和国国徽等作品的设计。他参加过北京十大建筑设计工作,对保护北京古都文物建筑提出过很多建议,对保存团城和成贤街牌楼做出了贡献。英国著名学者李约瑟赞他是"研究中国建筑历史的宗师"。

☞ 拓展阅读

曲阜孔庙①
梁思成

也许在人类历史中，从来没有一个知识分子像中国的孔丘（公元前551至479年）那样长期地受到一个朝代接着一个朝代的封建统治阶级的尊崇。他认为"一只鸟能够挑选一棵树，而树不能挑选过往的鸟"，所以周游列国，想找一位能重用他的封建主来实现他的政治理想，但始终不得志。事实上，"树"能挑选鸟；却没有一棵"树"肯要这只姓孔名丘的"鸟"。他有时在旅途中绝了粮，有时狼狈到"累累若丧家之犬"；最后只得叹气说，"吾道不行矣！"但是为了"自见于后世"，他晚年坐下来写了一部《春秋》。也许他自己也没想到，他"自见于后世"的愿望达到了，正如汉朝的大史学家司马迁所说："春秋之义行，则天下乱臣贼子惧焉。"所以从汉朝起，历代的统治者就一朝胜过一朝地利用这"圣人之道"来麻痹人民，统治人民。尽管孔子生前是一个不得志的"布衣"，死后他的思想却统治了中国两千年。他的"社会地位"也逐步上升，到了唐朝就已被称为"大成至圣文宣王"，连他的后代子孙也靠了他的"余荫"，在汉朝就被封为"褒成侯"，后代又升一级做"衍圣公"。两千年世袭的贵族，也算是历史上仅有的现象了。这一切也都在孔庙建筑中反映出来。

今天全中国每一个过去的省城、府城、县城都必然还有一座规模宏大、红墙黄瓦的孔庙，而其中最大的一座，就在孔子的家乡——山东省曲阜，规模比首都北京的孔庙还大得多。在庙的东边，还有一座由大小几十个院子组成的"衍圣公府"。曲阜城北还有一片占地几百亩、树木葱幽、丛林密茂的孔家墓地——孔林。孔子以及他的七十几代嫡长子孙都埋葬在这里。

现在的孔庙是由孔子的小小的旧宅"发展"出来的。他死后，他的学生就把他的遗物——衣、冠、琴、车、书——保存在他的故居，作为"庙"。汉高祖刘邦就曾经在过曲阜时杀了一头牛祭祀孔子。西汉末年，孔子的后代受封为"褒成侯"，还领到封地来奉祀孔子。到东汉末桓帝时（公元153年），第一次由

---

① 《伴随》编辑部. 黄河之水天上来：经典散文中的山川名胜[M]. 哈尔滨：北方文艺出版社，2011.

国家为孔子建了庙。随着朝代岁月的递移，到了宋朝，孔庙就已发展成三百多间房的巨型庙宇。历代以来，孔庙曾经多次受到兵灾或雷火的破坏，但是统治者总是把它恢复重建起来，而且规模越来越大。到了明朝中叶（16世纪初），孔庙在一次兵灾中毁了之后，统治者不但重建了庙堂，而且为了保护孔庙，干脆废弃了原在庙东的县城，而围绕着孔庙另建新城——"移县就庙"。在这个曲阜县城里，孔庙正门紧挨在县城南门里，庙的后墙就是县城北部，由南到北几乎把县城分割成为互相隔绝的东西两半。这就是今天的曲阜。孔庙的规模基本上是那时重建后留下来的。自从萧何给汉高祖营建壮丽的未央宫，"以重天子之威"以后，统治阶级就学会了用建筑物来做政治工具。因为"夫子之道"是可以利用来维护封建制度的最有用的思想武器，所以每一个新的皇朝在建国之初，都必然隆重祭孔，大修庙堂，以阐"文治"；在朝代衰末的时候，也常常重修孔庙，企图宣扬"圣教"，扶危救亡。1935年，国民党政府就是企图这样做的最后一个，当然，蒋介石的"尊孔"，并不能阻止中国人民的解放运动；当时的重修计划，也只是一纸空文而已。

　　由于封建统治阶级对于孔子的重视，连孔子的子孙也沾了光，除了庙东那座院落重重、花园幽深的"衍圣公府"外，解放前，在县境内还有大量的"祀田"，历代的"衍圣公"，也就成了一代一代的恶霸地主。曲阜县知县也必须是孔氏族人，而且必须由"衍圣公"推荐，"朝廷"才能任命。

　　除了孔庙的"发展"过程是一部很有意思的"历史记录"外，现存的建筑物也可以看作中国近八百年来的"建筑标本陈列馆"。这个"陈列馆"一共占地将近十公顷，前后共有八"进"庭院，殿、堂、廊、庑，共六百二十余间，其中最古的是金朝（公元1195年）的一座碑亭，以后元、明、清、民国各朝代的建筑都有。

　　孔庙的八"进"庭院中，前面（即南面）三"进"庭院都是柏树林，每一进都有墙垣环绕，正中是穿过柏树林和重重的牌坊、门道的甬道。第三进以北才开始布置建筑物。这一部分用四个角楼标志出来，略似北京紫禁城，但具体而微。在中线上的是主要建筑组群，由奎文阁、大成门、大成殿、寝殿、圣迹殿和大成殿两侧的东庑和西庑组成，大成殿一组也用四个角楼标志着，略似北京故宫前三殿一组的意思。在中线组群两侧，东面是承圣殿、诗礼堂一组，西面是金丝堂、启圣殿一组。大成门之南，左右有碑亭十余座。此外还有些次要的组群。

　　奎文阁是一座两层楼的大阁，是孔庙的藏书楼，明朝弘治十七年（公元

1504年）所建。在它南面的中线上的几道门也大多是同年所建。大成殿一组，除杏坛和圣迹殿是明代建筑外，全是清雍正年间（公元1724—1730年）建造的。

今天到曲阜去参观孔庙的人，若由南面正门进去，在穿过了苍翠的古柏林和一系列的门堂之后，首先引起他兴趣的大概会是奎文阁前的同文门。这座门不大，也不开在什么围墙上，而是单独地立在奎文阁前面。它引人注意的不是它的石柱和四百五十多年的高龄，而是门内保存的许多汉魏碑石。其中如史晨、孔庙、张猛龙等碑，是老一辈临过碑帖练习书法的人所熟悉的。现在，人民政府又把散弃在附近地区的一些汉画像石集中到这里。原来在庙西双相圃（校阅射御的地方）的两个汉刻石人像也移到庙园内，立在一座新建的亭子里。今天的孔庙已经具备了一个小型汉代雕刻陈列馆的条件了。

奎文阁虽说是藏书楼，但过去是否真正藏过，很成疑问。它是大成殿主要组群前面"序曲"的高峰，高大仅次于大成殿；下层四周回廊全部用石柱，是一座很雄伟的建筑物。

大成殿正中供奉孔子像，两侧配祀颜回、曾参、孟轲等"十二哲"；它是一座双层瓦檐的大殿，建立在双层白台基上，是孔庙最主要的建筑物，重建于清初雍正年间雷火焚毁之后，1730年落成。这座殿最引人注意的是它前廊的十根精雕蟠龙石柱。每根柱上雕出"双龙戏珠"，"降龙"由上蟠下来，头向上；"升龙"由下蟠上去，头向下。中间雕出宝珠；还有云焰环绕衬托。柱脚刻出行山，下面莲瓣柱础承托。这些蟠龙不是一般的浮雕，而是附在柱身上的圆雕。它在阳光闪烁下栩栩如生，是建筑与雕刻相辅相成的杰出的范例。大成门正中一对柱也用了同样的手法。殿两侧和后面的柱子是八角形石柱，也有精美的浅浮雕。相传大成殿原来的位置在现在殿前杏坛所在的地方，是1018年宋真宗时移建的。现存台基的"御路"雕刻是明代的遗物。

杏坛位置在大成殿前庭院正中，是一座亭子，相传是孔子讲学的地方。现存的建筑也是明弘治十七年所建。显然是清雍正年间经雷火灾后幸存下来的。大成殿后的寝殿是孔子夫人的殿。再后面的圣迹殿，明末万历年间（公元1592年）创建，现存的仍是原物，中有孔子周游列国的画石一百二十幅，其中有些出于名家手笔。

大成门前的十几座碑亭是金元以来各时代的遗物；其中最古的已有七百七十多年的历史。孔庙现存的大量碑石中，比较特殊的是元朝的蒙汉文对照的碑和一块明初洪武年间的语体文碑，都是语文史中可贵的资料。

1959年，人民政府对这个辉煌的建筑组群进行修葺。这次重修，本质上不同于历史上的任何一次重修：过去是为了维护和挽救反动政权，而今天则是我们对于历史人物和对于具有历史艺术价值的文物给予应得的评定和保护。七月间，我来到了阔别二十四年的孔庙，看到工程已经顺利开始，工人的劳动热情都很高。特别引人注意的，是彩画工人中有些年轻的姑娘，高高地在檐下做油饰彩画工作，这是坚决主张重男轻女的孔丘所梦想不到的。过去的"衍圣公府"已经成为人民的文物保管委员会办公的地方，科学研究人员正在整理、研究"府"中存下的历代档案，不久即可开放。

更令人兴奋的是，我上次来时，曲阜是一个颓垣败壁、秽垢不堪的落后县城，街上看到的，全是衣着褴褛、愁容满面的饥寒交迫的人；今天的曲阜，不但市容十分整洁，连人也变了，往来于街头巷尾的不论是胸佩校徽、迈着矫健步伐的学生，或是连唱带笑、蹦蹦跳跳的红领巾，以及徐步安详的老人，……都穿得干净齐整。城外农村里，也是一片繁荣景象，男的都穿着洁白的衬衫，青年妇女都穿着印花布的衣服，在麦粒堆积如山的晒场上愉快地劳动。

04/小说：人生百态

　　小说是以刻画人物形象为中心，通过完整的故事情节和环境描写来反映社会生活的文学体裁。任何一部优秀的小说，总能让人身临其境、感同身受。作者总是能以优美的文笔、生动的描写和不可思议的想象把故事情节牢牢地刻印在读者的脑海里。作者总会刻画出让人难忘的典型人物，照出百态人生。小说的结尾往往是主旨的深化、情感的升华部分，给人一种言有尽而意无穷的效果。学习完一篇经典作品后，掩卷回思，学生对文章中的人物、情节及结论常常会产生不同的看法。教师要适时地引导学生，突破作者创作意图的束缚，不受既定结论的影响，进行续写训练。续写结尾不失为一个较好的"话题选择"机会。

☞ 经典回顾

警察与赞美诗（节选）[①]
欧·亨利

　　苏比躺在麦迪逊广场的那条长凳上，辗转反侧。每当雁群在夜空引吭高鸣，每当没有海豹皮大衣的女人跟丈夫亲热起来，每当苏比躺在街心公园长凳上辗转反侧，这时候，你就知道冬天迫在眉睫了。

　　一张枯叶飘落在苏比的膝头。这是杰克弗洛斯特的名片。杰克对麦迪逊广场的老住户很客气，每当光临之前，总要先打个招呼。他在十字街头把名片递给"露天公寓"的门佬"北风"，好让房客们有所准备。

　　苏比明白，为了抵御寒冬，由他亲自出马组织一个单人财务委员会的时候到了。为此，他在长凳上辗转反侧，不能入寐。

　　苏比的冬居计划并不过奢。他没打算去地中海游弋，也不想去晒南方令人昏昏欲睡的太阳，更没考虑到维苏威湾去漂流。他衷心企求的仅仅是去岛上度过三个月。整整三个月不愁食宿，伙伴们意气相投，再没有"北风"老儿和警察老爷来纠缠不清，在苏比看来，人生的乐趣也莫过于此了。

　　……

　　可是，在一个异常幽静的地段，苏比停住了脚步。这里有一座古老的教堂，

[①] 欧·亨利. 外国短篇小说 [M]. 李文俊，译. 上海：上海文艺出版社，1978.

建筑古雅，不很规整，是有山墙的那种房子。柔和的灯光透过淡紫色花玻璃窗子映射出来，风琴师为了练熟星期天的赞美诗，在键盘上按过来按过去。动人的乐音飘进苏比的耳朵，吸引了他，把他胶着在螺旋形的铁栏杆上。

明月悬在中天，光辉、静穆；车辆与行人都很稀少；檐下的冻雀睡梦中啁啾了几声——这境界一时之间使人想起乡村教堂边上的墓地。风琴师奏出的赞美诗使铁栏杆前的苏比入定了，因为当他在生活中有母爱、玫瑰、雄心、朋友以及洁白无瑕的思想与衣领时，赞美诗对他来说是很熟悉的。

苏比这时敏感的心情和老教堂的潜移默化会合在一起，使他灵魂里突然起了奇妙的变化。他猛然对他所落入的泥坑感到憎厌。那堕落的时光，低俗的欲望，心灰意懒，才能衰退，动机不良——这一切现在都构成了他的生活内容。

一刹那间，新的意境醍醐灌顶似的激荡着他。一股强烈迅速的冲动激励着他去向坎坷的命运奋斗。他要把自己拉出泥坑，他要重新做一个好样儿的人。他要征服那已经控制了他的罪恶。时间还不晚，他还算年轻，他要重新振作当年的雄心壮志，坚定不移地把它实现。管风琴庄严而甜美的音调使他内心起了一场革命。明天他要到熙熙攘攘的商业区去找事做。有个皮货进口商曾经让他去赶车。他明天就去找那商人，把这差使接下来。他要做个煊赫一时的人。他要——

苏比觉得有一只手按在他胳膊上。他霍地扭过头，只见是警察的一张胖脸。

"你在这儿干什么？"那警察问。

"没干什么。"苏比回答。

"那你跟我来，"警察说，"你因为闲荡的罪名被捕了。"

第二天早上，警察局法庭上的推事宣判道："布莱克威尔岛，三个月。"

☞ 话题设计

设计1：苏比终于"如愿"地进了布莱克威尔岛监狱，"如愿"地实现了自己的"东居计划"，假设你是苏比的朋友，请你给苏比写一封信，目的是让苏比感受到人性的温暖，让他今后不再堕落，激励他"去向坎坷的命运奋斗""重新做一个好样儿的人"。

设计2：三个月的时间很快过去了，在布莱克威尔岛的"冬季寓所"里，苏比又一次度过了寒冬。三个月后……

释放后的苏比，会选择怎样的人生道路呢？请续写小说。

☞ 走近作者

欧·亨利（O. Henry，1862—1910），美国短篇小说家，美国现代短篇小说创始人。其主要作品有《麦琪的礼物》《警察与赞美诗》《最后一片叶子》《二十年后》等。欧·亨利与契诃夫、莫泊桑并列世界三大短篇小说巨匠，曾被评论界誉为"曼哈顿桂冠散文作家"和"美国现代短篇小说之父"，他的作品有"美国生活的百科全书"之誉。

☞ 拓展阅读

导读：《麦琪的礼物》是美国著名小说家欧·亨利写的一篇短篇小说，他用幽默又带有淡淡哀伤的艺术语言讲述了一个"没有曲折、不足为奇的故事"。麦琪，是圣子耶稣诞生时前来送礼的三位智慧的贤人。他们首创了圣诞节馈赠礼物的风俗。在西方人看来，圣诞礼物是最为珍贵的，因而也希望自己获得的礼物是最有价值的"麦琪的礼物"。小说通过描写在圣诞节前一天，一对小夫妻互赠礼物，结果阴差阳错，两人珍贵的礼物都变成了"无用的东西"，但是他们却得到了比任何实物都宝贵的东西——爱。小说告诉人们尊重他人的爱，学会去爱他人，是人类文明的一个重要表现。

麦琪的礼物[①]

欧·亨利

一块八毛七分钱。全在这儿了。其中六毛钱还是铜子儿凑起来的。这些铜子儿是每次一个、两个向杂货铺、菜贩和肉店老板那儿死乞白赖地硬扣下来的；人家虽然没有明说，自己总觉得这种掂斤播两的交易未免太吝啬，当时脸都臊红了。德拉数了三遍。数来数去还是一块八毛七分钱，而第二天就是圣诞节了。

除了扑在那张破旧的小榻上号哭之外，显然没有别的办法。德拉就那样做了。这使一种精神上的感慨油然而生，认为人生是由啜泣、抽噎和微笑组成的，而抽噎占了其中绝大部分。

这个家庭的主妇渐渐从第一阶段退到第二阶段，我们不妨抽空儿来看看这个家吧。一套连家具的公寓，房租每星期八块钱。虽不能说是绝对难以形

[①] 欧·亨利. 麦琪的礼物：欧·亨利短篇小说选 [M]. 王永年，译. 北京：人民文学出版社，2017.

容，其实跟贫民窟也相去不远。

下面门廊里有一个信箱，但是永远不会有信件投进去；还有一个电钮，除非神仙下凡才能把铃按响。那里还贴着一张名片，上面印有"詹姆斯·迪林汉·扬先生"几个字。

"迪林汉"这个名号是主人先前每星期挣三十块钱的时候，一时高兴，加在姓名之间的。现在收入缩减到二十块钱，"迪林汉"几个字看来就有些模糊，仿佛它们正在郑重考虑，是不是缩成一个质朴而谦逊的"迪"字为好。但是每逢詹姆斯·迪林汉·扬先生回家上楼，走进房间的时候，詹姆斯·迪林汉·扬太太——就是刚才已经介绍给各位的德拉——总是管他叫作"吉姆"，总是热烈地拥抱他。那当然是很好的。

德拉哭了之后，在脸颊上扑了些粉。她站在窗子跟前，呆呆地瞅着外面灰蒙蒙的后院里，一只灰猫正在灰色的篱笆上行走。明天就是圣诞节了，她只有一块八毛七分钱来给吉姆买一件礼物。好几个月来，她省吃俭用，能攒起来的都攒了，可结果只有这一点儿。一星期二十块钱的收入是不经用的。支出总比她预算的要多，总是这样的。只有一块八毛七分钱来给吉姆买礼物。她的吉姆。为了买件好东西送给他，德拉自得其乐地筹划了好些日子。要买一件精致、珍奇而真有价值的东西——够得上为吉姆所有的东西固然很少，可总得有些相称才成呀。

房里两扇窗子中间有一面壁镜。诸位也许见过房租八块钱的公寓里的壁镜。一个非常瘦小灵活的人，从一连串纵的片断的映象里，也许可以对自己的容貌得到一个大致不差的概念。德拉全凭身材苗条，才精通了那种技艺。

她突然从窗口转过身，站到壁镜面前。她的眼睛晶莹明亮，可是她的脸在二十秒钟之内却失色了。她迅速地把头发解开，让它披落下来。

且说，詹姆斯·迪林汉·扬夫妇有两样东西特别引为自豪，一样是吉姆三代祖传的金表，另一样是德拉的头发。如果示巴女王①住在天井对面的公寓里，德拉总有一天会把她的头发悬在窗外去晾干，使那位女王的珠宝和礼物相形见绌。如果所罗门王②当了看门人，把他所有的财富都堆在地下室里，吉姆每次经过那儿时准会掏出他的金表看看，好让所罗门妒忌得吹胡子瞪眼睛。

---

① 示巴女王，示巴古国在阿拉伯西南，即今之也门。《旧约·列王纪上》载示巴女王带了许多香料、宝石和黄金去觐见所罗门王，用难题考验所罗门的智慧。
② 所罗门王，公元前10世纪以色列国王，以聪明豪富著称。

这当儿，德拉美丽的头发披散在身上，像一股褐色的小瀑布，奔泻闪亮。头发一直垂到膝盖底下，仿佛给她铺成了一件衣裳。她又神经质地赶快把头发梳好。她踌躇了一会儿，静静地站着，有一两滴泪水溅落在破旧的红地毯上。

她穿上褐色的旧外套，戴上褐色的旧帽子。她眼睛里还留着晶莹的泪光，裙子一摆，就飘然走出房门，下楼跑到街上。

她走到一块招牌前停住了，招牌上面写着："莎弗朗妮夫人——经营各种头发用品"。德拉跑上一段楼梯，气喘吁吁地让自己定下神来。那位夫人身躯肥硕，肤色白得过分，一副冷冰冰的模样，同"莎弗朗妮"①这个名字不大相称。

"你要买我的头发吗？"德拉问道。

"我买头发，"夫人说，"脱掉帽子，让我看看头发的模样。"

那股褐色的小瀑布泻了下来。

"二十块钱。"夫人用行家的手法抓起头发说。

"赶快把钱给我。"德拉说。

噢，此后的两个钟头仿佛长了玫瑰色翅膀似的飞掠过去。诸位不必理会这种杂凑的比喻。总之，德拉正为了送吉姆的礼物在店铺里搜索。

德拉终于把它找到了。它准是专为吉姆，而不是为别人制造的。她把所有店铺都兜底翻过，各家都没有像这样的东西。那是一条白金表链，式样简单朴素，只是以货色来显示它的价值，不凭什么装潢来炫耀——一切好东西都应该是这样的。它甚至配得上那只金表。她一看到就认为非给吉姆买下不可。它简直像他的为人。文静而有价值——这句话拿来形容表链和吉姆本人都恰到好处。店里以二十一块钱的价格卖给了她，她剩下八毛七分钱，匆匆赶回家去。吉姆有了那条链子，在任何场合都可以毫无顾虑地看看钟点了。那只表虽然华贵，可是因为只用一条旧皮带来代替表链，他有时候只是偷偷地瞥一眼。

德拉回家以后，她的陶醉有一小部分被审慎和理智所替代。她拿出卷发铁钳，点着煤气，着手补救由于爱情加上慷慨而造成的灾害。那始终是一件

---

① 莎弗朗妮：意大利诗人塔索（1544—1595）以第一次十字军东征为题材的史诗《耶路撒冷的解放》中的人物，她为了拯救耶路撒冷全场面的基督教，承认了并未犯过的罪行，成为舍己救人的典型。详见人民文学出版社《耶路撒冷的解放》第2章第1-54节（1993年版，王永年译）。

艰巨的工作,亲爱的朋友们——简直是了不起的工作。

不出四十分钟,她头上布满了紧贴着的小发卷,变得活像一个逃课的小学生。她对着镜子小心而苛刻地照了又照。

"如果吉姆看了一眼不把我宰掉才怪呢,"她自言自语地说,"他会说我像是康奈岛游乐场里的卖唱姑娘。我有什么办法呢?——唉!只有一块八毛七分钱,叫我有什么办法呢?"

到了七点钟,咖啡已经煮好,煎锅也放在炉子后面热着,随时可以煎肉排。

吉姆从没有晚回来过。德拉把表链对折着握在手里,在他进来时必经的门口的桌子角上坐下来。接着,她听到楼下梯级上响起了他的脚步声。她脸色白了一忽儿。她有一个习惯,往往为了日常最简单的事情默祷几句,现在她悄声说:"求求上帝,让他认为我还是美丽的。"

门打开了,吉姆走进来,随手把门关上。他很瘦削,非常严肃。可怜的人儿,他只有二十二岁——就负起了家庭的担子!他需要一件新大衣,手套也没有。

吉姆在门内站住,像一条猎狗嗅到鹌鹑气味似的纹丝不动。他的眼睛盯着德拉,所含的神情是她所不能理解的,这使她大为惊慌。那既不是愤怒,也不是惊讶,又不是不满,更不是嫌恶,不是她所预料的任何一种神情。他只带着那种奇特的神情凝视着德拉。

德拉一扭腰,从桌上跳下来,走近他身边。

"吉姆,亲爱的,"她喊道,"别那样盯着我。我把头发剪掉卖了,因为不送你一件礼物,我过不了圣诞节。头发会再长出来的——你不会在意吧,是不是?我非这么做不可。我的头发长得快极啦。说句'恭贺圣诞'吧!吉姆,让我们快快乐乐的。我给你买了一件多么好——多么美丽的好东西,你怎么也猜不到的。"

"你把头发剪掉了吗?"吉姆吃力地问道,仿佛他绞尽脑汁之后,还没有把这个显而易见的事实弄明白似的。

"非但剪了,而且卖了。"德拉说,"不管怎样,你还是同样地喜欢我吗?虽然没有了头发,我还是我,可不是吗?"

吉姆好奇地向房里四下张望。

"你说你的头发没有了吗?"他带着近乎白痴般的神情问道。

"你不用找啦,"德拉说,"我告诉你,已经卖了——卖了,没有了。今天是圣诞前夜，亲爱的。好好地对待我，我剪掉头发为的是你呀。我的头发也许数得清，"她突然非常温柔地接下去说，"但我对你的情爱谁也数不清。我把肉排煎上好吗，吉姆？"

吉姆好像从恍惚中突然醒过来。他把德拉搂在怀里。我们不要冒昧，先花十秒钟工夫瞧瞧另一方面无关紧要的东西吧。每星期八块钱的房租，或是每年一百万元房租——那有什么区别呢？一位数学家或是一位俏皮的人可能会给你不正确的答复。麦琪①带来了宝贵的礼物，但其中没有那件东西。对这句晦涩的话，下文将有所说明。

吉姆从大衣口袋里掏出一包东西，把它扔在桌上。

"别对我有什么误会，德尔。"他说，"不管是剪发、修脸，还是洗头，我对我姑娘的爱情是决不会减低的。但是只消打开那包东西，你就会明白，你刚才为什么使我愣住了。"

白皙的手指敏捷地撕开了绳索和包皮纸。接着是一声狂喜的呼喊；紧接着，哎呀！突然转变成女性神经质的眼泪和号哭，立刻需要公寓的主人用尽办法来安慰她。

因为摆在眼前的是那套插在头发上的梳子——全套的发梳，两鬓用的，后面用的，应有尽有；那原是百老汇路上一个橱窗里德拉渴望了好久的东西。纯玳瑁做的，边上镶着珠宝的美丽的发梳——来配那已经失去的美发，颜色真是再合适也没有了。她知道这套发梳是很贵重的，心向神往了好久，但从来没有存过占有它的希望。现在居然为她所有了，可是佩带这些渴望已久的装饰品的头发却没有了。

但她还是把这套发梳搂在怀里不放，过了好久，她才能抬起迷蒙的泪眼，含笑对吉姆说："我的头发长得很快，吉姆！"

接着，德拉像一只给火烫着的小猫似的跳了起来，叫道："喔！喔！"

吉姆还没有见到他的美丽的礼物呢。她热切地伸出摊开的手掌递给他。那无知觉的贵金属仿佛闪闪反映着她快活和热诚的心情。

"漂亮吗，吉姆？我走遍全市才找到的。现在你每天要把表看上百来遍了。把你的表给我，我要看看它配在表上的样子。"

---

① 麦琪，指基督初生时来送礼物的三贤人。一说是东方的三王：梅尔基奥尔（光明之王）赠送黄金表示尊贵；加斯帕（洁白者）赠送乳香象征神圣；巴尔撒泽赠送殁药预示基督后来遭受迫害而死。

吉姆并没有照着她的话做,却坐到榻上,双手枕着头,笑了起来。

"德尔,"他说,"我们把圣诞节礼物搁在一边,暂且保存起来。它们实在太好啦,现在用了未免可惜。我是卖掉了金表,换了钱去买你的发梳的。现在请你煎肉排吧。"

那三位麦琪,诸位知道,全是有智慧的人——非常有智慧的人——他们带来礼物,送给生在马槽里的圣子耶稣。他们首创了圣诞节馈赠礼物的风俗。他们既然有智慧,他们的礼物无疑也是聪明的,可能还附带一种碰上收到同样的东西时可以交换的权利。我的拙笔在这里告诉了诸位一个没有曲折、不足为奇的故事;那两个住在一间公寓里的笨孩子,极不聪明地为了对方牺牲了他们一家最宝贵的东西。但是,让我们对目前一般聪明人说最后一句话,在所有馈赠礼物的人当中,那两个人是最聪明的。在一切接受礼物的人当中,像他们这样的人也是最聪明的。无论在什么地方,他们都是最聪明的。他们就是麦琪。

☞ 经典回顾

项链(节选)[①]
莫泊桑

世上有这样一些女子,面庞儿好,风韵也好,但被造化安排错了,生长在一个小职员的家庭里。她便是其中一个。她没有陪嫁的财产,没有可以指望得到的遗产,没有任何方法可以使一个有钱有地位的男子来结识她,了解她,爱她,娶她;她只好任人把她嫁给了教育部的一个小科员。

她没钱打扮,因此很朴素;但她心里非常痛苦,犹如贵族下嫁的情形。这是因为女子原就没有什么一定的阶层或种族,她们的美丽、她们的娇艳、她们的丰韵就可以作为她们的出身和门第。她们中间所以有等级之分仅仅是靠了她们天生的聪明、审美的本能和脑筋的灵活,这些东西就可以使百姓家的姑娘和最高贵的命妇并驾齐驱。

她总觉得自己生来是为享受各种讲究豪华生活的,因而无休止地感到痛苦。住室是那样简陋,壁上毫无装饰,椅凳是那么破旧,衣衫是那么丑陋,她看了都非常痛苦。这些情形,如果不是她而是她那个阶层的另一个妇人的

---

① 莫泊桑. 莫泊桑短篇小说选 [M]. 赵少侯,译. 北京:人民文学出版社,2003.

话，可能连理会都没有理会到，但给她的痛苦却很大并且使她气愤填胸。她看了那个替她料理家务的布列塔尼省的小女人，心中便会产生许多忧伤的感慨和想入非非的幻想。她会想到四壁蒙着东方绸、青铜高脚灯照着、静悄悄的接待室；她会想到接待室里两个穿短裤长袜的高大男仆，如何被暖气管闷人的热度催起了睡意，在宽大的靠背椅里昏然睡去。她会想到四壁蒙着古老丝绸的大客厅，上面陈设着珍贵古玩的精致家具和那些精致小巧、香气扑鼻的内客厅，那是专为午后五点钟跟最亲密的男友娓娓清谈的地方，那些朋友当然都是所有的妇人垂涎不已、渴盼青睐、多方拉拢的知名之士。

……

且说有一个星期天，她上大街去散步，劳累了一星期，她要消遣一下。正在此时，她忽然看见一个妇人带着孩子在散步。这个妇人原来就是福雷斯蒂埃太太，还是那么年轻，那么美丽，那么动人。

罗瓦赛尔太太感到非常激动。去跟她说话吗？当然要去。既然债务都已经还清了，她可以把一切都告诉她。为什么不可以呢？

她于是走了过去。

"您好，让娜。"

对方一点也认不出她来，被这个民间女人这样亲密地一叫觉得很诧异，便吞吞吐吐地说：

"可是……太太！……我不知道……您大概认错人了吧。"

"没有。我是玛蒂尔德·罗瓦赛尔。"

她的朋友喊了起来：

"哎哟！……是我的可怜的玛蒂尔德吗？你可变了样儿啦！……"

"是的，自从那一次跟你见面之后，我过的日子可艰难啦，不知遇见了多少危急穷困……而这一切都是因为你！……"

"因为我……那是怎么回事啊？"

"你还记得你借给我赴部里晚会去的那串钻石项链吧。"

"是啊。那又怎样呢？"

"那又怎样！我把它丢了。"

"那怎么会呢！你不是给我送回来了吗？"

"我给你送回的是跟原物一式无二的另外一串。这笔钱我们整整还了十年。你知道，对我们说来这可不是容易的事，我们是任什么也没有的……现在总算还完了，我太高兴了。"

福雷斯蒂埃太太站住不走了。

"你刚才说,你曾买了一串钻石项链赔我那一串吗?"

"是的。你没有发觉这一点吧,是不是?两串原是完全一样的。"

说完她脸上显出了微笑,因为她感到一种足以自豪的、天真的快乐。

福雷斯蒂埃太太非常激动,抓住了她的两只手。

"唉哟!我的可怜的玛蒂尔德!我那串是假的呀。顶多也就值上五百法郎!……"

☞ **话题设计**

设计1:莫泊桑的《项链》一文的结尾,给读者留下了丰富的想象空间,令人回味无穷。可以这样设计写作话题:小说以福雷斯蒂埃夫人说出项链是假的为结尾,情节戛然而止,给人留下无穷的想象空间,请同学们进行合理想象,补写小说后续。

设计2:当福雷斯蒂埃夫人说出项链是假的之后,得知真相的玛蒂尔德会怎样面对这一真相?是在误失青春的叹惋中萎靡不振,还是把它当成命运的再次考验而勇敢面对?(写作提示:莫泊桑引导我们思考的不是"这个人物"的具体选择,而是透过她戏剧性的遭遇思考人与命运的关系,特别是人在充满不确定性的命运面前该何以自处的问题。)

☞ **走近作者**

莫泊桑(1850—1893),19世纪后半期法国优秀的批判现实主义作家,被誉为现代文学中的"世界短篇小说之王"。他一生创作了六部长篇小说、三百五十九篇中短篇小说及三部游记,是法国文学史上短篇小说创作数量最大、成就最高的作家。代表作品有《项链》《漂亮朋友》《羊脂球》《我的叔叔于勒》等。

☞ **拓展阅读**

导读:《珠宝》是一篇道德小说,讲述了一位丈夫发现妻子收藏的"假珠宝"是真的之后的心理转变。主人公的丈夫朗丹曾拥有一个幸福、美满的小家庭,他真诚地爱着妻子,妻子也热烈地爱着朗丹。珠宝真假之谜的开解,对朗丹是沉重的一击,"真与假"在一瞬间全部对换了位置:假珠宝变成了真珠宝,真诚的爱情变成了虚假的爱情。小说揭露了资本主义社会金钱的罪恶一面,以及小市民在金钱面前爱慕虚荣的嘴脸,小说通过细致的人物心理描写和出乎意料的结局安排，鲜明地体现了莫泊桑的创作特点。

珠宝①

莫泊桑

  自从郎丹先生在副科长家里的晚会上遇见了那个年轻的女子，他就堕入了情网。

  那是一个外省税务局局长的女儿，她父亲已经去世好几年了。父亲死后，她和母亲来到巴黎，母亲经常去本区几个中产阶级人家走动，目的是要给年轻女儿找配偶。

  母女俩都是贫穷而可敬、安静而温和的。那年轻女儿是一位贤妻良母的典范，聪明的青年男子是梦想把自己的生活交托给这种典型的人物的。她那种带着含羞意味的美，有着一种安琪儿式的纯洁风韵，那嘴角时常挂着的迷人微笑仿佛是她心弦上的一种反射。

  大家都赞美她。凡是认识她的人都不住地重复说："谁娶了她，谁就是世界上最有福气的人。再也找不出比她更好的人了。"

  郎丹先生当时是内政部的一个主任科员，每年的薪水是3500金法郎，他向她求婚，然后娶了她。

  和她在一块儿，他们过着一种令人难以相信的幸福生活。她用一种那般巧妙的经济手腕治家，两个人好像过得很阔气。她细心体贴地对待自己的丈夫，那真是世上罕有。她本身的诱惑力非常大，以至于在他们相遇六年之后，他依然深深地爱着她，犹如当初。

  他仅仅责备她两个缺点：爱看戏和爱假的珠宝。

  她的女朋友们（她认识三五个小官的妻子）总能替她找到包厢去看流行戏的戏票，或去看那些初次上演的戏；而她呢，不管好坏总要拉着丈夫一同前去。不过他在一天的工作之后，这类散心的事总让他感到疲倦。于是他央求她跟熟识的太太们去看戏并且由她们送她回家。她认为这种办法不太好，于是站在他身边不走。末了，她由于体恤才答应了他，他因此对她十分感激。

  谁知这种看戏的兴趣，不久就在她身上产生了打扮的需要。她的服装虽然始终是简单的，但是却具有风雅趣味，不过终究是朴素了些；而她的悠闲的媚态，那谦逊、不可抵抗的微笑的媚态，仿佛由于她那些裙袍上的简洁获得一种新的姿彩，但是她养成了习惯，爱给自己挂上一双假充金刚钻的大颗

---

① 莫泊桑. 莫泊桑短篇小说精选 [M]. 秋泉，编译. 北京：中国华侨出版社，2016.

莱茵石的耳环，并且佩上人造珍珠的项圈，人造黄金的镯子，嵌着冒充宝石的五彩玻璃片的压发圆梳。

这种迷恋于浮华的爱好引起了丈夫的不满，他经常说："亲爱的，一个人在买不起珠宝的时候，只能靠着自己的美貌和媚态来作装饰，那才是举世无双的珍品。"

但是她从容地微笑着说："你教我怎样？我喜欢的是这个。这是我的习惯。我明明知道你有理由，不过人是改变不了本性的。我当然更爱真的珠宝！"

于是，她一面拿着珍珠软项圈在手指之间转动，又教宝石棱角间的小切面射出反光，一面不断地说："赶紧瞧吧，这制造得真好，简直就像真的！"

他微笑着高声说："你真有波希米亚女人的风趣。"

有时到了晚上，他俩相伴坐在火炉角的时候，她就在他俩喝茶的桌子上摆出她那只收藏的、郎丹先生所谓"劣货"的小羊皮匣子来；接着她用热烈的专心态度来把玩并欣赏那些人造的珠宝，俨然是玩味着什么秘密而深刻的享受；最后她固执地把一个软项圈绕在她丈夫的脖子上，随即不住地哈哈大笑起来，嚷着："你的样子真滑稽！"然后扑到了他的怀里，并且兴奋过度地吻着他。

某一个冬天夜里，她到大歌剧院看戏，回家的时候她冻得浑身发抖。

第二天，她咳嗽了。八天之后，她害肺炎死了。

郎丹几乎跟着她到坟墓里去了。他的失望是非常惊人的，以致在一个月之内头发全变成了白的。他整天从早哭到晚，心灵被一种不堪忍受的痛苦撕毁了，陷入对亡妻的回忆，她的微笑、声音和一切娇憨姿态始终围绕着他。

光阴绝没有减少他的悲痛。每每在办公钟点之内，同事们谈论一些当日的事情，他们忽然看见了他的腮帮子鼓起来，他的鼻子收缩起来，他的眼睛里满是眼泪，他作出一副苦相，随即开始痛哭起来。

他把他伴侣的卧房保留得原封不动，为了思念她，他每天把自己关在卧房里面。并且一切家具，甚至她的衣着，也如同她去世那天的情形一般留在原来的地方。

生活对他而言是困难的。他的薪水，从前在他的妻子手里，够得应付一家的种种需要，而现在他一个人花都不够用。后来他发呆地问自己：她从前用什么巧妙方法教他一直喝上等的酒和吃鲜美的东西，而现在他竟不能够依靠菲薄的收入去置办从前的饮食。

他借过债，并且千方百计想法子弄钱。终于某天早上，他连一个铜子儿都没有了，可是距离月底发薪的日子还有整整一周，他想起要卖掉一点儿东西；他立刻动了要把他妻子的"劣货"卖掉一点的念头，因为他的内心深处，对于从前那些害得他生气的冒牌假货早已是怀着一种憎恨的心理。甚至那些东西的影子，使他每天对他至爱至亲的亡妻的回忆，也多少损害了一点。

他在她遗留下来的那堆假货里找了许久，因为直到最后的那些日子里，她还始终固执地买进过许多，几乎每天晚上，她必定带回来一件新的东西。现在，他决定卖掉她最心爱的那只大项圈了。他以为它值6个或者8个法郎，那虽然是假东西，不过的确是精细的。他把它搁在衣服口袋里，后来他沿着城基大街向里走去，他想找有信用的小珠宝店。

他看见一家走了进去，因为如此表白自己的穷困而设法出卖一件很不值钱的东西，他免不得有点儿难为情。"先生，"他对那商人说，"我很想知道您对这件小东西的估价。"

那个人接过东西，左看右看了好一阵，掂着它的轻重，拿起一枚放大镜，教他手下的店员过来，低声给他讲了几句，他把项圈搁在柜台上边，并且为了能好好鉴定它，他又远远地瞧着它。

郎丹先生被这一套程序弄得不好意思，正开口要说："唉！我知道这东西没有一点儿价值。"然而珠宝商人先说话了："先生，这值1.2万到1.5万金法郎，不过，倘若您能够正确地告诉我这东西的来源，我才能够收买它。"

郎丹先生睁着一双大眼睛并且一直张着嘴，他弄不清楚了。末了，他吃惊地问："您说？……您可有把握？"商人误解了他的惊讶，干脆说："您可以到别的地方问问是不是能多给价钱。在我看来，顶多值得1.5万金法郎。如果您找不着更好的买主，将来您可以再来找我。"

郎丹先生听商人那么说都傻了眼，他收回自己的项圈离开了，他觉得应该一个人好好地想一想。

他一走出店门，再也忍不住大笑起来，他暗自说道："低能儿！唉！低能儿！如果我真的照他说的去做！眼见得那是一个不知道分辨真假的珠宝商人！"

后来他又走到另一家珠宝店里，地点正在和平街口上。那商人一看见那件珠宝就高声说："哈！不用多说，我认识它，这个项圈是我店里卖出去的。"

郎丹先生被人弄得糊涂了，他问："它值多少？"

"先生，从前我卖了2.5万金法郎。倘若您为了服从政府的命令，能够把这东西怎样到您手里的来由告诉我,我可以立刻用1.8万金法郎收回来。"

这一次,郎丹先生由于诧异而呆呆地坐下了。他接着又说:"不过……不过请您仔仔细细看一看这东西吧,先生,直到现在,我一直以为它是……假的。"

珠宝商人问:"您能把大名告诉我吗,先生?"

"愿意,我姓郎丹,是内政部科员,住在舍身街16号。"

商人打开了他的账簿,寻了一阵就高声说道:"这项圈从前的确是送往郎丹太太家里去的,地点是舍身街16号,时间是1876年7月20日。"

后来这两个人静静地互相瞅着,科员还身处惊诧中,老板只觉得遇见了一个扒手。

商人接着说:"您可愿意暂且将这东西在我店里存放24小时吗?我立刻给您一张收据。"

郎丹不可置信地说:"有什么不愿意,当然可以。"

他拿起收条搁在自己的衣袋里径自走出了店门。随后他穿过街面、朝着上坡道儿走,发现自己弄错了路线,又朝着杜勒里宫走下来,过了塞纳河,认出了自己又走错了路,重新回到了香榭丽舍大街,头脑里连一个主意也没有了。他极力去推测、去了解。他的妻子本没有能力买一件这样昂贵的东西。没有,当然没有。

那么,这是件馈赠品了!一件馈赠品!一件谁送给她的馈赠品?为什么送给她呢?

他停住了脚步,立在大街当中不动。他微微地感到了问题的重大。那么其余所有的珠宝也全是馈赠品了!顿时他觉得天旋地转,他感到一棵大树朝着他直直地倒了下来,他张开双臂,然后失去了知觉跌倒了。

他被路人抬到了一家药房里才醒过来。他请人送他回家,后来就关起门躲着。

一直到深夜,他始终神经错乱地哭着,口里咬着一块手帕,免得自己哭出声音来。随后,他疲劳而且悲恸地上了床,终于沉沉地睡着了。

一缕日光照醒了他,他慢慢地起了床,正想到部里去。在那样一番精神打击之后再去工作是困难的。于是他考虑自己可以在科长跟前请求原谅,接着他写了信给他。随后他想起自己应当再到珠宝店去一趟,然而一阵羞耻之心教他脸上发红。他思索了好半天。可是他不能把项圈留在那个商人那里,于是他穿好衣裳,走到了街上。

109

天气是温暖的，蔚蓝的天空展开在这座微笑着的城市上面。好些闲逛的人双手插在衣袋里走了过去。

郎丹一面瞧着他们经过，一面对自己说："一个人有点儿财产的时候，真是舒服！有了钱，可以连伤心的事都忘得一干二净，旅行，散心，全都可以！哈！如果我是一个富人！"

他发觉自己饿了，从前天到现在他还没吃过东西。他的衣袋是空的，他再次记起那个项圈。1.8万金法郎！1.8万金法郎！数目不小呀，那笔款子！

他走到了和平街，于是开始在珠宝店对面的人行道上一来一往地散步。1.8万金法郎！他有一种走进店里去的冲动，只是羞耻之心始终阻挠着他。

然而他饿了，很饿了，他没有一个铜子儿。他打定了主意，跑着穿过了街面，没有思索的时间，冲到了珠宝店里。

商人一下看见了他。他用一种微笑的礼貌给他献了一个座儿。店员们本来在一旁望着郎丹，现在都自动地走了过来，眼睛里面和嘴唇上面全露出快活的神气。

掌柜的高声说道："我已经打听明白了，先生，如果您始终没有改变意思，我可以马上照我先前和您说起过的数目兑价。"

科员支支吾吾地说："当然可以。"

掌柜从一只抽屉里取出了18张大钞票，数了一遍，交给了郎丹。郎丹交回了那张收条，他用一只哆哆嗦嗦的手把钱收到自己的衣袋里。

随后，正当他走出去的时候，他重新向那个始终微笑的商人回过头来，低眉顺眼地对他说："我有……我有……许多别的珠宝……那全是我从……那全是我从……同样的继承权得来的。您可愿意也从我手里收买那些东西吗？"

掌柜欠着身子说道："当然愿意，先生。"

一个店员忍不住跑出去放大声音笑了出来，另一个使劲用手帕擤着鼻涕。

郎丹假装镇静却脸色绯红，他的神情看着还算沉着，他高声向商人说："我这就去把那些东西带到您这儿来。"

于是他叫了一辆马车回去取那些珍贵的首饰了。一个小时后他才赶到了珠宝店里，到此时，他还没有吃午饭。

他们着手一件一件地审查那些东西了，估量着每一件的价值。几乎所有东西都是由那家店里卖出去的。

郎丹争论着那些估定的价值，以致发脾气了，坚决地叫店里把销货的账簿翻给他看，并且遇到数目大些的珠宝时，他说话的声音也会大起来。

耳环上的那些大的金刚钻共值2万金法郎，手镯共值3.5万金法郎，扣针、戒指和牌子之类共值1.6万金法郎，一件用翡翠和蓝宝石镶成的头面值1.4万金法郎，独粒头大金刚钻悬在金项链底下的坠子值4万金法郎；全部的数目一共达到19.6万金法郎。

掌柜用一种带嘲笑意味的正经态度高声说："这是一个把全部积蓄都搁在珠宝上面的人遗留下来的。"

郎丹郑重地发言了："这是一种存钱的方法，它和其他的方法没什么两样。"

后来，掌柜在和买主决定到明天举行一次复验之后就走开了。

等走到街上的时候，他瞧着旺多姆纪念柱，把它看成了一根爬高竞赛的桅杆，很想攀到它的尖端。他觉得自己浑身轻松极了，可以跨过那座高入云端的大皇帝铜像的顶上和它表演"跳羊"的游戏。他到伏瓦珊大饭店吃了午饭，并且喝了一瓶价值20金法郎的葡萄酒。

随后，他叫了一辆马车，在森林公园兜了一个圈子。他用一种颇为轻蔑的态度瞧着公园里的那些华丽的私人马车，恨不得要向着游人叫唤："我现在富有了，我现在拥有20万金法郎！"

他想去他的部里了，于是吩咐马车载他到部里去。他意志坚定地走进了科长的办公室说道："我来向您辞职，先生。我现在拥有一份30万金法郎的遗产。"

他和他旧日的同事们握手告别，又把自己的新生活计划告诉了他们，随后他在英吉利咖啡馆吃夜饭。

一位被他看作出众的绅士正坐在旁边，郎丹忍不住心里的痒，要把事情告诉他，于是用一种相当卖弄的姿态说自己新近继承了一笔40万金法郎遗产。

他第一次在戏院里感到不厌烦，后来又和女孩子们过了夜。

半年之后，他续娶了。他的第二任妻子是个很正派但脾气不太好的女人。她使他感到痛苦。

第二节

基于"社会热点"选择"话题机会"

"风声雨声读书声,声声入耳;家事国事天下事,事事关心。"学生既要认真读书,又要有关心国家大事的胸怀。作为教师,要引导学生养成关注社会热点话题或现象的习惯,使其能够在自媒体时代擦亮双眼,透过现象看清本质,并在理性判断和分析的基础上,通过"微评论"的形式发表自己的观点和见解。

换言之,教师要引导学生关注"社会热点",并从中选择"话题机会"。"微新闻"创设情境,激发学生的写作兴趣;"微话题"引发学生思考,让学生见仁见智,自由评说,提升学生思维的深刻性、敏捷性和批判性等品质;"微评论"能够准确传递信息、论述观点、表明态度,崇尚真善美,鞭挞假恶丑;在"微链接"环节,学生可以借助网络资源,通过阅读别人的评论,学会分析问题,学会抓住问题本质,学会表达,提升思维,提高鉴别能力,形成正确的审美意识、健康向上的审美情趣与鉴赏品位,提升审美境界。

基于"社会热点"选择"话题机会",一方面,这些社会热点话题可以作为学生今后写作的素材;另一方面,学生长期坚持去写评论,可以提高写作的逻辑思维能力、语言表达能力,增强批判意识。在游泳中才能学会游泳,在思考中才能学会思考。在教学中,当学生遇到一些开放性的话题时,他们就会浮想联翩,在课堂上,便可时时迸出智慧的火花。写作时,学生也才会神思飞跃,文如泉涌。总之,家事、国事、天下事,各类素材信手拈来,融入作文,可以极大地丰富作文的内涵,增加作文的广度、深度和厚度。

"摩西奶奶":人生永远没有太晚的开始

☞ 微新闻

1961年12月13日,画家摩西奶奶在纽约逝世,终年101岁。她留下了11

个孙辈、31个曾孙辈和无数个惊叹于她的人们。

摩西奶奶在75岁以前只是一个普通的农妇,虽然她从未接受过正规的艺术训练,但对美的热爱使她爆发了惊人的创作力,在20多年的绘画生涯中,她共创作了1600幅作品。

在摩西奶奶去世的时候,时任美国总统的肯尼迪亲致报告,称其为"深受美国人民爱戴的艺术家"。

☞ **微话题**

摩西奶奶,76岁学画,80岁成名,享年101岁,一生留下1600多幅绘画作品。她大器晚成,成为美国最多产的原始派画家之一。

"人到底该在什么时候做什么事,并没有谁明确规定。如果我们想做,就从现在开始,哪怕你现在已经80岁了。"摩西奶奶如是说。那么,从摩西奶奶的身上,你得到了哪些启示呢?

☞ **微评论**

这就是摩西奶奶的故事,一个101岁老人的一生。她用20年的时间创造了一个令人瞩目的传奇——作了1600多幅画。可能有人会说,101岁是一个我无法企及的年龄,活到80岁我都很知足了,但是摩西奶奶告诉我们,哪怕我们明天就不在了,今天也一样可以开始。

摩西奶奶的故事告诉我们:只要你想,一切都不会太迟。摩西奶奶说:"现在就是最恰当的时候。对一个真正有追求的人来说,生命的每个时期都是年轻的、及时的。""摩西奶奶"的励志人生是"活到老,学到老"这句俗语的生动诠释。

时间对每一个人都是公平的,无论你是贫穷还是富有,每个人每天都拥有24个小时,谁也不会比谁多一秒。未来的不确定性,让你焦虑,惶惶不可终日,可我们没必要沉浸在过去的美好回忆中无法自拔,从现在起,就可以行动起来!

你最愿意做的那件事,才是你真正的天赋所在。有人总说已经晚了,实际上,"现在"就是最恰当的时候。对一个真正有追求的人来说,生命的每个时期都是年轻的、及时的。

像电视剧中的许三多一样,无论是在"荒原"还是闹市,选择一条喜欢的路,坚持下去。日复一日,年复一年,静待花开!

微链接

摩西奶奶百岁感言[1]

致我的孩子们：

今年，我一百岁了，趋近于人生尽头。回顾我的一生，在八十岁前，一直默默无闻，过着平静的生活。八十岁后，未能预知的因缘际会，将我的绘画事业推向了巅峰，随之带来的效应，便是我成了所有美国人都耳熟能详的大器晚成的画家。人生真是奇妙。

我的老伴已离去多年，自己的孩子也依次被我送走，我的同龄人也一个个离开了我。我觉得自己越活越年轻了，越来越喜欢与年轻的曾孙辈们一起玩，他们累了、倦了，便喜欢围坐在我身旁，不嫌曾祖母絮叨，听我说些老掉牙的人生感悟。

有人问，你为什么在年老时选择了绘画，是认为自己在给画方面有成功的可能吗？我的生活圈从未离开过农场，曾是个从未见过大世面的贫穷农夫的女儿、农场工人的妻子。在绘画前，我以刺绣为主业，后因关节炎不得不放弃刺绣，拿起画笔开始绘画。假如我不绘画的话，兴许我会养鸡。绘画并不是重要的，重要的是保持充实。不是我选择了绘画，而是绘画选择了我。假如绘画至今，我依旧默默无闻，我想现在的我依旧会过着绘画的平静日子。绘画之初，我未幻想过成功，当成功的机遇撞上了我，我也依然过着绘画的平静日子。正如在曾孙辈眼里，今天的我依旧只是爱絮叨的曾祖母。

有年轻人来信，说自己迷茫困惑，犹豫要不要放弃稳定工作做自己喜欢的事情？人的一生，能找到自己喜欢的事情是幸运的。有自己兴趣的人，才会生活得有趣，才可能成为一个有意思的人儿。当你不计功利地全身心做一件事情时，投入时的愉悦、成就感，便是最大的收获与褒奖。正如写作是写作的目的，绘画是绘画的赞赏。今年我一百岁了，我往回看，我的一生好像是一天，但这一天里我是尽力开心、满足的，我不知道怎样的生活更美好，我能做的只是尽力接纳生活赋予我的，让每一个当下完好无损。

七岁的曾孙女抬头问，我可以像曾祖母一样开始绘画吗？现在开始还来得及吗？我将她拥入怀里，摩挲着她的头发，紧握着她的小手，注视着她，认真

---

[1] 摩西奶奶. 人生永远没有太晚的开始 [M]. 老姜, 张美秀, 译. 北京: 新星出版社, 2015.

回答，任何人都可以作画，任何年龄的人都可以作画。如人人都可以说话一样，人人也都可以选择绘画这种认知及表达世界的方式，不喜欢绘画的人，可以选择写作、歌唱或是舞蹈等，重要的是找到适合自己的道路，寻找到你心甘情愿为之付出时间与精力，愿意终生喜爱并坚持的事业。

人之一生，行之匆匆，回望过去，日子过得比想象的还要快。年轻时，爱畅想未来，到遥远的地方寻找未来，以为凭借努力可以改善一切，得到自己想要的。不到几年光景，年龄的紧迫感与生活的压力扑面而来，我们无一幸免地被卷入残酷生活的洪流，接受风吹雨打。今年我一百岁了，我的孩子们，我多想护你们一世安稳，岁月静好，然而我知道是不能的。我所希冀的是，你们能找到自己真正喜爱的事情，寻觅到一个志同道合的爱侣，孕育那么一两个小生命，淡定从容地过好每一天。

我的孩子们，投身于自己真正喜爱的事情时的专注与成就感，足以润色柴米油盐酱醋茶这些琐碎日常生活带来的厌倦与枯燥，足以让你在家庭生活中不过分依赖，保留独属于自己的一片小天地。寻觅到一个懂你爱你的伴侣，两个人组成的小小世界，便足以抵挡世间所有的坚硬，在面对生活的磨砺与残酷时，不觉得孤苦，不会崩溃。孕育小生命的过程，会感觉到生命的奇迹，会获得前所未有的力量，当一双小手紧抓着你时，完全地被依赖与信任会让你感受到自我的强大，实现自我蜕变式的成长。

人生并不容易，当年华渐长，色衰体弱，我的孩子们，我希望你们回顾一生，会因自己真切地活过而感到坦然，淡定从容地过好余生，直至面对死亡。

永远爱你们的摩西奶奶

"沈阳大爷"王福顺

☞ **微新闻**

"沈阳大爷"王福顺在人行道上被一名骑电动车的男子撞倒后。男子停车询问大爷是否需要就医，大爷对撞人者说："孩子，我没事，我有医保，你赶紧上班去吧。"事后媒体采访才发现他是一名保安，月薪只有1750元，根本没有医保，他这样说只是为了给撞人的小伙子解围。这位宽容的大爷被无数网友称为"中国好大爷"。一句短短的话语，仿佛为别人驱走了黑暗，带来融融的暖意。

☞ 微话题

"沈阳大爷"王福顺的事件发生后,"沈阳大爷"成为全国媒体关注的焦点人物,引来了央视、新华社、中新社、人民网、新京报、京华时报、法制晚报等全国上百家媒体的关注。中央电视台全程跟踪报道了"沈阳大爷",并在央视多个频道连续播出。在央视新闻的官方微博中,仅一条名为"善意的谎言:大爷根本没有医保……"的微博就被网友转发了46329次,共有10485位网友评论、22301位网友点赞。

如果你是新华社的一名记者,让你去采访"沈阳大爷",请你提前准备好访谈提纲,并根据访谈结果,撰写一篇访谈录。

☞ 微评论1

同样是剐碰,没有逃逸,没有讹诈,只有相互理解。12月19日,在皇姑区黄河北大街附近,一名老人被雪后骑电动车的年轻人撞倒,老人自称有医保,让肇事者"赶紧去上班"。

12月20日,沈阳晚报以《"沈阳大爷":咱不干那讹人的事儿》为题率先报道了这一事件,并在全国引起了巨大反响,那一句简单的"我有医保,你走吧"在如今撞人者与被撞者之间微妙的氛围下,引来了数以万计的网友点赞。但事实上,"沈阳大爷"是一名月薪只有1750元的保安,根本没有医保,甚至连养老保险都没有。这个善意的谎言,成为这寒冷严冬中一抹感人至深的温暖,让我们不禁为此感动。

正如《南方日报》的评论文章所言:社会需要更多的"沈阳大爷",只有这样宽容的大爷成为"长辈",我们或许才能走出道德迷失的"丛林"。一个社会需要更多榜样的力量,言传身教,我们也需要这一代的老年人以自己的道德观为整个社会画出底线,那么整个社会的观念道德才会有所改观。

☞ 微评论2

发生在"沈阳大爷"王福顺身上的事情,想来也许很普通,但一件普通的事为什么会受到如此之高的关注呢?原因在于,王福顺被撞后,依然能以一颗宽容之心去对待别人。正是他的宽容大度,引起了公众关注和大众的情感共鸣。

在当今社会如此氛围之下,忽略个人利益为他人着想,成为该事件的一大亮点,也是该事件能引起广泛共鸣和高度关注之缘由。宽容,是一种良好心态,是一种崇高的境界，但是说起来容易做起来难。王福顺本来可以要求肇事者支付医药费，但他并没有这么做，他用自己的一言一行向大家阐释了宽以待人的真正含义。

"毒强生"，谁之过？

☞ 微新闻

2011年11月，美国安全化妆品运动联盟表示，两年前联盟曾发现强生品牌的婴儿洗发水中含有致癌物，但强生只在部分市场修改了配方，而一些国家和地区出售的产品中仍含有这些物质。2009年以来，强生在全球召回产品22次，无一涉及中国。

☞ 微话题

为什么明明发现强生的婴儿洗发水中含有致癌物，他们却仍然可以明目张胆地继续销售？为什么在北欧、日本等地销售的强生已调整了洗发水配方，而在中国、美加等地的产品却仍然还有可致癌物？企业实行如此双重标准，良心在哪里？我们的市场监管又在哪里？对此，你怎么看？

☞ 微评论

近年来屡陷产品质量问题的美国强生公司近日又陷入婴儿洗发水"致癌门"。强生全球创新中心亚太区研究与开发部副总裁吴冬否认双重标准问题。国家药监局回应中称，鉴于目前国际上对化妆品使用季铵盐-15的有关规定不一致，对季铵盐-15释放甲醛导致产品安全性问题的认识也不尽相同。国家药监局正组织开展相关安全风险监测与评估工作，并继续关注国际最新动态，加强国际合作交流，确保产品使用安全，切实维护消费者健康权益。对此，我想说的是，为何要等事情被披露出来后，有关部门才开始调查，难道一个产品进入市场前，不需要通过有关部门的检测吗？如果已经过检测，那么，强生又是如何通过有关部门的检测的？确保产品使用安全，维护消费者权益，不正是有关部门存在的意义吗？

"中国青年网"振聋发聩地指出：强生的使用对象主要是婴幼儿，他们都是国家未来的希望，无论是本着对消费者负责，还是对下一代尽责的态度，我国的监管机制都必须尽快地完善起来。亡羊补牢犹未晚。"毒强生"并不可怕，消费者可以拒绝使用,怕的是明知是"毒监管",却拿不出刮骨疗毒的决心和勇气,如此,当"毒强生"频繁出现时,我们又该如何应对?

新西兰人面对大量鲍鱼龙虾被地震掀到海岸

☞ 微新闻

　　2016年11月,当地时间14日0时2分,新西兰南岛发生强震并引发海啸。大地震将该地区的整个海床彻底掀了起来,海底各种各样价格不菲的贝类、鲍鱼跟龙虾都被留在了水面以上。面对这样一座"金山",当地政府规定每人只能拿十个。虽然现场一片混乱,但当地的居民依然非常守规矩。事件发生后,当地的商业捕捞团队和新西兰鲍鱼产业管理委员会正联手组织营救小组开展鲍鱼大营救。

　　新西兰产业部发言人称:"这是一个相当严重的问题,单个体积这么大的鲍鱼,这么多的数量,是百年难得一见的,如果这些鲍鱼全都死在了岸上,那么这个地区将再也不会有这么大的鲍鱼出现,甚至在今后的几十年中,这个地区都很难看到鲍鱼的身影了。"

☞ 微话题

　　在巨大的利益面前,我们该如何选择,是只顾眼前利益,还是立足长远利益以求可持续发展?我们一直在呼吁保护生态,敬畏自然,因为我们只有一个地球。据此,请针对新西兰人的选择,作一评论。

☞ 微评论

　　看了这则新闻,我们必须要为义务劳动的当地居民和商业捕捞团队鼓掌,为他们真心点赞。新西兰人的选择无疑是正确、理性而明智的。

　　《吕氏春秋·义赏》中说:"竭泽而渔,岂不获得?而明年无鱼。"新西兰人深谙此道,他们没有目光短浅,只顾眼前利益,而是开展了一项艰难的拯救鲍鱼大行动。他们与时间赛跑,因为鲍鱼在太阳下,只能存活几小时;必须小心翼翼,确保鲍鱼正面朝下,因为鲍鱼无法自己翻身,如果姿势不对它们还会在几天后死去,或者被其他生物吃掉。

　　地震对生态造成的灾难是毁灭性的,新西兰人虽无法控制自然灾害,但他们做出了自己的努力。他们延续了该地区的物种，保护了生物链不被破坏。他们，无疑是伟大且值得称颂的！

职校生宋彪的华彩人生

☞ 微新闻

2017年11月21日，常州有个19岁男孩上了《新闻联播》，被人社部授予"全国技术能手"称号，并在中南海受到李克强总理的接见。他的名字叫宋彪。他在阿联酋举办的第44届世界技能大赛上，以779分的最高分（满分800分）夺得金牌，成为该大赛有史以来第一位获得最高奖项——阿尔伯特·维达尔奖的中国选手。

他是江苏省常州技师学院的一位学生，所学专业为模具设计与制造，来自安徽蚌埠农村。获奖后，他受到了人社部的表彰，得到人社部30万元奖励，江苏省政府奖励80万，常州市政府奖励50万元，并给予购房补贴100万元，直接将其晋升为副高职称，成就了他的精彩人生。

☞ 微话题

一直以来，职业教育面临着一些来自社会大众，特别是家长的偏见，许多人选择职业教育，其实是一种无奈的选择。而宋彪却因为职业教育，人生变得更精彩，从宋彪的身上，你对职业教育又有了哪些全新的认识，你想对那些为选择高中还是职校而纠结的学生和家长说些什么？

☞ 微评论

这是一个弘扬工匠精神的时代，"劳动光荣、技能宝贵、创造伟大""崇尚一技之长，不唯学历凭能力""技术技能筑牢强国基石"，这些已成为社会共识。

我想起了2014年，第七届中德经济技术合作论坛，正在德国访问的国务院总理李克强向当时的德国总理默克尔赠送了一份神秘礼物——天津中德职业技术学院的3名数控专业的学生王明靖、李志仁、张少华在学校的实训车间里花了8个小时制作的"鲁班锁"。职业学校学生的作品，或者说是作业，已经成为赠送国家元首的"国礼"。

然而，正如宋彪所说："当前社会上，包括我们的长辈，对技校或技校生的评价，或多或少带着些颜色，他们总是习惯把技校生与本科生做比较。可我觉得就读技工、职业类院校也很好，可以在这里学技术练技能，我们作为职校学生要有自信，完全没必要觉得低人一等。选择自己感兴趣的方向，然后好好努力，一定会有一个精彩的人生。"

大家都喜欢买德国的宝马、奔驰等名车，而德国的工业发达，很大程度上是因为德国的职业教育办得好。在德国，60%的学生初中毕业后就进入了职业学校，普通高中毕业后又有20%的学生进入应用技术大学。既然我们的国家也如此大力发展职业教育，足以证明职业教育的前途是光明的，作为家长也要改变以往的观念，不要再认为读职业学校是无奈的选择，是没有前途的。相反，选择职业教育，一样可以成就华彩人生！

职校毕业生任教清华

☞ 微新闻

2022年，"90后高职毕业生在清华大学担任老师"的话题引发热议。据报道，这位老师名叫邢小颖，毕业于陕西工业职业技术学院，现任清华大学基础工业训练中心实践课教师。

2011年，无缘上本科的陕西女孩邢小颖，面对父母"复读一年，朝本科奔一奔"的建议，经过思考后做出了自己的选择：不复读，就去陕西工业职业技术学院材料成型与控制技术专业好好学知识、练技能，然后进一家好企业工作（当时她未想到可以去清华任教）。她说，我觉得去读专科，学一技之长也未尝不是一件好事。我相信，三百六十行，行行出状元。

进大学后，邢小颖发现实操训练很累，体能拼不过男生，她就每天早晚都和室友一起去跑步锻炼，体能得到提升后，她的实操能力也上去了。

2013年11月，邢小颖到清华实习，虽然这是她首次来北京，但她从没想过怎么去玩，每天下班吃完晚饭后就赶回实验室，自言自语般地练习给学生讲实践课。

在清华基础工业训练中心主任李双寿的眼中，邢小颖身上有很多优良品质：朴实无华，爱岗敬业，不怕苦不怕累。

2014年，在实习中已获得清华认可的邢小颖，以专业综合成绩排名第一的成绩从陕西工业职业技术学院毕业，顺利入职清华大学基础工业训练中心任教。

一路走来，邢小颖从不因自己的专科起点而自卑，也不因自己在网络走红而自满。她在工作之余继续学习，2017年完成专升本学习，获得了中国地质大学

(北京）的工学学士学位；2018年考取了热加工工艺方面的教师资格证；2021年评上了工程师职称。现在，已是"宝妈"的邢小颖正计划在工作之余考研深造。

她说，我还年轻，我才29岁，我怕什么？我就一步一步来，踏踏实实去沉淀自己、去提升自己。

☞ **微话题**

最近，从高职院校毕业后到清华大学任教的"90后"女教师邢小颖火了。很多人好奇，邢小颖是如何从一名职业院校毕业生，成为清华大学的一名教师的？好奇之余，你觉得她的成长之路，能给职业院校的学生以及高考后即将面临院校专业选择的学子带来哪些启示？邢小颖的人生"逆袭"，反映了国家在用人方面的哪些变化？请作一评论。

☞ **微评论**

职校毕业生任教清华，不仅打破了大众对职业教育的偏见，更成为用人单位"不拘一格降人才"的生动范例。网友纷纷评论"这才是教育的正确'打开方式'""学无先后，达者为师""人家看的不是学历而是能力""闻道有先后，术业有专攻，如是而已"。这也说明一个道理：是金子，放在哪里都闪光。一个人，只要通过自身的不懈努力去实现理想，就值得我们尊敬。当然，为了能让更多的"邢小颖们"都能拥有多元的发展路径，我们仍需健全人才竞争机制，畅通人才选用渠道，营造更加公平的教育环境。

当前，我国职业教育正从层次走向类型、从政府主体走向多元参与、从规模扩张走向内涵发展。2021年高职学校招生557万人，相当于十年前的1.8倍；中职学校（不含技工学校）招生489万人，中高职学校每年培养1000万左右的高素质技术技能人才。现代职业教育体系趋于完善，层次结构更加完整，越来越多职业院校的毕业生"就业有门，升学有路，继续发展有基础，创业有优势"，他们在追逐"大国工匠"梦想的道路上正奋勇前行。

"无人豆浆摊"见证社会诚信

☞ **微新闻**

湖北孝感市云梦县人老李在县城摆有一个豆浆摊，由于每天早晨有时有事要忙，豆浆摊摆出后他就离开了。只在桌上摆上一个简易牌子："豆浆自己拿，一元钱放桌上。"如今，无人豆浆摊已运营了10个月，经老李清算，营业额几乎"零误差"。此事被人发到网上后，老李和他的豆浆摊便在当地出了名。

☞ **微话题**

"豆浆自己拿，一元钱放桌上。"无人豆浆摊运营了10个月，营业额几乎"零误差"，对此，你如何看待这件事，请从多角度进行思考，写一段评论。如果你是学校校园电视台的小记者，让你去采访"老李"，请设计一份访谈提纲。

☞ **微评论**

　　诚信，是无形的，它是一个无价之宝，诚信的种子埋在我们每一个人的心里，就看你怎样去灌溉它，怎样令它茁壮成长。一块简易的牌子："豆浆自己拿，一元钱放桌上"。这是对顾客充分地信任，正是因为这份信任，唤醒每一位顾客内心诚信的种子，从而在无人收钱的状况下，无人豆浆摊运营了10个月，得以营业额几乎"零误差"。

　　诚实守信，是中华民族的优良传统。千百年来，人们讲求诚信，推崇诚信。诚信是社会主义核心价值观的重要组成部分，诚信社会需要我们每一个人的努力。"无人豆浆摊"彰显了社会诚信，"无人豆浆摊"已成为当下社会一处靓丽的风景。由此，我又想起了南京汉江路上的"秀作发型坊"理发店店主马玉剑，当他查出自己患了绝症——肺癌晚期，他想到的第一件事是立即给之前在理发店办卡的顾客退卡。用他自己的话说，"我一辈子做事没亏待过人，我不想在离开这个世界的时候，还欠别人东西。"很多人被他的诚信经营行为所感动，选择放弃了退卡，并安慰说留给你治病。"东北新闻网"这样评价：马玉剑平时对诚信的积极呵护，才换来了很多人的放弃退卡，以行为影响行为，以诚信反哺诚信，这样的交换是诚信的美好互动，让人感怀，让人深思，让人高尚。

　　无论是"无人豆浆摊"，还是"肺癌退卡"，都再次印证了一个道理：诚信乃立身之本，守住了诚信，就是守住了人品。

第二章 02

运用之妙,存乎一心:
熟练"微表达"

"吟安一个字，捻断数茎须""两句三年得，一吟双泪流"，古今中外伟大的语言艺术家们，对文字的运用是十分重视的。在语言大师们的笔下，文字的运用，确有"点铁成金"之妙。而作文教学，就是要帮助学生学会正确表达，掌握表达之法，养成锤字炼句的表达习惯，其中包括拟题立意，开头结尾，写人叙事，抒情说理等，只有熟练掌握这些"微表达"技法，写起文章来，才会行云流水、游刃有余。

第一节

如何"拟题"

俗话说，秧好一半谷，题好一半文。标题的好坏直接体现了作者的写作水准，也直接左右着作文得分的高低。因此，作文的拟题训练应该成为且理应成为作文教学的重点和需要着力解决的难点。

那么，究竟如何拟题呢？我以为拟题要把握六个字：贴切、简练、生动。简言之，贴切，就是题目概括的内容与作文内容要保持一致；简练，就是题目要简短精练，高度概括，不宜过长；生动，就是要新鲜、独特、醒目。

我教过一位学生，他特别喜欢摄影，前一段时间，他拍摄了一张照片，画面是一个少女在树林里撑着伞的镜头。整个照片的画面、色彩和角度都很不错，他给这张照片起了个名字——"晨曦"。随后，就将这张摄影作品向几家杂志社投稿，但都石沉大海。

后来，我建议他把"晨曦"改为"有约"，结果照片不但被杂志社采用了，还在省摄影作品大赛中获得了二等奖。那么，为什么同一作品，仅仅换了一个名字，结果就截然不同了呢？

我们可以仔细推敲一下，就会发现："晨曦"是静态的，"有约"是动态的。动态的东西更有生机和活力，更有生命的气息。"晨曦"是景，"有约"是人，"晨曦"是这幅照片的背景，而"有约"突出了照片的主体。"晨曦"表现的画面单一，而"有约"表现的内容丰富。当我们看到这张照片，自然就会产生思考：这个少女在树林里干什么呢，她在等人吗？因此"有约"一词，有内容、有故事、有悬念。

由此可见，好的标题的确与众不同，让人拍案叫绝。

写作也是如此，给文章拟一个好的题目，会让文章光彩夺目，好的标题就像一篇文章的眼睛，有画龙点睛的功效。这里，我们重点介绍一下新材料作文的拟题方法，分别是：保守拟题法、保险拟题法和创新拟题法。

我们通过一则新材料作文阐释三种拟题的具体操作方法。

人生在世，很多时候都需要我们"放手"。例如，当事情的成功与否不受自己控制时，就应承认自己有所不能，这时需要放手；不把现成的答案提供给别人，而是让他从错误中学到东西时，需要放手；为了从失败中成长，为将来积极策划时，需要放手；放手，不比坚持来得容易，它需要直面艰难抉择的勇气，以及权衡得失的智慧、刹那取舍的决断。

第一种方法：保守拟题法。首先从材料中找出关键句和关键词。如材料中的关键句——人生在世，很多时候都需要我们"放手"。反复出现的关键词"放手"。因此，可以直接拟题为《放手》。

第二种方法：保险拟题法。简单地说就是"添加前缀法和后缀法"。先找出材料中的关键词，然后添上前缀或后缀进行拟题。如材料的关键词是"放手"，由此可以添加前缀，拟题为《学会放手》《成长需要放手》；也可以添加后缀，拟题为《放手也是一种爱》《放手不等于放弃》。

第三种方法：创新拟题法。所谓创新，就是利用各种手法来拟题。可以运用比喻、拟人、对比、对偶、双关等修辞手法；也可以采用引用法、仿用法、化用法、公式法、诗情画意法、设置悬念法、并列组合法等其他手法来拟题。可以拟题为《放手：风雨后的晴空》《放手是成功的一剂良药》《放手，给孩子一片自由的天空》（比喻）；《放手过去，放眼未来》（对比）；《梦想在放手中起舞》（比拟）；《该放手时就放手》（化用俗语）。

当然，以上三种方法虽然都可以成功地拟题，但孰优孰劣，一目了然。我们要在平时的写作中加强对"创新拟题法"的训练，做到熟能生巧，从而在作文拟题时游刃有余。

考场中的许多高分作文和教材中课文的题目往往都采用"创新拟题法"来拟题。如，近几年高考中出现的《挫折：人生的财富》《信心：低谷暗影里的阳光》《创造是腾飞的翅膀》《读是品味人生的良药》（运用修辞）；《不以一眚掩大德》（直接引用）；《诚信，直叫人生死相许》《90后，欲语泪先流》《莫让浮云遮望眼》《安能随意弃诚信？》《感情不是保险绳》《借我一双慧眼》《找准人生的靶子》（化用诗句、歌词）。这些作文标题均采用创新拟题法拟题，一下子就能扣住读者的心弦，迅速激发阅卷老师的评改兴趣，从而对整篇作文产生好的印象，因此拟题的好坏关系到作文得分的高低。

教材中，我们学过朱启平的《落日》，这是一篇记录日本投降签字仪式的事件通讯，被誉为"状元之作"。题目就是采用了双关手法。日本的国名和国旗里有"日"，"日本"的意思是太阳升起的地方而这里的"落日"，则象征日本军国主义的失败。曾经不可一世的日本侵略者今天终于在世界人民面前低头签字投降，如同日落西山一样；日本侵略者当年侵略他国，其以"旭日东升"自喻的国旗，令人望而生厌，今天，它的"坠落"不仅大快人心，且透露出作者的嘲讽之意。此外，我们还学过周婷、杨兴的《别了，不列颠尼亚》，这是一篇新闻特写，写的是香港回归祖国交接仪式的历史事件，曾获第八届中国新闻一等奖。题目同样富有深刻的含义，它化用了毛泽东的《别了，司徒雷登》一题，从字面看，参加完交接仪式的查尔斯王子和末任港督彭定康乘坐英国皇家油轮"不列颠尼亚"号离开香港，消失在茫茫南海夜幕中，这是现实的场景；从历史意义看，"不列颠尼亚"号的离去，象征着英国殖民统治在香港的终结，是中华民族一段历史耻辱的告终。实境是永别，虚境是回归和雪耻。题目寓虚境于实境，独具匠心又不留痕迹。

我们再通过一个例子来强化这三种拟题方法：

一位年轻人在岸边钓鱼，坐在他旁边的一位老人也在守望着一根长长的鱼竿。

一段时间过去了，奇怪的是，老人不时钓到银光闪闪的鳜鱼，可是年轻人的浮标却没有动静。年轻人迷惑不解地问老人："我们钓鱼的地方相同，您也没有用什么特别的鱼饵，为什么您能钓到这么多鱼，而我却毫无收获呢？"

老人微笑着说："你要我讲真话，我就告诉你。你的毛病在于思想浮躁，情绪不稳定，动不动就烦乱不安。我钓鱼的时候，常常达到了浑然忘我的境界，只是静静地守候，不像你时不时地动动鱼竿，叹息一两声。这边的鱼根本感觉不到我的存在，所以，它们咬我的鱼饵，而你的举动和心态只会把鱼吓跑，当然就钓不到鱼了。"

根据所掌握的方法，我们可以分别采用三种方法进行拟题。保守拟题法：《浑然忘我的境界》《专注》《宁静的心态》；保险拟题法：《摒弃浮躁》《思想浮躁不可取》《成功要远离浮躁》《成功需要专注》《重拾宁静的心》《急功近利不可取》《成功需要静心等待》；创新拟题法：《非宁静无以致远》《消失吧，浮躁君！》《静待花开》《心静自然"成"》《溪浅声喧，静水深流》《平静促人成功，浮躁使人失败》《浮躁之心不可有》《静下心来！》等。

一条没有眼睛的龙，一旦给它画上眼睛，它就活了起来，就"飞"起来了。同样，给你的作文拟上一双"明眸善睐"的眼睛，也可以让你的文章灵动起来！

第二节

如何"立意"

在文学艺术作品中,立意占有极重的分量。一件作品能不能成为传世佳作,往往就决定在立意上。清代画家王原祁说过:"如命意不高,眼光不到,虽渲染周致,终属隔膜。"绘画如此,作文立意亦如此。如何立意?首先要学会筛选信息,准确抓住材料中的关键词或关键句,也就是中心句,这些关键句一般在材料最后部分出现。其次,在没有材料提示语的情况下,抓住题目中的核心词和修饰限制性的词语,厘清这些核心词之间的内在联系。最后,如果材料中出现多个叙述主体,可以从不同叙述主体选择不同的角度立意,立意时抓住他们的所言所行,联系社会生活,把握题旨。

立意有几个方面的要求:一是要正确、鲜明。所谓正确,是指所确立的主体反映了自然的本质和规律,反映了生活的本质和主流,符合自然和社会的发展规律。所谓鲜明,是指所确立的主题能旗帜鲜明地表示爱什么、憎什么,赞成什么,反对什么。二是要集中、单纯。主题是统摄全篇文章的总纲,必须单纯明确。三是要深刻、新颖。所谓深刻是指所确立的主题能反映生活的本质及内部规律,能揭示事物所包含的深刻的思想意义;新颖是指所确立的主题是作者的新认识、新感受,能给人以新的启示。四是要积极向上。所谓积极向上,就是不能有任何不健康的因素存在,符合文章主题,突出文章中心选材。

这些方法和要求听起来比较抽象,只有通过具体的例子来细细品味、慢慢领悟。

举例1:有一位邮差,长年奔波在乡村的道路上,日复一日地将忧伤悲喜送到村民的家中。从邮局到村庄的这条道路十分荒凉,触目所及,唯有飞扬的尘土。这位邮差已经在这条路上奔波了近二十年,一想到自己还要在这条无花无树的路上踩着脚踏车度过他剩下的人生时,他的心情就低落到了极点。

有一天,当他经过一个花店时,便心里一动,突然走进去买了一把野花的种子,从第二天开始,他把这些种子撒在了自己每天都要来往的路上。一天,两天,一个月,两个月……他不断地撒下种子,没多久,荒凉的道路两旁,竟开起了许多美丽的小花;一年四季,季季繁花。

根据以上材料,请以"播种"为题写一篇作文。文体不限(诗歌、剧本除外),不少于600字,文中不得透露真实的校名、人名等信息。

这是一段叙述性材料,注意分析事件的前因后果。要抓住记叙的要素概括材料的主要内容:邮差长年奔波在荒凉的路上,心情低落到极点,为改变这种境遇,他买野花种子播撒于路,结果收获了季季繁花。其隐含结果:心情转变,感受到了快乐和幸福,心中充满了希望。继而提炼出关键词:荒凉——心情低落——播种——繁花——心情快乐。从中可以发现前后的对照变化:荒凉与繁花;心情低落与心情快乐,这种变化存在因果关系,心情的变化是由于环境的变化,变化的关键在于邮差播种了野花种子而收获了繁花,这种变化趋向于积极向上,由此我们可以认识到,材料反映出的是追求积极向上的人生态度。

对材料深意的把握,必须从整体上感知,不能只截取片段或词句,忽视前因后果。

从事件因果关系角度分析:一是良好的环境可以营造好的心态,创造美好(幸福、快乐)人生;二是播种美(快乐、希望、幸福等),收获美(快乐、希望、幸福等)。"播种"这一行为是心情、心境发生变化的转折点,正因为邮差的播种才能收获繁花。注意这里的播种与收获的事物必须是正面的、能对人生起积极导向作用的,而且"播种"不能等同于付出,限定了面向群体性,在广大的范围内发挥广泛的作用。

从因素的对照关系角度分析:人生境遇不顺时(荒凉——心情低落),要以积极的心态去改造生活、美化生活(播种野花——心情快乐)。邮差孤独寂寞地走在荒路上近二十年,虽然心情低落,但他没有一味消沉,而是积极主动地去寻求改变当前境况的途径,播种野花就是一种积极的心态,结果收获的是惬意的人生,工作和生活不再单调乏味。

从因素的比喻意义角度分析:荒凉的路可比喻为人生路上的逆境,包括挫折、困难、迷惑、苦闷、孤独等;野花(种子)可比喻为希望、梦想、快乐、理想、信念、乐观等一切积极向上的人生态度。

由此,可立意为携着希望(快乐、理想等)走好人生之路,勇敢地迎接生活的挑战,走出人生的困境。

举例2：有人曾说世界上只有两种动物能到达金字塔顶，一种是老鹰，一种是蜗牛。如果让你以这句话所蕴含的哲理为话题写一篇作文，文体自选，题目自拟，立意自定，不少于800字。你能从几个角度来立意？

"到达金字塔顶"即意味着取得成功或目标实现：老鹰到达顶端，归功于它有一双矫健、敏捷的翅膀；蜗牛能到达顶端，则归功于它的吃苦耐劳和执着精神。如果将两者情况综合起来，还能得出怎样的结果呢？由此可以从三个角度进行立意。

从蜗牛的角度，持之以恒的努力，能弥补先天的缺陷；从老鹰的角度，成功离不开超群的实力；从老鹰和蜗牛综合起来看，如果你缺少优越的条件，你仍有成功的机会，只要你够勤奋而且有恒心；如果你拥有出众的天赋，也不排斥仍需要坚持不懈的毅力和勇气。

举例3：阅读下面的材料，根据要求作文。

梦想只要能持久，就能成为现实。我们不就是生活在梦想中的吗？

——丁尼生

梦想这个东西，放在心中越重，离现实越远。不要等着天上掉馅饼，也不要奢望上天对你的同情。唯有去努力，才有可能看见一片新的天空。我们不妨这么想，有结果的努力是锻炼，没有结果的努力是磨炼，不管怎样，每一种际遇都是你生命中不可或缺的元素。

——《每一个优秀的人，都有一段沉默的时光》

请联系自己的生活与感受，以"现实与梦想"为题写一篇文章，可以叙述经历，抒发感想，发表议论。

要求：立意自定，角度自选；文体不限（诗歌、剧本除外）；不少于600字；文中不得透露真实的校名、人名等相关信息。

按照上面的方法，我们先抓住材料中的关键词句。关键词为持久、努力、磨炼；关键句为"有结果的努力是锻炼，没有结果的努力是磨炼，不管怎样，每一种际遇都是你生命中不可或缺的元素"。由此，立意为：梦想需要在现实中磨炼。可以从以下三层展开论述：

第一层：人不能没有梦想，没有了梦想，人就失去了目标，也就失去了方向、失去了动力、失去了活着的意义、失去了人之为人的价值。人没有了梦想，就如同鸟儿失去了翅膀，再也不能飞翔。

第二层：人有了梦想，就要去追求、去奋斗，而且要持久地追求，持久地奋斗，这样才有可能实现梦想。就如同戴望舒的《寻梦者》中所说的"你去攀九年的冰山吧，你去航九年的瀚海吧""把它在海水里养九年，把它在天水里养九年"。只有做到了，你的梦想才会"开出娇妍的花来的"。

第三层：有了梦想，且付出了努力，但梦想也不一定能够实现。即使梦想没有结果，但追寻梦想的过程将会成为美好的记忆，追寻梦想的过程会让你变得越来越强大，越来越成熟，正如普希金在《假如生活欺骗了你》这首诗歌中所说"而那过去了的，就会成为亲切的怀恋"，是的，"每一种际遇都是你生命中不可或缺的元素"。

举例4：阅读下面的材料，写一篇600字左右、题目自拟、文体不限的作文。

据《深圳风采周刊》报道，不久前浙江嘉定徐行镇发生了一件怪事，一位朱姓村民家中的小猫竟被老鼠活活咬死了。

德国海德堡大学教授穆勒博士在分析研究城市老鼠猖獗的原因时指出：当代城市中的猫，处于一种恶性循环中，一方面是因为猫已普遍被家养，有充足的食物而不必以捕鼠为生；另一方面是因为猫无法再从老鼠体内获取一种名为牛磺酸的物质——这种物质能提高猫的夜视能力，于是现在家养的猫几乎丧失了夜视能力，捕鼠的能力也越来越差，因此老鼠咬死猫就不奇怪了。

分析这类材料时，要把握这样一个原则——一切非人的东西都要联想到人。上述材料中的主要叙述对象是小猫，立意时可以把小猫想象成人，如青少年，把饲养小猫的主人想象成青少年的父母，并由"小猫被老鼠活活咬死"联想到如今的青少年由于父母溺爱、家庭生活条件优裕等，逐渐丧失了自食其力的能力，从而提炼出文章的主题。据此，可以立意为：只有放手让孩子在生活的风雨中经受磨炼，才能培养他们的生存能力。

举例5：阅读下面的材料，根据要求作文。

奥斯特洛夫斯基曾说："理想对我来说，具有一种非凡的魅力。我的理想总是充满生活和泥土的气息。我从来不去空想那些不可能实现的事情。"

青年人应当树立高远的理想，但更应该立足当下，让理想具有生活和泥土的气息,具有实现的可能性。

请以"理想与生活"为题,写一篇作文,立意自定,文体不限(诗歌、戏剧除外),不少于600字,文中不得透露真实的校名、人名等相关信息。

我们很容易发现材料中的关键词:理想、生活、泥土的气息、立足当下、空想。从中可以迅速立意:青年人要有高远的理想,更要立足当下;既要仰望天空,又要脚踏实地。论证可以三个层面展开。第一层:理想,是目标,是动力,是奋斗的方向。因此,青年人要树立高远的理想。第二层:理想,要立足当下,贴近实际,贴近生活,要接地气,理想要"充满生活和泥土的气息"。第三层:树立理想,立足当下,并为之坚定地、持之以恒地去奋斗,那么理想才有实现的可能性。

举例6:春桃娇艳,夏荷清丽,秋菊高洁,冬梅傲雪。它们在不同的季节里绽放着自己的精彩。物如此,人亦然。

请你以"各有各的精彩"为题,写一篇文章,文体不限(诗歌、剧本除外),不少于600字,文中不得透露真实的校名、人名等信息。

材料中的关键词:精彩、自己的精彩、各有各的精彩。关键句:物如此,人亦然。

"四年黑暗下的苦工,一月阳光下的享受。"这是法布尔笔下《蝉》的精彩一生。物如此,人亦然。无论是城市的美容师清洁工人,还是教书育人的园丁教师,抑或是研发大国重器的科研工作者。无论是普通人,还是电影明星,抑或商界、政界名人,都各有各的精彩。据此,可立意为:只要在自己的岗位上贡献自己的力量,就是在绽放着属于自己的精彩。

第三节

如何"开头"

俗话说写文章要"凤头、猪肚、豹尾",就是要求开头精彩,内容充实,结尾有力。"万事开头难",好的开头是成功的一半,写文章亦是如此,因此,写好"开头"就显得尤为关键。文章的开头入题要快,语言要有文采,能使人一看开头就有想往下读的欲望。这里介绍几种常用的文章开头的方法:

方法一,开门见山,纲举目张。就是直截了当地落笔扣题,总领全篇,纲举目张。文章直截了当的开头,直接进入主题,就更容易使中心突出,读者读起来也容易抓住要领,掌握内容,深刻了解主题。如:朱自清的《荷塘月色》,开篇就点出:"这几天心里颇不宁静。"因为不宁静,才想起"日日走过的荷塘",因而有了夜游荷塘之举。这句话直接抒怀,是全文的文眼,不但是夜游荷塘的缘由,而且奠定了全篇的感情基调。作者不宁静的心绪是笼罩全篇的,结构上,起到了总领全文的作用。如:

秋天,无论在什么地方的秋天,总是好的;可是啊,北国的秋,却特别地来得清,来得静,来得悲凉。我的不远千里,要从杭州赶上青岛,更要从青岛赶上北平来的理由,也不过想饱尝一尝这"秋",这故都的秋味。(郁达夫《故都的秋》)

清、静、悲凉,作者开篇用衬托的手法、赞颂的语调突出故都之秋的特征。这三个短语是全文的中心句。同时,又构成排比句,既增加了气势,又有抑扬顿挫的声韵之美,奠定了文章的基调和底色。

方法二,修辞是语言运用中不可或缺的部分。运用生动而又贴切的修辞手法,往往能使语言增添更多风采。在考场作文中,如果能切合主题,恰当运用修辞手法,一定能使作文增色添辉。

<<< 第二章　运用之妙，存乎一心：熟练"微表达"

千载风雨兴衰，你，静静地贮立于万千苍生之上，仰天长望，唯有无字碑留下了你的浩叹。抚摸着那凹凹凸凸的碑身，沧桑而感慨，你，只是略略扬起那时柔时刚的嘴角。此时，风，依旧凛冽；苍穹，依旧浩渺，你无语，碑无字，却完整地记下了你的不凡，青史依旧为你长流，在那看似空白的无字碑上，却无限延伸着你——那个唐朝女皇的博大与智慧。（福建高考满分作文《点点空白·悠悠情思》）

这位考生开篇运用了比喻、排比的修辞手法，形象生动，气势如虹，音韵和谐。

方法三，悬念导入，吸引读者。开篇悬念导入，一下子就抓住了人们阅读时的好奇心理，激发读者的阅读兴趣，从而达到良好的表达效果。如：

很小很小的时候，总是喜爱看妈妈穿白色的裙子，她那么美，那么快乐，被妈妈牵着小手好幸福好幸福！那时候，妈妈就是我心中的天使。然而妈妈却总爱亲昵地叫着我："安琪，你是天使！"

我不是天使，要不被接进天堂的怎会是妈妈，而不是我呢？（广东高考满分作文《我是天使》）。

方法四，先言他物，由物及人。文章开头先去写自然界的动植物，然后，由物及人，往往用"物犹如此，人何以堪"承上启下。就如同古典诗文中的"起兴"手法。李白《将进酒》中，先写"君不见黄河之水天上来"，以黄河起兴，"天上来"三个字构筑出了不可阻挡的气势，同时让人想起一去不复返的时光。后面紧接着"高堂明镜悲白发，朝如青丝暮成雪"，这样，朝与暮、青丝和白发的对比将人生的短暂形容到了极致。如：

立于高山之巅的青松经历无数次风霜雨雪，更加苍劲挺拔，其原因在于它生于忧患，在贫瘠干枯的石缝中发芽、生根。当幼小的生命被四周坚硬的石块堵得无路可走时，它凭着求生的本能，发挥出自己意想不到的潜能，让生命之根沿着石块的缝隙伸得更远，扎得更深，吸收更多的营养，以至于"大雪压青松，青松挺且直"。（2022年新高考Ⅱ卷《无可选择时，创新是出路》）

这篇名师的下水作文，先写高山之巅的青松，再通过"植物如此，动物又何尝不是如此?"写刘备胯下的卢马面临深渊,激发潜能救主,接着写红军遭到国民党反动派的五次围剿,开始了二万五千里长征;再写到中苏关系破裂;等等。

方法五,故事先行,引人入胜。文章开头引入故事时,既要引人入胜,又要切合话题。如:

夏日里的炎热炙烤着大地,不知不觉中,海边多起了游泳的人。向远处望去,几个小孩像在搜寻着什么,带着好奇我走了过去,才知他们是在寻找珍珠……一颗小小的沙砾被蚌无意识地吞噬在嘴里,蚌觉得好痛,似乎有一把尖刀刺向它的喉咙。但一切都无可奈何,只能日日夜夜地把它磨小、磨亮才能将它吐出。终于有一天,蚌被海水冲上了海滩,一个小男孩发现了蚌嘴里的沙砾,把它取了出来,但它不再是粗糙的沙砾,而是一颗灿烂夺目的珍珠,蚌感觉轻松了许多,又重新回到了海洋中。蚌育珍珠从此为人们所知,于是它的故事被人们所传颂,生命从此有了夺目的光彩,每一次去海边,我都带着崇高的敬意注视着蚌的艰辛。(江西高考满分作文《穿过它,生命从此壮美》)

这位考生作文中"蚌育珍珠"的故事大家耳熟能详,其中包含着一个经历艰辛困苦获得成功的道理。作者叙写的这个故事很好地契合"雨燕减肥"这一话题的深刻寓意。标题中的"它",正是困难、挫折、艰难险阻等的代称,突破它们,人生将变得壮美无比。

方法六,引用开头,凸显主题。巧妙地借用名言、典故、诗歌、谚语开篇,能收到很好的艺术效果。当然,引用要突出主题,要准确、得体,切忌张冠李戴、弄巧成拙。如:

烟火气是白居易"想得家中夜深坐,还应说着远行人"中的温情浮漾;烟火气是范成大"童孙未解供耕织,也傍桑阴学种瓜"中的童真童趣;烟火气是柳永"羌管弄晴,菱歌泛夜,嬉嬉钓叟莲娃"中的天下承平。寻常烟火气,最抚凡人心。

一粥一饭,一耕一织,皆为最美风景。寻常烟火气,值得每一个人珍惜与守护。(2022年高考作文天津卷《寻常烟火气,最抚凡人心》)

这篇作文以引用诗词名句开篇,从多方面多角度论述了"烟火气",增强了论证效果,突出了主题。

方法七,设问开头,发人深思。作文开头围绕主题设问,可以引人深思,突出主题。如:

倘若你是一粒种子,告诉我,你会怎样?是等待春天的召唤,还是迫于与寒冬挣扎?倘若你是一掬清泉,告诉我,你会怎样?是任凭风儿吹,还是勇于激起浪花?倘若你是沧海桑田中的一颗沙砾,告诉我,你会怎样?是受命于雨打风吹化成一缕尘烟,还是敢于摩擦出晶莹的珍珠?……大凡成功之士都会选择后者,纵然面对的会是苦涩,但苦涩之后便会是甘甜。(江西高考满分作文《磨炼出与成功的默契》)

考生开头围绕"纵然面对的会是苦涩,但苦涩之后便会是甘甜"这一主题,通过一连串的"问"和"答",开启了思绪,突出了主题。

方法八,环境描写,突出主旨。文章开头先描写环境,包括自然环境和社会环境,或渲染某种气氛,或交代故事的背景,或衬托人物的心情等,但都要以突出主旨为前提。如:

"夜,好静谧,柔和的月光散了一地银白;夜,好深沉,父亲那时起时落的鼾声犹如一首动人的月光曲,回荡在夜色上空。望着熟睡的父亲的脸,我的思绪也飘向那圣洁的夜空……"(《想起了父亲苍白的脸》)

"夜"的这段描写隐含着作者对父亲深深的感激之情,一下子把读者带入夜的沉静之中,和作者一起去追忆。

"夜幕早已降临,深蓝色的天空中挂着一轮金黄色的圆月,月儿旁边是许多眨巴眼睛的星星。街上的人儿三三两两地走着,不时爆发出一阵开心的笑声。"(《今天,我真快乐》)

这种环境描写是把自然和人的活动结合起来,给我们一种夜的幽静,人的和谐、快乐、幸福的感受。

总之,文章的开头写法是多种多样的,采用怎样的文章开头,应根据文章的内容和风格来定。巧妙写好作文开头,因篇而定。一个好的开篇,能使文章主旨更鲜明,结构更严谨,内容更丰富,材料更新颖,语言更生动。从文章整体构思出发,从文章主旨出发,选择最恰当的开头,从而让自己的作文踏上成功的第一步。

第四节

如何"结尾"

作为文章结构的重要组成部分,开头与结尾对于表达文章中心,增强文章的感染力、说服力起着很大的作用。俗话说:"织衣织裤,贵在开头,编筐编篓,重在收口。"明末清初文学家、戏剧家李渔也说过:"开卷之初,当有奇句夺目,使之一见而惊,不敢弃去,此一法也。终篇之际,当以媚语摄魂,使之执卷流连,若难遽别,此一法也。"(李渔《闲情偶寄》)可见,一篇好文章,除了有引人入胜的开头,还应该有耐人寻味的结尾。

结尾是文章内容发展的必然结果,是文章结构的基本环节之一。好的结尾自然、新颖,能起到总结全文、深化主题或发人深思、耐人寻味的效果。文无定法,结尾没有一成不变的程式,必须根据自己的写作实际,选择最恰当的方式,或自然结尾,水到渠成;或设问反问,发人深思;或形象比喻,启人睿智;或振臂高呼,展望未来。总之,不管用什么方法结尾,都应该简洁明了,如果长篇大论,就会冲淡正文,喧宾夺主,给读者以"画蛇添足"之感,文章的感染力就大大削弱了。所以文章的结尾也是作者写作构思必须考虑的内容,切忌脚踩西瓜皮,滑到哪里是哪里。结尾的形式是多种多样的,这里介绍几种常见的结尾方式。

其一,首尾呼应,升华主题。文章的结尾呼应文章的开头,但又不是简单的重复。使用这种方式收束全文,能产生首尾圆合、浑然一体的艺术效果,常给人一气呵成之感,激发读者心中的美感。如朱自清的《荷塘月色》的开头是"……我悄悄地披了大衫,带上门出去",结尾是"这样想着,猛一抬头,不觉已是自己的门前;轻轻地推门进去,什么声息也没有,妻已睡熟好久了"开头和结尾无论是写作者的行踪,还是写妻儿的入睡,抑或是写作者的情绪,都前后照应,呈现出一种对称的美。再如:

开头:下围棋,知棋局;铸妙手,成格局。围棋之"本手",是指"合乎棋理的正规下法"；围棋之"妙手"，是指"出人意料的精妙下法"；围棋之"俗手"，是指"貌似合理，而从全局看通常会受损的下法"——这告诉我们：欲成大事者，必须守规矩、打基础，必须致深邃、善创新，不坠俗手"受损"之深渊。

结尾：熠熠华夏，巍巍昆仑，争当妙手，扎牢本手。"大鹏一日同风起，扶摇直上九万里。"下围棋，当妙手；打基础，做本手。"手中电曳倚天剑，直斩长鲸海水开。"基础牢，求创新，顾全局，有格局。（2022年新高考Ⅰ卷《棋局与格局》）

其二，画龙点睛，点明题旨。用议论性的句子总结全文，把文章推向高潮，达到"言有尽意无穷"的效果，使意境得以升华。可以用一句富有哲理的话，或引用名言警句、古典诗句、经典语录、谚语俗语等作为文章的结尾，这种文章结尾含蓄深刻，发人深思。如：

有美丽、有悲怆，有璀璨、有痛苦，答案是丰富多彩的。但无论如何，我的心中都有一首歌：唱出你的热情，伸出你的双手，让我拥抱着你的梦，让我们的笑容拥抱着明天的骄傲，让我们期待：明天会更好！（引自《20世纪你美吗?》）

目光可以忘却感情之尺，蒲公英也可以忘却这把尺，但你千万别忘了用感情之尺去衡量你的心，因为中华民族的振兴需要你用理智思维开辟一条成功之路！（引自《给感情一把尺》）

当我冷眼旁观时，生命是一只蓝色的蛹；当我热情相拥时，生命是一只金色的蝴蝶。破茧而出的过程，也是感情变化的过程，亲近世界的过程。

用爱的眼睛看世界，我也如此美丽！（引自《蓝色蛹金色蝴蝶》）

其三，抒发情怀，余味无穷。这种结尾法，因为感情激越，常使读者久久难以忘怀。同时由于写得含蓄蕴藉，留有余地，让读者在思索和回味之余，留下广阔的想象空间。如：

妈妈，我不知道如何安慰您啊，为什么您一想起外公就满脸泪花。假如记忆可以移植，妈妈，把我的记忆移植给您吧，我的记忆里不仅有欢声笑语，还有感动和幸福。把我的记忆移植给您，抹去您眼中的泪花，让您重现昔日的芳

华！(引自《妈妈，把我的记忆移植给您吧》)

选择让我们给予爱并感受爱。生活没有坦途，当我们把仅有的一瓶水分一半给沙漠中的焦渴旅伴，当我们停下脚步，向跌倒者伸出一双温暖的大手……爱的泉眼无声无息，心灵的选择给了寒夜苦冷者一盏心灯，给了漫途困乏者一盆炭火，一杯热水。我们同样感受着世间角角落落爱的热量。一颗颗真挚而虔诚的心使生活的四季温暖如春。充满爱的选择支撑了人间一方爱的晴空。

……

选择是歌，真诚作曲，爱心吟唱！(引自《月若有情月长吟》)

其四，真情告白，殷切共勉。文章不是无情物。很多好的文章，都是以情动人、以情取胜的。这种方法是在前文感情的基础上，发出号召或呼唤，引发人们的关注和思考。如：

历史长河大浪淘沙，中华文化从未割裂自身的优秀传统而又永葆创新活力，它深邃厚重，绚烂多彩，坚韧顽强，给予我们丰富的滋养和坚定的自信。根植于这片文化沃土，我们诗书继世，浪漫风雅；我们心怀天下，开阔博大；我们善良，仁爱，温厚，谦逊；我们坚强，刚毅，当仁不让，一往无前。在世界文化激荡中，我们站稳脚跟；实现中华民族伟大复兴的中国梦，我们笃定而自信，行健而致远。(2022年全国甲卷《传承创新自信致远》)

人生如棋。生活中所有的"妙手"，都来自日积月累的"本手"。一个人只有埋头实干、潜心历练，才有实现梦想的可能。正所谓"台上一分钟，台下十年功""不经历风雨，怎么见彩虹"。身为新一代青年，我们肩负着实现中华民族伟大复兴强国梦的重任，更应积极顺应时代发展大势，脚踏实地，砥砺前行，勇于奋斗。唯如此，方能下出一盘人生"好棋"，实现自我价值。(2022年新高考Ⅰ卷《"妙手"自"本"成》)

"明者远见于未萌，而知者避危于无形。"司马相如这样说。认识事物的价值，对未来真正有价值的事物倍加珍惜，对潜在的危险及早远离，是几千年来人类的期待。在这个鼓励创新的时代，有理想、有担当的年轻人更应该不断地磨砺自己的智识与能力，努力去做有远见的"明者""智者"，洞悉未来，创造未来。(2021年全国高考上海卷《明者远见于未萌》)

其五，描摹形象，美化意境。这种结尾方式往往用来描写场景或描绘人物，一般结合象征手法运用，意境优美，含意深刻。

我是相信我的感觉，与你亲密交往成为好朋友，我相信我的判断是正确的。我诚恳地说。月光姑娘洒下清辉，映照着我们相知相契的笑脸，映照着……我们相知相契的心灵，我相信你！（引自《雾中的战场》）

哀怨的音乐已悄悄响起，小人鱼静静来到王子床边，深深地一吻，将匕首抛入大海，直到此时，王子才对小人鱼有了最深的感情，于是才去认知。纵然小人鱼化作一个泡沫或一片云彩，却拥有王子亲密的感情、全面真实的认知，我想，小人鱼会笑的。因为，因为我正看着她的眼睛。（引自《看着我的眼睛》）

我想，爷爷每一次标注在日历上的五角星都是他心中信仰的再现，那红色的五角星早已成为岁月里最厚重的注脚，同时也不断提醒我带着初心奔向前方！（2021年全国高考天津卷《挂历上的红色五角星》）

第五节

如何"选材"

如果说文章的中心是灵魂，结构是骨架，那么材料就是文章的血肉。选材，是为了更好地表达文章的中心，血肉为表达灵魂而服务。选材的得当意味着为作文打好了坚实的地基，文章也就成功了一半。而选材的关键是做到观点和材料的统一。观点，就是作者的看法或主张；材料，就是用来证明观点的事实。材料和观点之间有本质的、必然的联系，两者必须一致，也就是观点要统领材料，材料要为观点服务。材料与观点一致，观点得到材料有力的支撑，才会具有强大的说服力。反之，材料与观点不一致，观点得不到材料有力的支撑，观点就无法站住脚，就没有说服力。

要做到材料和观点的一致，有两点需要注意：一是要善于厘清材料。所谓"厘清材料"就是对自己要用到的材料有清晰明确的认识，将一件事情、一个问题，分解成比较简单的组成部分，厘出清晰的逻辑思路，这样使用材料就会方向明确。二是要学会找准角度。很多材料可选择的角度很多，角度不同，观点也有区别。要多角度分析材料，找到最切合观点的角度，然后注意论证过程中要始终围绕自己的观点来展开。

我听过一次作文指导课，讲解非常透彻，这里就"照搬"一下。

举例：以"细节"为观点，组织材料论证。

文段一：历史上，有多少仁人志士理智地对待自己人生路上的几次抉择，注重细节，造就成功。你看那陶潜，采菊东篱，悠然南山，他注重细节，遵从自己的内心做事，悠然自在，是细节的实施，让他有了向往大自然的愿望，让劳碌于世间的文人达官艳羡不已。陶潜做好了细节，他也付出了努力，必将为后人铭记。君不闻那用年轻的肩膀扛起重担的洪战辉，是细节的力量使他认识到自己的位置并坚持不懈地拼搏；君不见那21位聋哑仙子，用真情演绎了一幅充满爱的画面。

这一段的观点句是：注重细节，造就成功。用来证明观点的论据是：陶潜、洪战辉、21位聋哑仙子他们做好了细节才取得了成功。

显然，作者是想用三个事例来证明细节决定成败。但很明显，这段写得不成功。为什么呢？因为他没有写出陶渊明、洪战辉、21位聋哑仙子分别注重了哪些细节，或者是怎样注重细节的，也就是说这些论据本身的真实性尚有待于考证，自然也就起不到证明论点的作用。这些论据经不起推敲，缺乏说服力。而且段中的陶渊明等人如果换成"李白""王维"等人都是可以的，其表达效果也没有什么不同。可以看得出来，文段一是很典型的"贴标签"的写法。

修改意见：重点将笔墨放在叙述洪战辉、21位聋哑仙子注重细节、做好细节的具体表现，但是关于陶潜的细节的事例比较难找，与其牵强附会地写，还不如不写。

文段二：1985年，张瑞敏刚到海尔，就派人把库房里的400多台冰箱全部检查了一遍，结果发现有76台冰箱存在着各种各样的缺陷，他发现，这个厂在管理上过于松散了。于是，张瑞敏把职工全叫到车间，对大家说："我要是允许大家把这76台冰箱卖了，就等于允许你们明天再生产76台这样的冰箱。"他宣布，把这些冰箱全部砸掉，谁做的谁砸，并抡起大锤亲手砸了第一锤！许多职工都流下了眼泪。张瑞敏告诉大家：有缺陷的产品就是废品。正是这样，三年后，海尔人捧回了我国冰箱行业的第一块金牌。试想一下，如果张瑞敏当时放纵有缺陷的产品流入市场，那海尔会不会有今天的成功？显然不会。正因为他们有了好的量的积累，才使质变如此完美。所以，我们坚信细节成就完美，我们坚信完美成就人生！

这一段的观点句是：细节成就完美。用来证明观点的论据是：张瑞敏砸冰箱的事。

很明显，作者的用意是要用张瑞敏的事例来证明细节决定成败。但就这个文段来看，这个事例能起到证明观点的作用吗？当然不能。因为文段中的材料与观点说的是不相关的两回事。论点说的是要关注细节。论据说的是管理，说的是产品有缺陷，诚然，这是属于细节范畴，但问题是，这样的表达与观点"要关注细节"还有一大段距离，是不能等同的。但是材料又属于细节范畴，也就是说只要角度合适，还是可以证明观点的。那么，对这个材料应怎样加工呢？

关键是紧扣论点的中心词"细节"来进行叙述，突出其对细节的重视。

修改意见：1985年，张瑞敏刚到海尔，就派人把库房里的400多台冰箱全部检查了一遍，结果发现有76台冰箱存在着各种各样的"小毛病"：有的烂了电线，有的坏了脚轮，有的刮花了表面，有的缺了冰箱门……张瑞敏把职工全叫到车间，对大家说："我要是允许大家把这76台冰箱卖了，就等于允许你们明天再生产76台这样的冰箱。"他宣布，把这些冰箱全部砸掉，谁做的谁砸，并抡起大锤亲手砸了第一锤！许多职工都流下了眼泪，有的职工提出：这些冰箱虽然有不少"小毛病"，但还是能用的，把冰箱便宜一点卖给自己厂里的工人吧。张瑞敏告诉大家："有'小毛病'的产品就是废品"。

正是这样，三年后，海尔人捧回了我国冰箱行业的第一块金牌。试想一下，如果张瑞敏当时放纵有"小毛病"的产品出厂，那海尔会不会有今天的成功？正是因为他们不放过每一个细节，才生产出质量上乘的海尔冰箱。所以，我们坚信细节成就完美，我们坚信完美成就人生！

这样一改效果就比较好了，紧扣论点，不离"细节"二字，对海尔"注重细节"的特点做了强化和具体化处理，使论据与论点的联系更加紧密。

当然，选材的前提是心中有"材"，这里介绍两种材料积累和运用的方法。

第一种方法：注重平时积累，学会恰当运用。操作步骤：事例概述+简要点评+素材一句话记忆+适用话题。下面，我通过具体的例子进行示范。

例1 陈寅恪的独立精神

事例概述：在20世纪20年代的清华园，有一位"教授中的教授"，那就是陈寅恪。因为凡是他讲课，很多教授都会来听。他在国外断续留学20年，潜心读书和研究，但对"博士""硕士"学位之类的名号，却淡然处之，因此连大学文凭也没拿过。

1941年太平洋战争爆发，日军占领香港，由于陈先生显赫的学术声誉，日军便派人拉拢他，陈先生予以坚拒，日军不死心，又请他到沦陷区任教，但陈先生嗤之以鼻。"独立之精神，自由之思想"，最受学界推崇，它出自陈寅恪先生所撰的《清代大学王观堂先生纪念碑铭》。

简要点评：留学海外，学富五车，却视学位为身外之物，未得一纸文凭；

被誉为"教授中的教授",盛名之下却始终保持谦和而又自信、真诚而不伪饰的学者本色;对日本人的威逼利诱和拉拢,断然拒绝并嗤之以鼻……陈寅恪先生一生经历了20世纪中国数不清的风浪,可他却从不为形势所左右。

素材一句话记忆:"独立之精神,自由之思想"是陈寅恪先生一辈子用生命来捍卫的学者尊严。

适用主题:独立;自由;特立独行。

例2 忍得是福

事例概述:年轻的美国华裔数学家王章程,毕业于加州大学。毕业后,他的同学多数都去了大财团,只有王章程一头扎进了加州的私人研究室,一干就是10年。10年中,他的收入非常低,30岁了还买不起房子。而他的同学们已经是月收入几十万、上百万的大老板。在外人看来,王章程的生活很糟,但他本人似乎全然不知。在35岁的时候,他攻克了世界上两项顶尖级数学难题,从此成果迭现,美国十几家大学先后聘请他前去任教。多少年过去,在世界数学界,他仍是公认的数学之王。

简要点评:不必羡慕别人的美丽花园,因为你也有自己的乐土,只要你用心耕耘,眼前的这片花圃终会有花团锦簇、香气四溢的那一天。

素材一句话记忆:美国华裔数学家王章程放弃金钱和地位,扎进数学王国,攻克了世界上两项顶尖级数学难题,从此成果迭现,成为数学之王。

适用主题:得与失;专注;持之以恒;做好自己的事。

例3 港府预算"细到座椅"

事例概述:香港特区新年度财政预算案非常详细,开支甚至详细到座椅。为让市民能充分了解财政预算案,香港特区政府出尽各种招数:派传单、建网站、上电视、接热线,全方位披露财政预算案的内容。而一张座椅的用度,在巨大的政府财政预算中是微小的,但正是一个个微小的层面,才构筑成一个庞大的财政。我们耳熟能详的"把纳税人的钱用到刀刃上"——这不是小题大做,而是负责任的政府的分内工作。

简要点评:细化到座椅的预算监督,从表面看耗时耗力,但刚性的"高压线"一旦建立起来,"节省"的资金是难以想象的。所以,加强在"入口"上的预算监督体系,不怕慢,就怕站。

素材一句话记忆:港府预算"细到座椅""小题大做",折射的是政府的责任和民心。

适用主题:关注;细节;出人意料;小与大;付出与收获。

例4 中国富豪应有什么样的形象

事例概述:福耀玻璃董事长曹德旺日前表示,"将70%自有的福耀玻璃股份捐出去成立慈善基金"。中国今天并不缺少富豪,而富豪们也不缺乏慈善活动,但富豪们留给国人的印象却不佳。与比尔·盖茨将580亿美元财产全数捐给慈善基金会的裸捐行为相比,与巴菲特将85%个人股份捐赠给慈善基金会这种高比例捐赠相比,中国富豪们的捐赠未免显得太小气,甚至有应付慈善之嫌。不仅如此,在去年的两会上,身为全国政协委员的女首富张茵,建议取消"签订无限期合同",降低高收入阶层的税负,又使中国富豪们留下了为富不仁的口实。加之稍早时候"黄光裕事件"的曝光,中国富豪的形象更进一步受损。

简要点评:像曹德旺这样热衷于慈善事业的人,才是中国富豪应有的形象,才是中国慈善事业的希望所在。

素材一句话记忆:福耀玻璃董事长曹德旺将70%自有的福耀玻璃股份捐出去成立慈善基金。

适用主题:形象;慈善事业;差距;旗帜。

例5 会漂的石头

事例概述:海尔集团首席执行官张瑞敏,在一次中层干部会议上提出这样一个问题:"石头怎样才能在水上漂起来?"反馈回来的答案五花八门,有人说"把石头掏空",张先生摇摇头;有人说把它放在木板上,张先生说"没有木板";有人说"石头是假的",张先生强调"石头是真的"……终于有人站起来回答说:"速度!"张瑞敏脸上露出满意的笑容:"正确!《孙子兵法》上说,'激水之疾,至于漂石者,势也'。速度决定了石头能否漂起来。"

这让我们想到了跳远、跳高、飞机、火箭……也想到"无法停下来"的黄豆豆,以他的身体条件,是成不了舞者的,但他最后却创造了奇迹!石头总是要往下落的,但速度改变了一切,打水漂的经验告诉我们,石头在水上跳跃,是因为我们给石头一个方向,同时赋予它足够的速度。

简要点评：人生也是如此，没有人为你等待，没有机会为你停留，只有与时间赛跑，才有可能会赢。美国最负盛名的棒球手佩奇说：永远不要回头看，有些人可能会超过你。那个可爱的阿甘赢得美人归后，有人问他爱情的心得是什么，他说："我跑得比别人快！"

早起的鸟儿有虫吃，赶在别人前头，不要停下来，这是竞争者的状态，也是胜利者的状态。是的，如果成功也有捷径的话，那就是飞，时刻准备飞。

素材一句话记忆：海尔集团首席执行官张瑞敏，提出这样一个问题："石头怎样才能在水上漂起来？"答案是速度。

适用主题：提速；把握机会；捷径；时不我待。

例6 狼的悲剧

事例概述：因纽特人猎捕狼的办法很特别，也很有效。严冬季节，他们在锋利的刀刃上涂上一层新鲜的动物血。等血冻住后，他们再往上涂第二层血。再让血冻住，然后再涂……如此反复，很快刀刃就被冻血包裹得严严实实了。

下一步，因纽特人以血包裹住的尖刀反插在地上，刀把结实地扎在地里，刀尖朝上。当狼顺着血腥味找到这样的尖刀时，它们会兴奋地舔食刀上新鲜的冻血。融化的血液散发出强烈的气味。在血腥味的刺激下，它们会越舔越快，越舔越用力。狼这时已经嗜血如狂，它们猛舔刀锋，根本感觉不到舌头被刀锋划开的疼痛。

在北极寒冷的夜晚里，狼完全不知道它正在舔食的其实是自己的鲜血。它只是变得更加贪婪，舌头抽动得更快，血流得也更多，直到最后精疲力竭地倒在雪地上。

简要点评：令人失去理智的，是外界的诱惑；而最终耗尽一个人精力的，却往往是他自己的贪欲。

素材一句话记忆：因纽特人于严冬季节在锋利的刀刃上涂上一层层新鲜的动物血来成功猎捕狼。

适用主题：贪婪；自省；保持清醒的头脑；抓住弱点；谋略。

第二种方法：学会巧妙地从教材中汲取、运用作文素材。教材所选文章均为名家名作，"他山之石，可以攻玉"，如能学会将教材中的内容引用、化用、组合成为作文的"素材"，那么，写作时，就可以走出捉襟见肘的窘境；就可以文思泉涌，下笔如有神助。

其一，直接引用。议论文的论据，分为理论论据和事实论据。学生写作时，一般都能够使用事实论据来论证，而理论论据相对匮乏。即使教师平时注意提供一些名人名言给学生作为理论论据的素材，但因学生平时使用较少，写作时往往出现遗忘。不过，若学生能从教材中直接汲取，使用时就会得心应手、驾轻就熟，从而达到增强文章表现力和说服力的效果。

如《论语》中，"己所不欲，勿施于人""见贤思齐焉，见不贤而内自省也""其身正，不令而行；其身不正，虽令不从"等句，可以直接引用到关于"交友""交往""虚心""学习""教育"等话题；《滕王阁序》中，"东隅已逝，桑榆非晚""老当益壮，宁移白首之心；穷且益坚，不坠青云之志。酌贪泉而觉爽，处涸辙以犹欢"等句，可以直接引用到关于"时间""挫折"等话题；《劝学》中，"不积跬步，无以至千里；不积小流，无以成江海""骐骥一跃，不能十步；驽马十驾，功在不舍。锲而舍之，朽木不折；锲而不舍，金石可镂"等句，可以直接引用到关于"积累""恒心""学与做"等话题。

另外，教材中有许多作者引用的名言警句，在教学时，也有不少是作为重点句子分析、揣摩的，学生的熟悉程度可想而知。作文时，如将教材中的这些句子自然而灵活地引用到自己的文章中来，使其与自己的文章融为一体，则可以极大地丰富文章的内容。如：

如卢梭说："大自然塑造了我，然后把模子打碎了。"笛卡尔的命题："我思故我在。"法国作家辛涅科尔说："是的，对于宇宙，我微不足道；可是，对于我自己，我就是一切。"耶稣说："一个人赚得了整个世界，却丧失了自我，又有何益？"（出自《自我二重奏》，关于个性、认识自我）子在川上曰："逝者如斯夫，不舍昼夜。"（出自《论语》，关于时间）"一个古怪的念头跳了出来"，"我的思绪，如同被疾风牵引着，无边无际地延展开去"（出自《过万重山漫想》，可用于过渡句或过渡段，引起下文）；等。

其二，巧妙化用。教材中的有些内容，表面上与自己的作文话题无关。但如果进行适当的剪接，巧妙的修改，就会摇身一变，成为更生动、更形象、更有说服力的例证融入到自己的文章中。古人常使用这种"化用"的方法，如王勃的千古名句"落霞与孤鹜齐飞，秋水共长天一色"就是化用了庾信的诗句"落花与芝盖齐飞，杨柳共春旗一色"。化用之后，反而更有意味，更富神韵，也流传更广。

在巴金的《灯》一文中，有一句话："我们不是单靠吃米活着。"当遇到"物质生活和精神生活"等话题时，就可以这样化用：人生在世，不能仅为活着而活着。世纪老人巴金曾说过："我们不是单靠吃米活着。"道出了人在追求物质生活的同时，还要丰富自己的精神世界。

鲁迅在《记念刘和珍君》一文中，用文字描画了那些为了抗议卖国行径而英勇献身的青年洒在"执政府"前的鲜血，让我们感佩于热血青年的一腔爱国激情。在遇到"舍生取义""正义""爱国"等话题时，就可以这样化用：刘和珍，一位年仅22岁，脸上始终挂着微笑的女大学生，为了抗议帝国主义侵犯我国主权，欣然前往执政府前请愿，以自己的鲜血捍卫了国家主权，实现了自己的人生价值。时至今日，面对社会上那些假丑恶现象，我们难道不应该起来与之抗争吗？同样，孟子《鱼我所欲也》一文："生，亦我所欲也，义，亦我所欲也，二者不可得兼，舍生而取义者也。"人人都应有"羞恶之心"，必要时，人应当"舍生取义"。这种精神，千百年来激励着无数仁人志士慷慨赴难，为国捐躯。

茨威格的《世间最美的坟墓》一文，透过朴素的文字，让我们懂得了什么是"美"与"幸福"。遇到"美""朴实""幸福"等话题时，就可以这样化用：美，不在于花哨，不在于堆砌，不在于华丽。朴实，同样是美。托尔斯泰那远离尘嚣、孤零零地躺在林荫里的坟墓，反而成了世间最美的，给人印象最深刻的、最感人的坟墓。

莫泊桑的《项链》一文，对于"多角度看问题"等话题，可以化用为：我们常常嘲笑和指责玛蒂尔德夫人爱慕虚荣，追求享受。为了一夜的风光而付出了十年艰辛的惨重代价。但是，批判的同时，我们不应忽视和抹杀她身上的优点：诚实守信、吃苦耐劳，能够勇敢直面困难，用十年时间偿还债务，这些闪光点都是值得我们学习的。

《邹忌讽齐王纳谏》一文，对于"虚心"等话题，可以化用为："兼听则明，偏信则暗"，一个人要虚心听取他人的建议并积极改正自身的不足。齐威王正是善于吸纳邹忌的劝谏，广开言路，纳谏除弊，修明政治，方使得齐国富强起来，最终，"四国来齐"。

其三，灵动组合。议论文中，常将几个例子以相同或相似的句子形式组合在一起。一旦组合起来，就构成了排比的句式，可以收到加强语势、丰富内容和增强论据说服力的效果。当然，组合时，要注意灵活，切忌机械照搬。如：

包容是一种智慧，一种气度。蔺相如对廉颇的包容，成就了"将相和"的佳话；鲍叔牙对管仲的包容，成就了"九合诸侯，一匡天下"的壮举；李世民对魏征的包容，成就了"贞观之治"的盛世。（用于"包容"等话题）

李白的"天生我材必有用，千金散尽还复来"是个性的张扬；李清照的"生当作人杰，死亦为鬼雄"是个性的张扬；苏轼的"大江东去"的豪情也是个性的张扬。（用于"个性"等话题）

以上两例摘自高考的满分作文。作者针对话题，将自己平时学习中熟悉的人物及名句巧妙而又灵活地组合在一起，令人拍案叫绝！获得高分当在情理之中。

同样，教师在平时作文指导时，可以这样给学生示范操作：

关于"勇气"等话题：历史上，多少有勇气者，以其英勇的气概，谱写了一曲曲壮士悲歌。赵武灵王以其一扫传统的勇气，发布"胡服骑射"的命令，迫使赵国贵族们脱下了那套用以标志他们身份的祖传的宽大累赘的战袍，卸下了笨重的战车；秦始皇以其无畏的勇气面对六国的强大实力，进军中原，统一六国；苏东坡以其旷达的情怀，蔑视权贵，虽遭一贬再贬，但仍不放弃生活和入世的勇气。

关于"苦难""挫折""信念"等话题：司马迁遭受宫刑，但他忍辱负重，最终完成了我国历史上第一部纪传体通史——《史记》；徐霞客一生跋山涉水，走遍天下名山大川，终于写成著名的《徐霞客游记》；曹雪芹一生批阅十载，增删五次，才写就中国文学的巅峰之作——《红楼梦》，可谓"字字看来皆是血，十年辛苦不寻常"。

关于"骨气"等话题：中国人，是有骨气的。闻一多拍案而起，横眉怒对国民党的手枪，宁愿站着死，不愿跪着生；朱自清一生重病，宁愿饿死，不领美国的"救济粮"；孟子云："一箪食，一豆羹，得之则生，弗得则死。呼尔而与之，行道之人弗受；蹴尔而与之，乞人不屑也"，将舍生取义写入民族信仰之中；伟大的爱国主义诗人屈原"自投汨罗江",以死来反抗黑暗势力,始终保持着自己志洁行廉的高尚品格；浪漫主义诗人李白宁可徜徉山水,也决不向权贵折腰低首,谱写了"安能摧眉折腰事权贵,使我不得开心颜"的千古绝唱。

关于"自然与心灵、精神"等话题：陶渊明在"采菊东篱下,悠然见南山"的情境中觅得了闲适淡远；王维在"明月松间照,清泉石上流"的优美意境中找到了精神归宿；朱自清在月下荷塘的美景中偷得了片刻的宁静和欢愉；李乐薇在"烟雾之中、星点之下、月影之侧的空中楼阁"里构建了自己的精神家园。可见,人类离不开大自然,大自然不仅是我们的生存环境,也是我们的精神依托。

以上例子,是将教材中的人物,以凝练的语言组合起来,既可以有力地证明文章的观点,又极大地增加了文章的文化底蕴。

第六节

如何"绘景"

在作文写作时常常会运用到景物描写。开篇写景，别出心裁，可以唤醒阅读期待；结尾写景，暗示主旨，可以丰厚文章意蕴；随文写景，烘托铺垫，可以体现文采匠心。恰到好处地穿插景物描写，能够让文章更加生动、更有味道。那么，如何绘景？可以概括为十二个字：抓特点、选角度、用修辞、巧炼字。一是抓住景物的特点去写；二是选择写景的角度，综合运用远近结合、点面结合、动静交融、声色并茂、虚实相济、纵横交错等表现手法，一旦抓住写景角度，就很容易打开写作思维的空间；三是恰到好处地使用修辞，描摹刻画，可以极大地增强语言的感染力；四是精心运用动词和叠词，增强语言的表现力和张力。

正如朱自清在《荷塘月色》[①] 中描写的"荷塘月色图"，包括了"月光下的荷塘""荷塘上的月光"和"荷塘四周的景色"三幅画面。

曲曲折折的荷塘上面，弥望的是田田的叶子。叶子出水很高，像亭亭的舞女的裙。层层的叶子中间，零星地点缀着些白花，有袅娜地开着的，有羞涩地打着朵儿的；正如一粒粒的明珠，又如碧天里的星星，又如刚出浴的美人。微风过处，送来缕缕清香，仿佛远处高楼上渺茫的歌声似的。这时候叶子与花也有一丝的颤动，像闪电般，霎时传过荷塘的那边去了。叶子本是肩并肩密密地挨着，这便宛然有了一道凝碧的波痕。叶子底下是脉脉的流水，遮住了，不能见一些颜色；而叶子却更见风致了。

月光如流水一般，静静地泻在这一片叶子和花上。薄薄的青雾浮起在荷塘里。叶子和花仿佛在牛乳中洗过一样；又像笼着轻纱的梦。虽然是满月，天上却有一层淡淡的云，所以不能朗照；但我以为这恰是到了好处——酣眠固不可少，小睡

[①] 朱自清. 朱自清散文集[M]. 南京：南京出版社，2018.

也别有风味的。月光是隔了树照过来的，高处丛生的灌木，落下参差的斑驳的黑影，峭楞楞如鬼一般；弯弯的杨柳的稀疏的倩影，却又像是画在荷叶上。塘中的月色并不均匀；但光与影有着和谐的旋律，如梵婀玲上奏着的名曲。

荷塘的四面，远远近近，高高低低都是树，而杨柳最多。这些树将一片荷塘重重围住；只在小路一旁，漏着几段空隙，像是特为月光留下的。树色一例是阴阴的，乍看像一团烟雾；但杨柳的丰姿，便在烟雾里也辨得出。树梢上隐隐约约的是一带远山，只有些大意罢了。树缝里也漏着一两点路灯光，没精打采的，是渴睡人的眼。这时候最热闹的，要数树上的蝉声与水里的蛙声；但热闹是它们的，我什么也没有。

这段绘景之妙，做到了以下四点：

一是抓住景物的特点。第1自然段分别写了荷叶、荷花、荷香、荷波、流水；第2自然段侧重写月色；第3自然段写树，主要写杨柳树。

二是选择景物的角度。第1自然段有关动与静的描写，描写了静态下的荷叶、荷花、荷香后，通过"微风过后"，自然过渡到描写动态下荷叶荷花的"一丝颤动，像闪电般，霎时传过荷塘的那边去了"，动与静的结合使整个画面有了动感。有关远与近的描写，"正如一粒粒的明珠，又如碧天里的星星"，"明珠"的玲珑剔透只有在近观下才能看出。在月色映衬下，远观的荷花，其闪烁之状像"碧天里的星星"，从远和近两个角度写出荷花在色彩和光亮上的美感。第3自然段，有关点与面的描写。先从"面"上写"荷塘的四面，远远近近，高高低低都是树"，这些树"乍看像一团烟雾"，然后从"点"上写了杨柳树，写了杨柳的丰姿、树梢、树缝。由此可见，描写景物要注意自己的立足点和观察角度。这样既可以写景物在静态下的形象，也可以写景物在动态下的形象；既可以整体观照，描绘整个"面"，也可以特写镜头聚焦某个"点"，这样，有远视、有近观，有点、有面，点面结合，文章方能错落有致。

同样，以荷塘之景为例，还可以写不同季节的荷塘之景，六月的"接天莲叶无穷碧""小荷才露尖尖角"，九月的"映日荷花别样红"，十月的"菡萏香销翠叶残"；写不同时间段的荷塘之景。清晨朝阳下、傍晚夕阳下、夜晚月光下的荷塘景色；写不同天气状况下的荷塘之景，如雨中的荷塘、阳光下的荷塘。"横看成岭侧成峰"，学会从多层面、多角度去写景，就能够打开思维的空间，就会有一种"下笔如有神"的写作张力。

三是恰到好处地使用修辞。在朱自清的这段行文中，作者运用了大量生动恰切的修辞。如"叶子出水很高,像亭亭的舞女的裙。"本体"叶子",因"出水很高",才与"亭亭"切合。"舞女的裙"为"圆"形的形状切合叶子自然舒展的形态,生动形象地写出了荷叶出水很高的优美姿态。再如,"微风过处,送来缕缕清香,仿佛远处高楼上渺茫的歌声似的。"将"缕缕清香"比作"歌声","微风"送来的"清香"时有时无,"远处高楼"的"歌声"也切合这样的特点,嗅觉和听觉的沟通,通感修辞的运用,十分传神地表现出这种难以言传的感觉。还有通感句"塘中的月色并不均匀;但光与影有着和谐的旋律,如梵婀玲上奏着的名曲。"

四是精心运用动词和叠词。点铁成金的动词能够为文章增色太多,第2自然段作者运用了一系列的动词——泻、浮、洗、笼、画。为何用"泻"不用"照";用"浮"不用"升";用"洗"不用"浸"等,细细品来,颇有味道。第3自然段运用了"远远近近""高高低低""隐隐约约""重重""阴阴"等叠词,音韵和谐。

《北京日报》刊登过作家丁立梅写过的一篇文章《才有梅花便不同》,文中是这样写"梅"的:"一树细密的花朵,不疾不徐地开着,隔了距离看,像镶了一树的宝石。枝枝条条,四下里漫开去,它是想把它的欢颜与馨香,送到更远的地方去。""不疾不徐"写出了梅花开放的一种适度的节律,热情而不张扬。"它香得委实撩人。晚饭后散步,隔着老远,它的香就远远追过来,像撒娇的小女儿,甜腻腻地缠着你,让你架不住心软。""甜腻腻""撩""缠""架",拟人的手法,惟妙惟肖的动词,生动形象地写出了梅花香气的浓郁撩人、无处不在,表现了梅花的引人之处,十分富有情趣。"突然闻到一阵幽香,不用寻,我知道,那是梅了。果真的,街边公园里,有梅一棵,裸露的枝条上,爬满小花朵,它们甜蜜的一张张小脸儿,笑逐颜开。"把梅树上开着的一朵朵、一簇簇"小花朵"比喻成"一张张""笑逐颜开的""甜蜜的""小脸儿",贴切而生动地写出了梅花俏皮可爱的神态。

"才有梅花便不同",文中的梅花让邻家不苟言笑的男人变得有些亲切;梅花让寒冷的冬天、美丽的春天变得温暖;梅花让老妇人变得天真可爱;梅花让简陋的笔筒变得活泼俏丽起来;梅花让一个异常之夜变得不寻常,充满诗意。

总之,作文中,恰到好处的景物描写,可以用来交代时间、季节及天气情况;可以营造气氛,烘托人物心境;可以借景抒情,融情于景;可以前后照应,完整文章的结构。结尾处的景物描写,可以达到含蓄蕴藉,意味无穷的效果。

第七节

如何"叙事"

如何叙事？可以概括为十二个字：选用典型事例，一波三折叙事。人与事是分不开的，事因人生，人因事显。一个人做的事很多，在作文时我们应选择那些最能表现人物思想、性格和文章中心思想的典型事件。所谓"波澜"，作文不能像清澈的湖面，一眼就能看到底。相反，作文要像耸入云天的高山，层层叠叠。叙事要达到一种"山重水复""柳暗花明"的效果。"文似看山不喜平"说的就是这个道理。

胡适的《我的母亲》[①] 一文中就有这样的典型事例：

> 有一个初秋的傍晚，我吃了晚饭，在门口玩，身上只穿着一件单背心。这时候我母亲的妹子玉英姨母在我家住，她怕我冷了，拿了一件小衫出来叫我穿上。我不肯穿，她说："穿上吧，凉了。"我随口回答："娘（凉）什么！老子都不老子呀。"我刚说了这句话，一抬头，看见母亲从家里走出，我赶快把小衫穿上。但她已听见这句轻薄的话了。晚上人静后，她罚我跪下，重重地责罚了一顿。她说："你没了老子，是多么得意的事！好用来说嘴！"她气得坐着发抖，也不许我上床去睡。我跪着哭，用手擦眼泪，不知擦进了什么微菌，后来足足害了一年多的眼翳病。医来医去，总医不好。我母亲心里又悔又急，听说眼翳可以用舌头舔去，有一夜她把我叫醒，她真用舌头舔我的病眼。这是我的严师、我的慈母。

作者选择描写的这件事情确实是让人动容的，也就是我们所说的"典型"事例。母亲的重重责罚，体现了母亲是"严师"的一面；母亲"她真用舌头舔我的病眼"，体现了母亲是"慈母"的一面。一个"真"字表现了"我"的出

---

① 胡适著. 胡适自传 [M]. 合肥：黄山书社，1986.

乎意外和感激之情，一个"舔"字淋漓尽致地写出慈母的爱子之情。

除了直接写母亲训导之外，作者还用较多的笔墨写了母亲和家人相处的情形，这样的写人角度确实又是新颖的。

大嫂是个最无能而又最不懂事的人，二嫂是个能干而气量很窄小的人。她们常常闹意见，只因为我母亲的和气榜样，她们还不曾有公然相骂相打的事。她们闹气时，只是不说话，不答话，把脸放下来，叫人难看；二嫂生气时，脸色变青，更是怕人。她们对我母亲闹气时，也是如此，我起初全不懂得这一套，后来也渐渐懂得看人的脸色了。我渐渐明白，世间最可厌恶的事莫如一张生气的脸；世间最下流的事莫如把生气的脸摆给旁人看，这比打骂还难受。

我母亲的气量大，性子好，又因为做了后母、后婆，她更事事留心，事事格外容忍。大哥的女儿比我只小一岁，她的饮食衣服总是和我的一样。我和她有小争执，总是我吃亏，母亲总是责备我，要我事事让她。后来大嫂二嫂都生了儿子了，她们生气时便打骂孩子来出气，一面打，一面用尖刻有刺的话骂给别人听。我母亲只装作不听见。有时候，她实在忍不住了，便悄悄走出门去，或到左邻立大嫂家去坐一会，或走后门到后邻度嫂家去闲谈。她从不和两个嫂子吵一句嘴。

每个嫂子一生气，往往十天半个月不歇，天天走进走出，板着脸，咬着嘴，打骂小孩子出气。我母亲只忍耐着，到实在不可再忍的一天，她也有她的法子。这一天的天明时，她便不起床，轻轻地哭一场。她不骂一个人，只哭她的丈夫，哭她自己苦命，留不住她丈夫来照管她。她先哭时，声音很低，渐渐哭出声来。我醒了起来劝她，她不肯住。这时候，我总听得见前堂（二嫂住前堂东房）或后堂（大嫂住后堂西房）有一扇房门开了，一个嫂子走出房向厨房走去。不多一会，那位嫂子来敲我们的房门了。我开了房门，她走进来，捧着一碗热茶，送到我母亲床前，劝她止哭，请她喝口热茶。我母亲慢慢停住哭声，伸手接了茶碗。那位嫂子站着劝一会，才退出去。没有一句话提到什么人，也没有一个字提到这十天半个月来的气脸，然而各人心里明白，泡茶进来的嫂子总是那十天半个月来闹气的人。奇怪得很，这一哭之后，至少有一两个月的太平清静日子。

作者写母亲与家人相处的情形，用对比手法写母亲平时待人接物的宽容以及对"我"的影响。母亲以身垂范对我的潜移默化、耳濡目染的教育和影响，不仅写母亲的"言传",更写母亲对我的"身教"。

我在教胡适的《我的母亲》一文后,为了训练学生选用典型事例刻画人物形象的写作能力,我利用多媒体向学生展示了下水作文的几个片段:

我的父亲

王正春

一个夕阳西下的傍晚,我和父亲走在去田间的地埂上,田埂边是长得郁郁葱葱的水稻。我走在前面,父亲走在后面。

"啊呀!"我大叫一声,脚下被一个尖尖的物体狠狠地戳了一下。我忙弯下腰,从球鞋下拔出半截锈迹斑斑的铁钉。"真倒霉",我随手将它扔进了路边的水稻田里,继续走路。

可是,走了一段距离后,我突然发现父亲并没有跟上来。

转身的刹那,我吃惊地发现:父亲卷着高高的裤管,弯着腰,正在我刚刚扔下铁钉的水稻田里极其仔细地摸着什么。田埂边躺着父亲那双破旧的球鞋,正好奇地看着主人奇怪的举动。突然间,父亲黝黑的脸上绽开了笑容,他从水里摸出了我刚刚扔掉的那根生锈的铁钉。见此情景,我疑云顿生,心里琢磨:"难道父亲节俭到连一根生锈的铁钉也舍不得扔掉吗?"父亲也看出了我的疑虑,语重心长地对我说:"水稻田里都是赤着脚干活的,你将铁钉扔在水里,万一稻田的主人干活时戳到脚该如何是好,特别是现在正处在农忙时节……"

我和父亲继续走在田埂上,父亲走在前面,我走在后面,余晖将父亲的身影拉得老长老长。

我的母亲(节选)

王正春

母亲是一个典型的农村妇女。她虽不识字,却深知知识的重要性,因而,再忙,再累,也时刻不忘督促我和姐姐学习。我正是在母亲的唠叨声中读完了小学、初中、高中,直到考进大学,可以毫不夸大地讲,我的成长的道路是在母亲的指引下,一步步走过来的,这条漫长的道路浸润着母亲的心血。

每次,离家去读书时,母亲总要送我去车站,并且,总是千叮万嘱。在车开动的那一刹,我总是发现母亲会流泪。只是那时年轻的我总不明白,"半个月就回来了,为什么要流泪呢?"如今,我才明白那一滴滴泪水中,融合着的是沉甸甸的母爱啊！一次，车开了十几分钟后，司机发现遗漏了一件重要的东西，只能返回。在回到车站的时候，我吃惊地发现母亲仍站在那儿，并且保持着当时的姿势：望着车开走的方向，脸上仍挂着泪水。见我突然折返，母亲那高兴的神情，至今仍历历在目。在外读书期间，每当学习上有所懈怠，生活中遇到挫折时，我都会不由得想起那铭心刻骨的一幕。于是，懒惰、退缩就会在博大的母爱中悄悄隐逸，而我就会重新投进书海中，因为我没有任何借口去逃避。

生活的选择
王正春

寒风中，菜场边，小桥上。

一个人，迎风而立，那身影在凄厉的寒风中，显得异常单薄。

"你是，你是——"，那人情绪很激动地嗫嚅道。

面对他的异样，我再仔细一看，也同样张大了嘴，同样喊着："是你，是你——"

随即，两双手紧握在一起。他，就是我小学、中学、高中的同学、好友。这几年，他的变化太大了，以至于我刚刚根本没有认出来。

我仔细打量着他：个子还是矮矮的，不过，身体强壮了些，满脸胡须，很长，很长，略显凌乱，很明显已很长时间没有打理了，腿上套着一副皮裤，身上还溅着黄泥土，旁边停着一辆破旧的、后座上架着两个铁皮桶的摩托车，脚边放着一个很大的桶，桶里有几尾大大小小的鱼，在桶里一动也不动，待着。

他顿了顿，点燃了一根烟，狠狠地吸了几口，在飘动的烟圈中，他向我谈起了这两年来的生活。这几年他过得很苦，迫于生计，他现在主要靠贩鱼、卖鱼谋生。

我问他，为什么不把胡须剃一下，把自己搞得像深山野人一样。

"你不懂，我个子矮，贩鱼这种活，争斗厉害，你一定要装得老成，否则，你根本无法立足。况且，每天起得太早，根本没有时间打理。"他一脸感触地说。

他的话，虽很朴实，却道出了生活的无奈与艰辛。回想我们当初一起学习的情景，那时他的成绩比我好，完全可以考上大学，如果不是因为他的父亲的病，也许，他现在就是另一种情形了。

我问他："后悔吗？"

他苦笑了一下，摇摇头说："无所谓后悔不后悔，生活本身就是这样，有时并不是由你来选择的。"

最后，我把我的联系方式留给了他，互相道别、珍重。

是啊，生活是残酷的，生活是艰辛的。很多时候，不是我们选择生活，而是生活选择了我们。更多时候，我们不是要选择生活，而是要适应生活，改变生活，创造生活，因为幸福是奋斗出来的！

以上例子更多地体现了事例的"典型"，下面我们再看一个"一波三折"写出事件"波澜"的例子。

《人民日报·海外版》刊登过一篇署名永星的文章《简单的爱》：故事以"我"的视角叙述了在深冬的一天，一个头发花白、拎着一只蛇皮袋的农村老太在公交车上给一位腿脚有毛病的小伙子让座，而且考虑到自己一把年纪给年轻小伙子让座，怕小伙子不接受，故而提前下车，而后来，我在扶她上车的刹那，突然感觉到，"她的一只袖管竟然是空的！""那个小伙子腿脚有毛病，都是妈妈的孩子，俺看他老是那样站着，心疼啊。""原来一个陌生的关爱，可以来得这么简单，简单到仅仅是出于母亲的本能，像对待自己的孩子一样呵护别人的孩子……"简单的爱，因为都是"妈妈的孩子"；简单的爱，因为只是出于"母亲的本能"。然而，这一切，貌似简单，实则让人动情动容，这样的"爱"已不再"简单"，反而是不矫揉、不造作，真实而真诚。

生活中，公交车上让座，本是极平常之事。但是，头发花白的老太太给小伙子让座，有些悖于常理。可老太太给腿脚有毛病的小伙子让座，虽也在情理之中，但让座后充分考虑到受座者的心理，老太太居然提前下车，这又出乎我们的意料。"俺这么一大把年纪给他让座，他坐在旁边心里肯定不舒服，所以俺就说到站了，就下了车。"简单的理由，质朴的语言，闪耀着淳朴的人性光芒。文中的"我"肃然起敬，钦佩之情溢于言表，但"就在扶她上车的刹那，我突然感觉到，她的一只袖管竟然是空的！"至此，叙述达到了高潮。本文的作者在一唱三叹、一波三折中将人性的完美含蓄又酣畅淋漓地呈现在读者面前，给人留下了深刻的印象和恒久的思考。

第八节

如何"写人"

如何写人？一句话：抓住人物特点，凸显人物个性。写"人"要坚持一个原则，"写出独特的这一个"。在写作时需要我们调动一切可以使用的写作方法和技巧，使人物有血有肉，丰满照人，能够栩栩如生地站在读者的面前。

一是要抓住人物特点。这个特点可以从人物的年龄、兴趣、个性、生活习惯等诸方面去考虑。同时，一个人的特点又是多方面的，作文时，我们应根据中心思想有所选择地写。萧红的《回忆鲁迅先生》一文，写了鲁迅的"笑"，鲁迅的步伐，鲁迅品评衣着，鲁迅昼陪客人夜加班，鲁迅谈鬼故事，鲁迅病中时刻伴随的小画等，这许许多多不为人知的日常生活细节，以小见大，微中传神，为我们展示了一个热情、幽默、深刻的鲁迅，一个睿智而又平和的鲁迅，一个生活化、充满人情味的鲁迅。

二是要运用多种描写手法。运用肖像、语言、动作、心理、细节等描写手法，既摹其"形"又状其"神"，使读者如观其形，如闻其声，如临其境，如见其人。

方法一，肖像描写绘形传神。成功的肖像描写是理解人物性格的一把钥匙，是透视人物内心世界的一扇窗户。阿Q头上的"旧毡帽"，孔乙己身上的"破长衫"，祥林嫂间或一轮的眼睛，无不体现了他们的身份、性格和生活际遇，这些文学画廊中的人物形象都是教材中的成功范例。如鲁迅笔下的祥林嫂——"脸上瘦削不堪，黄中带黑，而且消尽了先前悲哀的神色，仿佛是木刻似的；只有那眼珠间或一轮，还可以表示她是一个活物。她一手提着竹篮，内中一个破碗，空的；一手拄着一支比她更长的竹竿，下端开了裂"。唐弢《一面》中写鲁迅的胡须，"胡须很打眼，好像浓墨写的隶体'一'字。"这样的肖像描写既能"绘其形"，更能"传其神"，真正到达了"形神兼备"的境地。

方法二，动作描写如见其人。俄国作家托尔斯泰说过："描写人物时，您千方百计去发现能代表他的内心状态的动作。""有时，只要一个这样的动作，就足以描绘出那人物的特点了。"只有成功地描写了人物的动作，才能使读者真切地感受到作者笔下的是一个个活人，人物的精神世界才能得以充分地展示，形象才能真正站立起来。例如，孙犁的《荷花淀》中："女人的手指震动了一下，想是叫苇眉子划破了手。她把一个手指放在嘴里吮了一下。""震动"是听到丈夫要参军，表现了她对丈夫的依恋和关心。手指的"震动"是心灵震动的反射。"吮"这一动作是平衡、掩饰自己的情绪，她不能让丈夫看出自己受到的震动，那是软弱的表现；她不能"拖尾巴"，她必须坚强。再如，巴尔扎克《守财奴》一文中："老头儿身子一纵，扑上梳妆匣，好似一头老虎扑上一个睡着的婴儿。"此时的葛朗台已是76岁了，76岁的老人如老虎一般一纵一扑，令人惊愕。动词"纵""扑"，生动形象地写出了受金钱占有欲支配、失去理智的葛朗台极度贪婪的本性。

方法三，细节描写丝丝入扣。一滴水能反映出太阳的光辉，一片枯叶能显现肃杀的清秋，窥一斑而见"全豹"。正如那一滴水映出了太阳的光辉，那一片枯叶见证了肃杀的清秋一样，细节描写构筑了文学画廊中许多鲜活的人物。好的细节描写，就犹如一座座精美的灵魂，有了它才能使人物有血有肉，性格鲜明，形象栩栩如生。"要画圆圈了，那手捏着笔只是抖，于是那人将纸铺在地上，阿Q伏下去，使尽平生的力画圆圈。他生怕被人笑话，立志要画得圆，但这可恶的笔不但很沉重，并且不听话，刚刚一抖一抖地几乎合缝，却又向外一耸，成了瓜子模样了。"这个行为细节，具体、形象、生动地反映了阿Q的性格特点——直到死还恪守着自欺欺人的"精神胜利法"。当人们读到这一细节描写时，谁又能不觉得阿Q的可笑、可悲、可怜？又怎么会不"哀其不幸，怒其不争"，进而深思国民劣根性？

文学作品中留下运用动作描写和细节描写的经典例子很多。（葛朗台快要死时）神父把镀金的十字架送到他唇边，给他亲吻基督的圣像，他却做了一个骇人的姿势想把十字架抓在手里，这一下最后的努力送了他的命。这个"抓"的动作，十分传神，寓意深刻。原来他把黄灿灿的镀金，当成了"黄金"，于是不要命地"抓"了起来。见钱眼开，拼命聚敛钱财，才是他信奉的真正教义！在他的心目中，唯有金钱，基督圣像是不占地位的。这就是"抓"十字架细节的丰富而深刻的内涵。这个细节，以含蓄的笔法，形象地勾勒出葛朗台贪婪、爱财如命的拜金主义者的典型特征。

"老栓也向那边看，却只见一群人的后背，颈项都伸得很长，仿佛许多鸭，被无形的手捏住了的，向上提着。"这一细节，是用比喻的手法来描写一群麻木的、不觉悟的人们,在冷漠地观看刽子手杀害革命者的情景。比喻生动形象,真如浮雕一般现于读者眼前。自己的同胞惨遭杀戮,人们却无动于衷,像看与自己毫不相干的街头热闹似的,令人伤心痛心。作者那种强烈的愤懑,哀其不幸、怒其不争的炽烈情怀,通过这一细节,淋漓尽致地表现出来。

方法四,语言描写凸显个性。《红楼梦》中王熙凤一句:"天下真有这样标致的人物,——怨不得老祖宗天天口头心头一时不忘。"这一句话,迎合了贾母、黛玉、王夫人、邢夫人、三姐妹。我们常说"一箭双雕",现在是王熙凤一句话就达到了"一箭七雕"的效果,简直是"射雕"高手。

方法五,心理描写照出人物的内心世界。法国作家雨果说过:"有一种比海更大的景象,是天空;还有一种比天空更大的景象,那就是人的内心世界。"人心理活动的复杂多样,决定了心理描写具有多种多样的表现形式。常见的有以下几种心理描写手法:内心独白、从旁叙述、梦境幻觉、动作暗示、神态暗示、语言暗示、感官刺激和环境烘托。我特别喜欢潘向黎的《白水青菜》,这篇短篇小说曾获得第四届鲁迅文学奖(2004—2006年)、全国优秀短篇小说奖。小说中男主人公喝汤的描写,堪称心理描写的典范。

小说中描写的清清的汤色,不见油花,绿的是青菜,白的是豆腐,还有三五粒红的枸杞,除了这些再也不见其他东西。但是味道很好。说素净,又很醇厚;说厚,又完全清淡;水淡,又透着清甜;而且完全没有一点味精、鸡精的修饰,清水芙蓉般的天然。对于一个辞去工作的妻子来说,最幸福的莫过于男人喜欢吃她做的饭,一饭一蔬一汤羹,这是远离世俗的返璞归真。日子平静,没有丝毫波澜,男主人公认为给你的是最享受的生活,殊不知,那一罐看似平常的汤是怎样的精心熬制,是怎样的耐心才能烹饪出爱他的味道。

"就那么一口,整个胃都舒服了,麻木了一整天的感官复苏,脸上的表情都变了。真是好汤!""第一口汤进口,微烫之后,清、香、甘、滑……依次在舌上绽放,青菜残存的筋脉对牙齿一点温柔的让人愉快的抵抗,豆腐的细嫩滑爽对口腔的爱抚,以及汤顺着食道下去,一路漯漯,一直熨帖到胃里的舒坦。"拟人的手法,力透纸背的描写,作家语言运用的惨淡经营,令人叹服!

当然,写作中,我们常常综合运用多种描写手法来刻画人物形象。曹雪芹《林黛玉进贾府》[1]中对王熙凤形象的刻画,多种手法的综合运用,堪称经典中的经典。

---

[1] 曹雪芹. 红楼梦[M]. 南京:凤凰出版社,2006.

一语未了，只听后院中有人笑声，说："我来迟了，不曾迎接远客！"黛玉纳罕道："这些人个个皆敛声屏气，恭肃严整如此，这来者是谁，这样放诞无礼？"心下想时，只见一群媳妇丫鬟围拥着一个人从后房门进来。这个人打扮与众姑娘不同，彩绣辉煌，恍若神妃仙子：头上戴着金丝八宝攒珠髻，绾着朝阳五凤挂珠钗；项上带着赤金盘螭（chī）璎珞圈；裙边系着豆绿宫绦，双衡比目玫瑰佩；身上穿着缕金百蝶穿花大红洋缎窄裉（kèn）袄，外罩五彩缂丝石青银鼠褂；下着翡翠撒花洋绉裙。一双丹凤三角眼，两弯柳叶吊梢眉，身量苗条，体格风骚，粉面含春威不露，丹唇未启笑先闻。

　　黛玉连忙起身接见。贾母笑道："你不认得他。他是我们这里有名的一个泼皮破落户儿，南省俗谓作'辣子'，你只叫他'凤辣子'就是了。"黛玉正不知以何称呼，只见众姊妹都忙告诉他道："这是琏嫂子。"黛玉虽不识，也曾听见母亲说过，大舅贾赦之子贾琏，娶的就是二舅母王氏之内侄女，自幼假充男儿教养的，学名王熙凤。黛玉忙赔笑见礼，以"嫂"呼之。

　　这熙凤携着黛玉的手，上下细细打量了一回，仍送至贾母身边坐下，因笑道："天下真有这样标致的人物，我今儿才算见了！况且这通身的气派，竟不像老祖宗的外孙女儿，竟是个嫡亲的孙女，怨不得老祖宗天天口头心头一时不忘。只可怜我这妹妹这样命苦，怎么姑妈偏就去世了！"说着，便用帕拭泪。贾母笑道："我才好了，你倒来招我。你妹妹远路才来，身子又弱，也才劝住了，快再休提前话。"这熙凤听了，忙转悲为喜道："正是呢！我一见了妹妹，一心都在他身上了，又是喜欢，又是伤心，竟忘记了老祖宗。该打，该打！"又忙携黛玉之手，问："妹妹几岁了？可也上过学？现吃什么药？在这里不要想家，想要什么吃的、什么玩的，只管告诉我；丫头老婆们不好了，也只管告诉我。"一面又问婆子们："林姑娘的行李东西可搬进来了？带了几个人来？你们赶早打扫两间下房，让他们去歇歇。"

　　曹雪芹先写了王熙凤"未见其人，先闻其声"的出场，暗示了她特殊的地位身份及泼辣的性格。随后，写了王熙凤的服饰和肖像，"戴""绾""带""系""穿""罩""着"，一系列动词，写出王熙凤的浓妆艳饰、遍体锦绣，暗示人物的贪婪和庸俗。美丽的丹凤眼配以三角，让秀气的柳叶眉高吊两梢，从麻衣相法上看，"三角眼""吊梢眉"乃狡黠、狠毒通变之相。刻画出王熙凤的年轻貌美，而且表现了她的内在性格——刁钻、狡黠。接着，贾母的一句话：

"你不认得他,他是我们这里有名的一个泼辣货,南省所谓'辣子',你只叫他'凤辣子'就是了。"这句侧面描写,虽是开玩笑,却一针见血地揭示了人物心狠手毒的性格特点。最后,王熙凤开始了一段"表演":王熙凤见林黛玉,先是恭维,而后"便用帕拭泪",接着"忙转悲为喜",还"亲为捧茶捧果",差人打扫房间。单单一句"天下真有这样标致的人物,我今儿才算见了!况且这通身的气派,竟不像老祖宗的外孙女儿,竟是个嫡亲的孙女,怨不得老祖宗天天口头心头一时不忘"。这句迎合了贾母、黛玉、王夫人、邢夫人、三姐妹。察言观色、善于逢迎、精明能干的王熙凤形象顿时跃然纸上。

第九节

如何"抒情"

"感人心者,莫先乎情""文章不是无情物""没有感情这个品质,任何笔调都不可能打动人心"。可见,情感对于一篇文章的重要性。有真实情感的好文章,读来如饮醇酒,其味无穷;缺乏真实情感的文章,读来则枯燥无味,味同嚼蜡。江苏省高考语文前阅卷组组长何永康教授也说过:"如果说文章中有'血液'流动的话,那么,这种'血液'就是情感——作者的情感或人物的情感。"因此,作文一定用"心"写"情",写出真情,写出深情,写出实情,将情感注入文中、融入文中。

朱自清《背影》[①] 一文中,作者是这样写"情"的:

我与父亲不相见已二年余了,我最不能忘记的是他的背影。

那年冬天,祖母死了,父亲的差使也交卸了,正是祸不单行的日子,我从北京到徐州,打算跟着父亲奔丧回家。到徐州见着父亲,看见满院狼藉的东西,又想起祖母,不禁簌簌地流下眼泪。父亲说:"事已如此,不必难过,好在天无绝人之路!"

回家变卖典质,父亲还了亏空;又借钱办了丧事。这些日子,家中光景很是惨淡,一半为了丧事,一半为了父亲赋闲。丧事完毕,父亲要到南京谋事,我也要回北京念书,我们便同行。

到南京时,有朋友约去游逛,勾留了一日;第二日上午便须渡江到浦口,下午上车北去。父亲因为事忙,本已说定不送我,叫旅馆里一个熟识的茶房陪我同去。他再三嘱咐茶房,甚是仔细。但他终于不放心,怕茶房不妥帖;颇踌躇了一会。其实我那年已二十岁,北京已来往过两三次,是没有甚么要紧的了。他踌躇了一会,终于决定还是自己送我去。我再三劝他不必去;他只说:"不要

---

① 朱自清. 朱自清散文集[M]. 南京:南京出版社,2018.

紧，他们去不好！"

我们过了江，进了车站。我买票，他忙着照看行李。行李太多了，得向脚夫行些小费才可过去。他便又忙着和他们讲价钱。我那时真是聪明过分，总觉他说话不大漂亮，非自己插嘴不可。但他终于讲定了价钱；就送我上车。他给我拣定了靠车门的一张椅子；我将他给我做的紫毛大衣铺好坐位。他嘱我路上小心，夜里要警醒些，不要受凉。又嘱托茶房好好照应我。我心里暗笑他的迂；他们只认得钱，托他们只是白托！而且我这样大年纪的人，难道还不能料理自己么？唉，我现在想想，那时真是太聪明了！

我说道："爸爸，你走吧。"他往车外看了看说："我买几个橘子去。你就在此地，不要走动。"我看那边月台的栅栏外有几个卖东西的等着顾客。走到那边月台，须穿过铁道，须跳下去又爬上去。父亲是一个胖子，走过去自然要费事些。我本来要去的，他不肯，只好让他去。我看见他戴着黑布小帽，穿着黑布大马褂，深青布棉袍，蹒跚地走到铁道边，慢慢探身下去，尚不大难。可是他穿过铁道，要爬上那边月台，就不容易了。他用两手攀着上面，两脚再向上缩；他肥胖的身子向左微倾，显出努力的样子，这时我看见他的背影，我的泪很快地流下来了。我赶紧拭干了泪。怕他看见，也怕别人看见。我再向外看时，他已抱了朱红的橘子往回走了。过铁道时，他先将橘子散放在地上，自己慢慢爬下，再抱起橘子走。到这边时，我赶紧去搀他。他和我走到车上，将橘子一股脑儿放在我的皮大衣上。于是扑扑衣上的泥土，心里很轻松似的。过一会说，"我走了；到那边来信！"我望着他走出去。他走了几步，回过头看见我，说，"进去吧，里边没人。"等他的背影混入来来往往的人里，再找不着了，我便进来坐下，我的眼泪又来了。

近几年来，父亲和我都是东奔西走，家中光景是一日不如一日。他少年出外谋生，独立支持，做了许多大事。那知老境却如此颓唐！他触目伤怀，自然情不能自已。情郁于中，自然要发之于外；家庭琐屑便往往触他之怒。他待我渐渐不同往日。但最近两年的不见，他终于忘却我的不好，只是惦记着我，惦记着我的儿子。我北来后，他写了一信给我，信中说道："我身体平安，唯膀子疼痛厉害，举箸提笔，诸多不便，大约大去之期不远矣。"我读到此处，在晶莹的泪光中，又看见那肥胖的、青布棉袍黑布马褂的背影。唉！我不知何时再能与他相见！

1925年10月在北京

《背影》是一篇回忆性抒情散文，全文可分三个部分。开头简述了作者八年前跟着父亲奔丧回家的经过。按理说，祖母去世，受打击最深的是父亲，他既要"独力支持"全家生计，又恰逢交卸了"差使"，可谓"祸不单行"，但他却一心惦记着孩子，倒过来安慰作者："事已如此，不必难过，好在天无绝人之路!"寥寥数语，情深意切，一位慈父的形象已经跃然纸上了。作品中间部分详写父亲在车站送别作者，再三叮嘱作者的情形。作品最后则又简洁地抒发了自己在异地思念和同情老父亲的思想活动。韩雪屏老师在《语文教育的心理学原理》一文中这样评价朱自清《背影》中父爱的三个特点。首先，父亲执着到了迂阔的地步，文中父亲到南京后，不论是谋事还是送子，着实费了一番心思。因此，浦口送别时，文中言辞就有了许多重复、反复的地方。正是这些唠唠叨叨的言语，特别能表现出爱子之情。其次，勉力到了为难的程度。为儿子买橘的背影是这篇短文的聚光点。其中"蹒跚""探""攀""缩"等动词表现的力度和幅度，突现出父亲为儿子做事是多么困难？唯其艰难，才更能表现爱子之深。再次，情深到了无言少语的境界。从课文语境看，父亲的"背影"，是出现在奔丧、葬母、变卖典质、赋闲谋事、老境惨淡和病痛缠身等一系列灾难的境遇下的，体现出的父爱就更弥足珍贵了。由此，我们不难想象朱自清的《背影》一文为何能长久地触动读者的情肠。

　　在文学作品中，写"情"的经典文章实在太多。孙犁的《亡人逸事》一文，文章结尾部分，作者写了一件小事。

　　我们结婚四十年，我有许多事情，对不起她，可以说她没有一件事情是对不起我的。在夫妻的情分上，我做得很差。正因为如此，她对我们之间的恩爱，记忆很深。我在北平当小职员时，曾经买过两丈花布，直接寄至她家。临终之前，她还向我提起这一件小事，问道：
　　"你那时为什么把布寄到我娘家去啊？"
　　我说：
　　"为的是叫你做衣服方便呀！"
　　她闭上眼睛，久病的脸上，展现了一丝幸福的笑容。

　　寄两丈花布，这件事情在作者看来实在太小，但妻子一直铭记于心，即使到了弥留之际，仍然念念不忘。文章以"一丝幸福的笑容"结束全文，淋漓尽致、真真切切地展示了一个辛劳一生却又易于满足的妻子形象。结尾夫妻的对话，虽寥寥数语，却情真意切，表达了作者对亡妻的愧疚自责之情，以及对亡妻的深深思念之情。这样的写情手法，着实高明，没有华丽的辞藻，但因真情实感的注入，让人印象深刻，难以忘却。

　　写作时，即使是直接抒情，只要情真意切，也不会有丝毫矫揉造作之感。就像郁达夫《故都的秋》一文的结尾："秋天，这北国的秋天，若留得住的话，我愿把寿命的三分之二折去，换得一个三分之一的零头。"这样的结尾直抒胸臆，收束全文，抒发了作者对故都的秋的深深眷恋之情，表达了作者美好的愿望，又使笼罩着的淡淡的忧虑平添"悲凉"，深化了文章的主题。

第十节

如何"说理"

考场作文，学生往往钟情于写议论文。但不少学生思维的逻辑性不强，缺少思辨意识，不能做到有逻辑地摆事实、讲道理。导致议论文在说理上变成了"王婆卖瓜，自卖自夸"，更有甚者，把议论文变成了材料的简单堆砌。那么，如何才能写出一篇说理透彻的议论文呢？

我个人认为，一篇好的议论文要做到三点：观点鲜明、论据充分、具有思辨意识。考场议论文，我们还是鼓励开门见山、旗帜鲜明地亮出观点，切不可"千呼万唤始出来，犹抱琵琶半遮面"；论据要做到典型、丰富、观点与材料统一；要有较强的思辨意识，学会有逻辑性地"说理"。

那么，如何"说理"，关键是能够恰当或综合运用议论文常见的论证方法。常见的论证方法有八种：例证法、喻证法、引证法、类比论证法、对比论证法、因果论证法、归谬法和反证法。在平时运用中，最常用的是例证法、喻证法、引证法和对比论证法。

例证法，这是一种从材料到观点，从个别到一般的论证方法，是从对许多个别事物的分析和研究中归纳出一个共同的结论的推理形式。使用这种方法，一般是先分论后结论，即开篇提出论题，然后围绕论题逐层运用材料证明论点，最后归纳出结论。运用事实论证进行论证时列举的事实可以有两种形式，即概括总体性事实和枚举个别事实。概括总体性事实的说服力在于事实所体现的普遍性，它是对事实的总体或全局的全面性统计或概括。采用枚举个别事例的论证方式，不要求全面周到，只需枚举几个事例即可。枚举事例要求有一定的典型性，同时也要考虑到经济原则，尽可能不要同类重复。如：

我们中国人是有骨气的。（论点）许多曾经是自由主义者或民主主义者的人们（总体性例子），在美帝国主义者及其走狗国民党反动派面前站起来了。闻一多拍案而起，横眉怒对国民党的手枪，宁可倒下，不愿屈服。朱自清一身重病，

宁可饿死，不拿美国的"救济粮"……（个别事实）

我们常说"事实胜于雄辩"，就是要我们写作议论文时充分运用中外历史和现实的事实，包括实践经验、统计数字，以及从图片、电影、电视、戏剧等收集积累的材料。需要提醒的是，所选用的事实论据，一是要可靠，"作议论文字，须考引事实，不使差忒，乃可传信"（洪迈《容斋随笔》）。二是要典型，古人云："兵不在多，独选其能；药不贵繁，惟取其效。"三是要新鲜，俗话说："宁咬鲜桃一口，不吃烂杏半筐。"选取事实论据，要尽可能挑一些发生在自己生活周围的事例或自己亲身经历的事例，尽量捕捉现实生活中涌现出来的新人、新事、新思想，给人以新鲜感和真实感，从而使文章更具说服力。

喻证法，是指用比喻者之理去论证被比喻者之理的论证方法。在两事物之间，只需要有类似之点，即可用一事物比喻另一事物，从而论证一个比较抽象的事理。它是一种特殊的论证方法。比喻者与被比喻者之间类相异而理相同。类相异，才能做比喻；理相同，才能进行推理、论证。简单地说这种方法就是用人们容易理解的、比较浅显的事物或道理来证明不容易理解的、深奥的事物或道理。

鲁迅的《拿来主义》一文，作者把文化遗产比作"大宅子"，用"鱼翅"比喻文化遗产中精华部分；"鸦片"比喻文化遗产中精华与糟粕互见的部分，必须区别对待、批判吸收的部分；"烟枪和烟灯"比喻文化遗产中的旧形式；"姨太太"比喻只供剥削阶级欣赏享用的腐朽的东西，是纯粹的糟粕。运用这种论证方法把道理讲得通俗形象，使人容易接受，也增强了作品的艺术性和感染力。

引证法，理论论证的目的是要证明论点具有普遍性和规律性。由于论点一般是从具体的材料中抽象概括出来的，其实质是归纳法，而归纳法在很多条件下是很难完全的，因此，有理论加以辅证，就能够保证其可靠性。理论论证的逻辑形式是演绎推理，就是将归纳所得的论点，用人类已知的科学原理去衡量。除了引用普遍性原理和原则外，各门学科的理论也可以作为论据，如物理学理论、文学理论等。理论论证的论据还可以是某些经过时间检验的、广为流传的谚语、格言和成语等。

如苏洵《六国论》第二段，首先，通过"较秦之所得，与战胜而得者，其实百倍；诸侯之所亡，与战败而亡者，其实亦百倍"之对比，证明"秦之所大欲，诸侯之所大患，固不在战"；其次，通过"诸侯之地有限，暴秦之欲无厌，奉之弥繁，侵之愈急"对比，证明"不战而强弱胜负已判矣。至于颠覆，理固宜然"。最后，又引用古语"以地事秦，犹抱薪救火"，证明秦的欲壑难填。这三方面，都是为了从理论上论证"六国破灭，弊在赂秦"这一观点。

类比论证法，类比论证富于启发性，它深入浅出，使读者易于领悟抽象的道理，可使文章简练生动。在《邹忌讽齐王纳谏》中，邹忌将自己受蔽于妻、妾、客这个事例与齐王受蔽于宫妇、左右的事例进行类比，从而得出了"王之蔽甚矣"这个具体的、特殊的论点。分析入情入理，道理清晰明了，齐王顿然明白，欣然接受。邹忌以"口舌之劳"比较分析，赢得了齐王的顿悟，国家的兴盛，国之万幸也。同样，鲁迅的《拿来主义》一文写道："尼采就自诩过他是太阳，光热无穷，只是给与，不想取得。然而尼采究竟不是太阳，他发了疯。"尼采自诩是太阳，实际不是，最后疯了；中国自诩地大物博，实际不是，最后灭亡。作者运用类比手法，讽刺盲目自大者，告诫人们一味"送去"，只能沦为乞丐，即使自己这一辈沦落不倒，子孙后代呢？——只能讨一些残羹冷炙做奖赏。这里用尼采与"送去主义"者做比，尼采与"送去主义"者是具有相同思想意识的人，属于同一类事物。用同类事物进行比较从而阐明观点的方法叫类比论证。类比论证与比喻论证有明显的区别：类比论证是同类事物做比较；比喻论证是用不同类的、只是有相似点的事物打比方。二者的区别一定要弄清。

对比论证法，对比论证则是一种求异的思维方式，它侧重于从事物的相反或相异的属性的比较中来揭示需要论证的论点的本质。对比论证方式的运用范围很广，因为可以进行比较的事物很多，中与外、古与今、大与小、强与弱等，都适合于进行比较，在比较中分析和阐明了两者的差异对立之后，是非昭然，自然就能够确立论点了。对比可以是两个对象之间的比较，也可以是同一对象前后不同阶段之间的比较，前者称为横向比较，后者称为纵向比较。通过对比，一目了然，能够给人留下鲜明的印象，可以增强论证的效果。运用对比论证要注意几个问题：第一，比较的双方要具备可比性；第二，要建立合理的参照系。要进行比较，就必须具有合理的共同参照系，没有共同的参照系，两者就无法进行比较。所谓参照系指的是用来衡量和确定双方优劣长短的标准，这样的标准必须具有客观性，否则比较的结论不一定可靠。

"骐骥一跃，不能十步；驽马十驾，功在不舍。锲而舍之，朽木不折；锲而不舍，金石可镂。蚓无爪牙之利，筋骨之强，上食埃土，下饮黄泉，用心一也。蟹六跪而二螯，非蛇鳝之穴无可寄托者，用心躁也。"（《劝学》）

这里把"骐骥"和"驽马","蚓"和"蟹"从自身条件的优劣、奔跑寻食的态度、最后努力的结果等进行对比,自然得出结论:学习要持之以恒、专心致志。

因果论证法,它是议论文写作中最常用的方法之一。因果论证就是根据客观事物之间都具有这种普遍的和必然的因果联系的规律性,通过提示原因来论证结果。在运用因果论证时,需要注意的是:一是要紧扣文章的论点,突出原因分析与议题、论点结合的紧密性;二是要注重原因分析与措施论证的对应性。同样以鲁迅《拿来主义》为例,"所以我们要运用脑髓,放出眼光,自己来拿!"作者在提出要实行"拿来主义"这个观点之前,先驳斥了"闭关主义""送去主义""送来主义"的表现、实质和后果,所以要实行"拿来主义"。先驳后立,先破后立。

在平时作文中如能综合运用这些论证方法,一定会使自己的说理更令人信服。下面举一个具体的例子来阐述:

以"人生该不该示弱"为话题,自定立意,自拟标题,写一篇不少于600字以上的议论文。

话题"人生该不该示弱",可以有以下三种立意:(1)生命的高贵与尊严向我们昭示:我们不需要向生活示弱。(2)适度的示弱可让自己的天地更加宽广。(3)面对人生中的磨难,不可示弱;面对生活中的邪恶,不可示弱;面对真理遭到践踏的情形,不可示弱。

立意定下来之后,就是论证问题了,应该紧紧围绕中心论点,综合运用写作议论文常见的论证方法,使自己的观点站得住脚,并且让读者信服。比如,第一个立意,"不向生活示弱,就是面对挫折、不幸永不放弃。生命如白驹之过隙,又如荷叶上的一滴露珠,在这短暂的生命中,难免会遇到许多挫折与不幸。对此,我们仍然需要以百倍的热情与努力来展现生命的高贵与尊严,而不可示弱。失聪的贝多芬发出了'我要扼住命运的咽喉'的呐喊;集聋哑盲于一身的海伦·凯勒依然没有失去对生活的热情,获得举世闻名的荣誉;遭受宫刑的司马迁依然顽强地完成了被誉为'史家之绝唱,无韵之离骚'的《史记》。诸如此类,不胜枚举。面对不幸甚至厄运,他们都选择了顽强,选择了热情面对与更为艰辛的努力,也正是这种不示弱的精神,使他们彪炳千古。"这段话连用几个事例,构成排比,很好地证明了论点——不该向命运示弱。

围绕"适度的示弱可让自己的天地更加宽广"的立意,有一篇学生的作文是这样开头的:在生活中,我们常常用毫不示弱来形容一个人的勇敢。我们提倡不能示弱，不甘示弱。为了自己的理想与信念，要勇于坚持勇于奋斗。这固然不错。但是，有时适度的示弱却可让天地更加宽广。

  这篇作文开头提出"适度示弱天地宽"的观点，然后将其分解为三个分论点：适度示弱，是一种智慧；适度示弱，是一种勇气；适度示弱，也是一种教育原则。题目精当，论点鲜明，善于分解观点，思路清晰开阔。论证方法多样，有理有据。

第三章 03

他山之石，可以攻玉：
积累"微素材"

俗话说:"巧妇难为无米之炊。"素材是写作的基础,"素材"之于"作文",恰如"鲜血"之于"生命"一般重要。作文要做到内容充实,有意蕴,一定离不开材料的支撑。雕塑艺术家罗丹说过:"生活中不是缺少美,而是缺少发现美的眼睛。"同样,作文不是缺少素材,而是缺少发现素材的眼睛。那些获得国家荣誉的人物、感动中国人物、大国工匠、中外名家的事迹,以及国内国际新闻事件,都可以在写作时,作为"微素材"使用,只要将这些素材灵活运用,就可以让你的作文"轻舞飞扬"起来!

第一节

高山仰止，景行行止："国家荣誉"人物篇

在庆祝中华人民共和国成立 70 周年之际，为了弘扬民族精神和时代精神，国家隆重表彰了一批为新中国建设和发展作出杰出贡献的功勋模范人物。若是将他们的感人事迹和伟大创举引入作文，显然具有更强的说服力和感染力。

"共和国勋章"人物

于敏：中国科学院院士，我国著名核物理学家。他长期领导并参加核武器的理论研究和设计，填补了我国原子核理论的空白，为氢弹原理突破作出卓越贡献。荣获"两弹一星"功勋奖章、国家最高科学技术奖等奖项和"全国劳动模范""改革先锋"等称号。

关键词句识记：长期领导并参加核武器的理论研究和设计，填补了我国原子核理论的空白；获"两弹一星"功勋奖章。

申纪兰：山西省平顺县西沟村党总支副书记，她积极维护新中国妇女劳动权利，倡导并推动"男女同工同酬"写入宪法。改革开放以来，她勇于改革，大胆创新，为发展农业和农村集体经济，推动老区经济建设和老区人民脱贫攻坚作出巨大贡献。荣获"全国劳动模范""全国优秀共产党员""全国脱贫攻坚'奋进奖'""改革先锋"等称号。

关键词句识记：全国劳动模范；积极维护新中国妇女劳动权利，倡导并推动"男女同工同酬"写入宪法；为推动老区经济建设和老区人民脱贫攻坚作出巨大贡献。

孙家栋：中国科学院院士。我国人造卫星技术和深空探测技术的开创者之一，担任月球探测一期工程总设计师，为我国卫星研究作出卓越贡献。荣获"两弹一星"功勋奖章、国家最高科学技术奖、国家科学技术进步奖特等奖等奖项和"全国优秀共产党员""改革先锋"等称号。

关键词句识记：我国人造卫星技术和深空探测技术的开创者之一；获"两弹一星"功勋奖章，为我国卫星研究作出卓越贡献。

李延年：1945年参加革命，先后参加解放战争、湘西剿匪、抗美援朝战争、对越自卫反击战等战役、战斗20多次，是为建立新中国、保卫新中国作出重大贡献的战斗英雄。离休后，他初心不改、斗志不减、本色不变，积极弘扬革命优良传统，充分展现了一名老革命军人、老战斗英雄的光辉形象。荣立特等功一次，被志愿军总部授予"一级英雄"称号，荣获解放奖章和胜利功勋荣誉奖章。

关键词句识记：建立新中国、保卫新中国的战斗英雄；离休后初心不改、本色不变。

张富清：中国建设银行湖北省来凤支行原副行长。他在解放战争的枪林弹雨中冲锋在前、浴血疆场、视死如归，多次荣立战功。1955年，他转业后主动要求到湖北最偏远的来凤县工作，为贫困山区奉献一生。60多年来，他深藏功名，埋头工作，连儿女对他的赫赫战功都不知情。荣立特等功一次、一等功三次、二等功一次，荣获"战斗英雄"称号两次。

关键词句识记：解放战争浴血疆场；转业后为贫困山区奉献一生；60多年深藏功名，埋头工作。

袁隆平：中国工程院院士。他一生致力于杂交水稻技术的研究、应用与推广，发明"三系法"籼型杂交水稻，成功研究出"两系法"杂交水稻，创建了超级杂交稻技术体系，为我国粮食安全、农业科学发展和世界粮食供给作出杰出贡献。荣获国家最高科学技术奖、国家科学技术进步奖特等奖等奖项和"改革先锋"等称号。

关键词句识记：杂交水稻之父；为我国粮食安全、农业科学发展和世界粮食供给作出杰出贡献。

黄旭华：中国工程院院士。他隐姓埋名几十年，为我国核潜艇事业奉献了毕生精力，为核潜艇研制和跨越式发展作出卓越贡献。在某次深潜试验中，他置个人安危于不顾，作为总设计师亲自随产品深潜到极限。荣获国家科学技术进步奖特等奖等奖项和"全国先进工作者"等称号。

关键词句识记：隐姓埋名几十年献身核潜艇事业，为核潜艇研制和跨越式发展作出卓越贡献。

屠呦呦：中国中医科学院中药研究所青蒿素研究中心主任。她60多年致力于中医药研究实践，带领团队攻坚克难，研究发现了青蒿素，解决了抗疟治疗失效难题，为中医药科技创新和人类健康事业作出重要贡献。荣获国家最高科学技术奖、诺贝尔生理学或医学奖等奖项和"全国优秀共产党员""全国先进工作者""改革先锋"等称号。

关键词句识记：60多年致力于中医药研究；青蒿素；疟疾；诺贝尔生理学或医学奖。

"人民科学家"国家荣誉称号

叶培建：中国空间技术研究院技术顾问、研究员，中国科学院院士。他是嫦娥一号总设计师兼总指挥，嫦娥三号首席科学家，嫦娥二号、嫦娥四号、嫦娥五号试验器总指挥、总设计师顾问，在各号嫦娥方案的选择和确定、关键技术攻关、大型试验策划与验证、嫦娥四号首次实现月背软着陆等方面发挥了重要作用。荣获国家科学技术进步奖特等奖等奖项。

关键词句识记：各号嫦娥设计方案的选择和确定、关键技术攻关、大型试验策划与验证的关键性人物。

吴文俊：1919年5月生，2017年5月去世，中国科学院数学与系统科学研究院研究员。他对数学的核心领域拓扑学作出重大贡献，开创了数学机械化新领域，对国际数学与人工智能研究影响深远。他开创了数学机械化研究领域，用算法的观点对中国古算作了分析，同时提出用计算机自动证明几何定理的有效方法，在国际上被称为"吴方法"。荣获国家最高科学技术奖等奖项。

关键词句识记：数学的核心领域拓扑学；开创了数学机械化新领域。

南仁东：满族，群众，1945年2月生，2017年9月去世，中国科学院国家天文台原首席科学家兼总工程师。他潜心天文研究，坚持自主创新，1994年提出500米口径球面射电望远镜（FAST）工程概念，主导利用贵州省喀斯特洼地作为望远镜台址，从论证立项到选址建设历时22年，主持攻克了一系列技术难题，为FAST重大科学工程的顺利落成发挥关键作用。荣获"改革先锋"称号。

关键词句识记：中国科学院国家天文台原首席科学家兼总工程师；潜心天文研究；贵州省喀斯特洼地望远镜。

顾方舟：1926年6月生，2019年1月去世，中国医学科学院北京协和医学院原院长、研究员。他是我国脊髓灰质炎疫苗研发生产的拓荒者、科技攻关的先驱者。他研发的脊髓灰质炎疫苗"糖丸"护佑了几代中国人的生命健康，使中国进入无脊髓灰质炎时代。荣获全国科学大会成果奖等奖项和"全国消灭脊髓灰质炎工作先进个人"等称号。

关键词句识记：我国脊髓灰质炎疫苗研发生产的拓荒者；脊髓灰质炎疫苗"糖丸"护佑了几代中国人的生命健康。

程开甲：1918年8月生，2018年11月去世，中国科学院院士。他是我国核武器事业的开拓者、我国核试验科学技术体系的创建者之一。先后参与和主持首次原子弹、氢弹试验，以及"两弹"结合飞行试验等多次核试验，为建立中国特色核试验科学技术体系，锻造改革开放安全屏障，推进科技强国事业作出杰出贡献。荣获"八一勋章""两弹一星"功勋奖章、国家最高科学技术奖等奖项和"改革先锋"称号。

关键词句识记：我国核武器事业的开拓者、我国核试验科学技术体系的创建者之一。

"人民教育家"国家荣誉称号

于漪：曾任全国语言学会理事、全国中学语文教学研究会副会长。她长期躬耕于中学语文教学事业，坚持教文育人，推动将"人文性"写入全国《语文课程标准》。主张教育思想和教学实践同步创新，撰写数百万字教育著述，许多重要观点被教育部门采纳，为推动全国基础教育改革发展作出突出贡献。荣获"全国三八红旗手""全国先进工作者""改革先锋"等称号。

关键词句识记：长期躬耕于中学语文教学事业；撰写数百万字教育著述；为推动全国基础教育改革发展作出突出贡献。

卫兴华：中国人民大学经济学系原主任、教授，曾任国务院学位委员会经济学科评议组成员。他是我国著名经济学家和经济学教育家，长期从事《资本论》研究，为马克思主义政治经济学中国化作出重要贡献，主编的《政治经济学原理》教材是全国影响力和发行量最大的教材之一。他提出的商品经济论、生产力多要素论等，在经济学界影响广泛。荣获孙冶方经济科学奖第一、二届论文奖。

关键词句识记：我国著名经济学家和经济学教育家；为马克思主义政治经济学中国化作出重要贡献；主编《政治经济学原理》教材。

高铭暄：中国人民大学法学院教授，中国刑法学研究会名誉会长。他是当代著名法学家和法学教育家，新中国刑法学的主要奠基者和开拓者。作为唯一全程参与制定新中国第一部刑法典的学者、新中国第一位刑法学博导、改革开放后第一部法学学术专著的撰写者和第一部统编刑法学教科书的主编者,为我国刑法学的人才培养与科学研究作出重大贡献。

关键词句识记:当代著名法学家和法学教育家;新中国刑法学的主要奠基者和开拓者;参与制定新中国第一部刑法典的学者。

"人民英雄"国家荣誉称号

艾热提·马木提:维吾尔族,维吾尔自治区和田地区皮山县公安局原副局长。从警27年始终战斗在基层一线,紧紧围绕社会稳定和长治久安总目标,充分发挥反恐实战经验丰富的优势,事事冲锋在前,带领干警成功侦破一系列案件。2016年9月在搜捕A级逃犯时遇自杀式袭击,身负重伤,经全力抢救无效,壮烈牺牲。他以大无畏的牺牲精神诠释了作为一名人民警察忠诚于党、忠诚于人民的铮铮誓言。荣获"全国公安系统一级英雄模范"称号。

关键词句识记:从警27年始终战斗在基层一线;2016年在搜捕A级逃犯时遇自杀式袭击后壮烈牺牲;大无畏的牺牲精神。

申亮亮:1987年8月生,2016年6月去世,原6530770分队班长。他从军报国信念坚定,军事技能训练刻苦,熟练掌握连属主战装备,精通运输车、挖掘装载机等装备操作,成为"一专多能"型骨干,入选集团军"百名专业技术能手"人才库。2016年5月赴马里执行第四批维和任务,在执行任务中遭遇恐怖袭击,果断指挥战友向目标射击,在汽车炸弹爆炸的瞬间将战友推离,用自己的生命换回了其他人员的平安,被评为烈士并追记一等功。

关键词句识记:"一专多能"型骨干;2016年赴马里执行第四批维和任务,在汽车炸弹爆炸的瞬间将战友推离,用自己的生命换回了其他人员的平安。

麦贤得:原91708部队副部队长。在1965年"八六"海战中,他在弹片插在头部、脑浆外露、鲜血模糊双眼的情况下,坚持战斗3小时,凭着惊人的战斗意志和过硬的素质本领,在几台机器、几十条管路、几百个螺丝里,检查出一个只有拇指大的被震松的油阀螺丝,成功排除故障,确保了机器正常运转和舰艇安全。他的英勇战斗事迹被媒体广泛报道,在全社会引起巨大反响,被誉为"钢铁战士"。荣立一等功,荣获"八一勋章"等奖项和"战斗英雄""全国自强模范"等称号。

关键词句识记:在1965年"八六"海战,在弹片插在头部、脑浆外露、鲜血模糊双眼的情况下,坚持战斗3个小时,在几台机器、几十条管路、几百个螺丝里，检查出一个只有拇指大的被震松的油阀螺丝，成功排除故障，确保了机器正常运转和舰艇安全；"钢铁战士"。

张超：1986年8月生，2016年4月去世，92950部队原飞行中队长。2015年3月，他加入舰载机，在很短的时间内掌握了舰载战斗机操纵特点和舰载飞行要领，飞行技战术水平得到跨越式提升。2016年4月，在执行任务时突遇空中险情，他果断处置，尽最大努力保住战机，被迫跳伞，不幸壮烈牺牲，年仅29岁。被追授为"逐梦海天的强军先锋""全国优秀共产党员"等称号，被中央军委批准为全军挂像英模。

关键词句识记：2016年，在执行任务时突遇空中险情，不幸壮烈牺牲，年仅29岁；"逐梦海天的强军先锋"。

"人民艺术家"国家荣誉称号

王蒙：中国作家协会名誉副主席，文化部原部长。他作为与共和国共同成长的文学创作者，见证了中国当代文学的发展之路。其作品《青春万岁》《组织部新来的青年人》《活动变人形》《这边风景》等具有代表性和开拓性意义，被译成二十多种文字在各国出版。发掘培养了一大批优秀青年作家，为中国当代文学繁荣发展作出突出贡献。作品荣获第九届茅盾文学奖、全国优秀短篇小说奖。

关键词句识记：见证了中国当代文学的发展之路；发掘培养了一大批优秀青年作家；作品《青春万岁》《组织部新来的青年人》等。

秦怡：上海电影集团有限公司艺委会顾问、一级演员。她坚持文艺为社会主义服务、以人民为中心的创作导向，主演了《铁道游击队》《青春之歌》《女篮五号》等30多部影片，塑造了多个脍炙人口的艺术形象。荣获"全国五一劳动奖章""全国优秀共产党员"等称号。

关键词句识记：一级演员；主演《铁道游击队》《青春之歌》等30多部影片。

郭兰英：中国歌剧舞剧院一级演员。她为中华民族歌剧表演体系的建立和民族演唱艺术的发展作出开拓性贡献。新中国成立后，塑造了《白毛女》中的喜儿、《小二黑结婚》中的小芹等众多光彩夺目的舞台艺术形象。她演唱的《我的祖国》《南泥湾》《人说山西好风光》《八月十五月儿明》等脍炙人口的歌曲，历经半个多世纪传唱至今。

关键词句识记：为中华民族歌剧表演体系的建立和民族演唱艺术的发展作出开拓性贡献；塑造了《白毛女》中的喜儿、《小二黑结婚》中的小芹等众多光彩夺目的舞台艺术形象。

"人民楷模"国家荣誉称号

王文教：原国家羽毛球队总教练。1954年，他为振兴新中国羽毛球事业，从印尼回到祖国，曾多次获得全国羽毛球赛男子单打、双打冠军。退役后先后执教福建羽毛球队、国家羽毛球队。在他任总教练期间，中国羽毛球队获得了1982、1986、1988、1990年汤姆斯杯团体赛冠军，涌现出56个世界单项冠军。荣获国际羽联"终身成就奖"。

关键词句识记：原国家羽毛球队总教练，56个世界单项冠军；国际羽联"终身成就奖"。

王有德：宁夏灵武白芨滩国家级自然保护区管理局原党委书记、局长。他带领职工大力推进防沙治沙，营造防风固沙林60万亩，控制流沙近百万亩，有效阻止毛乌素沙漠的南移和西扩，呈现出人进沙退的可喜局面。探索形成"宽林带、多网络、多树种、高密度、乔灌混交"的防沙治沙模式，实现了"沙漠绿、场子活、职工富"的奋斗目标，为全国防沙治沙提供了宝贵经验。荣获"全国优秀共产党员""全国先进工作者""全国治沙英雄""改革先锋"等称号。

关键词句识记：防沙治沙；营造防风固沙林60万亩；探索防沙治沙模式。

王启民：大庆油田有限责任公司原总经理助理。他发扬"大庆精神"和"铁人精神"，敢于挑战油田开发极限，研究并提出了"分阶段多次布井开发调整"理论，其中表外储层开发利用技术突破了国内外认为不能开采的禁区。他主持的油田高含水后期"稳油控水"项目研究，为大庆油田实现27年5000万吨以上高产高效持续开发作出重要贡献。荣获"全国先进工作者""全国优秀共产党员""改革先锋"等称号。

关键词句识记：发扬"大庆精神"和"铁人精神"，挑战油田开发极限；为大庆油田实现27年5000万吨以上高产高效持续开发作出重要贡献。

王继才：江苏开山岛民兵哨所原所长、燕尾镇开山岛村原党支部书记。1986年开始，他和妻子奉命守卫开山岛，32年如一日排除困难，坚守孤岛，为国戍海，自己动手修缮营房、建设哨所，坚持每天巡海岛、护航标、写日志，坚决与偷渡等不法分子作斗争,有力捍卫了国家利益,把人生最美好的年华无私奉献给国防和海防事业。荣获"全国优秀共产党员""全国爱国拥军模范"等称号。

  关键词句识记:32年如一日排除困难,坚守孤岛,为国戍海;人生最美好的年华无私奉献给国防和海防事业。

  布茹玛汗·毛勒朵:柯尔克孜族,维吾尔自治区乌恰县吉根乡护边员。她长期扎根于祖国边疆,无怨无悔、默默无闻地将青春年华奉献给祖国的守边事业,在平均海拔4000米以上的冬古拉玛边防线上50多年如一日巡边护边,每天最少要走20千米山路,在她守护的山口,创造出无一例人畜越境事件的守边业绩。她积极宣传爱国护边工作,在边境线的许多石头上刻下"中国"两个字,这些"中国石"成为当地护边守边、彰显爱国情怀的象征。荣获"全国爱国拥军模范""全国三八红旗手""全国民族团结进步模范个人"等称号。

  关键词句识记:扎根于祖国边疆,将青春年华奉献给祖国的守边事业;海拔4000米边防线;50多年如一日巡边护边;每天最少要走20千米山路。

  朱彦夫:山东省沂源县西里镇张家泉村原党支部书记。1947年参军,经历战斗上百次,在抗美援朝战场上失去了四肢和左眼,10次负伤,3次荣立战功。退伍后用自己的抚恤金,建图书室、办夜校,帮助农民提高文化素质。担任村党支部书记25年,带领群众治山治水、脱贫致富,把一个贫穷落后的山村变成了山清水秀的富裕村。他身残志坚,用残肢抱笔,历时7年创作了两部自传体长篇小说《极限人生》和《男儿无悔》。荣获"全国优秀共产党员""全国道德模范""全国自强模范"等称号。

  关键词句识记:抗美援朝战场上失去了四肢和左眼,10次负伤,3次荣立战功;退伍后建图书室、办夜校;任村党支部书记25年,带领群众治山治水、脱贫致富;身残志坚,历时7年创作了自传体长篇小说《极限人生》和《男儿无悔》。

  李保国:1958年2月生,2016年4月去世,河北农业大学教授。他始终奋战在科技兴农、脱贫攻坚和教书育人的第一线,先后取得研究成果28项,获得省部级以上奖励18项,培育了16个山区开发治理先进典型,带动10万山区农民增收58.5亿元。参与开发的聚集土壤、聚集径流"两聚"理论,使邢台前南峪森林覆盖率达到90.7%,植被覆盖率达到94.6%。荣获"全国优秀共产党员""全国先进工作者""全国脱贫攻坚模范""改革先锋"等称号。

  关键词句识记:他奋战在科技兴农、脱贫攻坚和教书育人第一线;获省部级以上奖励18项；带动10万山区农民增收58.5亿元。

都贵玛：蒙古族，内蒙古自治区乌兰察布市牧民。20世纪60年代初，年仅19岁的都贵玛，主动承担28名上海孤儿的养育任务，用半个世纪的真情付出诠释了大爱无疆，为我国民族团结进步事业作出重大贡献。20世纪70年代，都贵玛自学蒙医蒙药和妇产科知识，先后挽救了40多位年轻母亲的生命。荣获"全国三八红旗手""全国民族团结进步模范个人"等称号。

关键词句识记：承担28名上海孤儿的养育任务；大爱无疆；民族团结进步事业。

高德荣：独龙族，云南省怒江州人大常委会原副主任。他是少数民族脱贫攻坚的带头人。在任期间，科学制定发展战略，突出培育以"水电、矿业、旅游、边贸"为主的特色产业群，为当地经济社会跨越式发展作出贡献。退休后，继续驻扎在独龙江河谷，跑工地、进农家，千方百计地打通了独龙江乡通往山外的唯一公路，实现独龙族整族脱贫，把党和政府的关怀送到群众家中。荣获"全国优秀共产党员""全国民族团结进步模范个人"等称号。

关键词句识记：少数民族脱贫攻坚的带头人；独龙族整族脱贫。

民族团结杰出贡献者

热地：藏族，全国人大常委会原副委员长。他长期担任自治区党委重要领导职务，先后配合6位自治区党委书记（第一书记）工作，积极维护班子团结和主要领导同志威信，参与自治区稳定与发展各项重大决策的研究和实施，向中央就稳定与发展的若干重大问题提出观点和意见。他几十年来为地区发展、和谐稳定、民生改善倾注了大量心血，付出了巨大努力，赢得了各族人民的爱戴和尊重。

关键词句识记：参与自治区稳定与发展各项重大决策的研究和实施；几十年来为地区发展、和谐稳定、民生改善倾注了大量心血；赢得了各族人民的爱戴和尊重。

"一国两制"杰出贡献者

董建华：全国政协副主席。他是香港特别行政区首任行政长官，为贯彻落实"一国两制"方针和《中华人民共和国香港特别行政区基本法》作出重要贡献。他带领特区政府和香港各界人士,成功抵御了亚洲金融危机、外部经济环境变化以及"非典"疫情等带来的种种困难,妥善处理诸多复杂的社会政治经济问题,维护香港的整体利益,维护国家的主权、安全和发展利益,为香港顺利回归与平稳过渡和"一国两制"的成功实践作出了重大历史性贡献。

关键词句识记:为香港顺利回归与平稳过渡和"一国两制"成功的实践作出重大历史性贡献。

外交工作杰出贡献者

李道豫:原中国驻美国大使。他长期从事多边和双边外交领域工作,深度参与我国在多个重大外交问题上的决策和处理。在任常驻联合国代表期间,稳妥处理第一次海湾战争爆发等重大复杂敏感问题,提升了我国国际话语权。在任驻美国大使期间,积极宣传我国改革发展取得的辉煌成就,巧做工作,善于斗争,妥善处置中美关系,坚定捍卫国家利益。

关键词句识记:长期从事多边和双边外交领域工作;提升国际话语权;捍卫国家利益。

文物保护杰出贡献者

樊锦诗:敦煌研究院名誉院长、研究馆员。她是我国文物有效保护的科学探索者和实践者,长期扎根大漠,潜心石窟考古研究,完成了敦煌莫高窟北朝、隋、唐代前期和中期洞窟的分期断代。在全国率先开展文物保护专项法规和保护规划建设,探索形成石窟科学保护的理论与方法,为世界文化遗产敦煌莫高窟永久保存与永续利用作出重大贡献。荣获"全国优秀共产党员""全国先进工作者""改革先锋"等称号。

关键词句识记:文物保护的探索者和实践者;扎根大漠,潜心石窟考古研究。

第二节

感动你我，感动中国："感动中国"人物篇

一年一度的"感动中国"人物，他们身上艰苦奋斗、顽强不屈、热心公益、勇于牺牲、为人民服务的道德风范，总是能够触动我们内心深处最柔软的部分。选择"感动中国"人物引入为文，他们能够感动中国，自然能够感动读者。

感动中国 2019 年度人物

樊锦诗：根入石窟蟠

樊锦诗于 1963 年自北大毕业后，把大半辈子的光阴都奉献给了大漠上的敦煌石窟。人们亲切地喊她"敦煌的女儿"。为了敦煌，樊锦诗和丈夫两地分居长达 19 年，她扎根大漠，潜心石窟考古研究和创新管理，完成了敦煌莫高窟的分期断代、构建"数字敦煌"等重要文物研究和保护工程。2019 年，国庆前夕，樊锦诗获国家荣誉称号勋章。

颁奖词：舍半生，给茫茫大漠。从未名湖到莫高窟，守住前辈的火，开辟明天的路。半个世纪的风沙，不是谁都经得起吹打。一腔爱，一洞画，一场文化苦旅，从青春到白发。心归处，是敦煌。

素材一句话记忆：献身大漠的"敦煌的女儿"樊锦诗。

四川木里森林扑火勇士：英雄归厚土

2019 年 3 月 30 日下午，四川凉山木里县发生森林火灾，四川森林消防总队凉山支队西昌大队组织消防队员开赴一线展开扑救。3 月 31 日，消防队员克服困难，每人负重 30 余斤，徒步行军 8 个小时，在海拔 3700 余米的地方与森林大火展开了搏斗，明火被扑灭后，消防员在向山谷两个烟点迂回接近时，遭遇林火爆燃，27 名森林消防指战员和 4 名当地扑火人员全部牺牲。

颁奖词：青春刚刚登场，话语犹在耳旁，孩子即将出生，父母淹没于泪水。青山忠诚的卫士，危难永恒的对手，投身一场大火，长眠在木里河两岸，你们

没有走远，看那凉山上的秋叶，今年红得分外惹眼。

素材一句话记忆：与森林大火搏斗而献身火海的四川木里森林扑火勇士。

张富清：初心自慷慨

张富清在解放战争的枪林弹雨中九死一生，先后荣立一等功3次、二等功1次，被西北野战军记"特等功"，两次获得"战斗英雄"荣誉称号。新中国成立后，他响应国家号召主动到偏僻的湖北来凤县工作，为贫困山区奉献一生。60多年来，张富清刻意尘封功绩，连其儿女也不知情。2018年年底，在退役军人信息采集过程中，张富清的事迹才被人们发现。

颁奖词：都知道你朴实勤勉，却不知你曾战功赫赫。你把奖章深藏在箱底，对战友的怀念深藏心底。从不居功索取，只为坚守使命初心，默默奉献。于国于民，你是忠诚伟大的士兵。

素材一句话记忆：新中国成立前战功赫赫，新中国成立后为贫困山区奉献一生的张富清。

顾方舟：一丸济世德

顾方舟是我国脊髓灰质炎疫苗研发生产的拓荒者。2019年1月逝世。在疫苗问世后，他和同事们除在动物身上试验，还自己以身试药，为尽快确定安全性，含泪给自己的孩子吃下疫苗。自脊髓灰质炎疫苗向全国推广以来，已使数十万儿童免于致残。2000年，世卫组织宣布中国为无脊灰状态。

颁奖词：舍己幼，为人之幼，这不是残酷，是医者大仁。为一大事来，成一大事去。功业凝成糖丸一粒，是治病灵丹，更是拳拳赤子心。你就是一座方舟，载着新中国的孩子，渡过病毒的劫难。

素材一句话记忆：中国脊髓灰质炎疫苗研发生产的拓荒者顾方舟。

朱丽华：光明溢天地

43年前，浙江嘉兴人朱丽华因伤失明，她自学成为当地唯一的盲人中医师，从事推拿工作30余年，开办了自己的诊所，为100多名残疾人提供工作岗位。同时，她坚持做慈善，到目前为止，朱丽华已累计资助贫困学生480人次，为希望工程捐款累计达373万元。

颁奖词：上天不幸关上了你的门，但你帮别人打开了窗。看见过这世界的阴影，但还是面向光明。在黑暗中，靠自己的一双手，推拿出灿烂人生。世界上最美丽的东西，看不见也摸不着，但你能感受到。

素材一句话记忆：开办诊所，为残疾人提供工作岗位，贡献慈善力量的盲人中医师朱丽华。

杜岚　尤端阳：薪火传无尽

1949年10月1日，杜岚在濠江中学升起了澳门第一面五星红旗。此后，每年校庆和十一国庆日濠江中学都要举行隆重的升国旗仪式。澳门回归祖国当天，已经87岁高龄的杜岚，放下拐杖亲自升起国旗，把对国家的爱传递给澳门濠江中学的孩子们。濠江中学后任校长尤端阳继承了杜岚的教育理念，在澳门回归后的20年里，每逢周一都举行升旗仪式，让爱国情怀融到孩子们的学习生活中。

颁奖词：濠江上升起游子的梦。离乱中的骨气、志气，归来后的元气、锐气，你们为它养成了浩然之气。阳光下最有意义的工作，五星红旗下不灭的薪火。飘扬吧！这面旗留下澳门最美的记忆。

素材一句话记忆：让爱国情怀根植学子心中的澳门濠江中学两任校长杜岚和尤端阳。

伍淑清：山河澄正气

改革开放之初，伍家父女北上创业，创办了北京航空食品有限公司。香港回归后，伍淑清致力于香港和内地的交流合作，建立教育基金，积极增进香港青年对中华历史和文化的认识，组织青少年赴内地交流学习百余次。修例风波发生以来，她严词阻止乱港分子发起的学生罢课，成为乱港分子的眼中钉、肉中刺。2019年9月，伍淑清现身瑞士日内瓦联合国人权理事会例会，向世界说出真实的香港。

颁奖词：四十年前，你说有件事值得做；四十年后，你说有些事必须做！逾古稀而不辞，虽千万人而往。超越港岛的远见，不让须眉的担当。爱青年，更爱香港，是美心，更是良心。

素材一句话记忆：一生致力于香港和内地交流合作的伍淑清。

黄文秀：兰谷遗芳远

黄文秀2018年担任广西百色乐业县百坭村的驻村第一书记，从进村开始，黄文秀就努力融入当地生活，挨家挨户走访，学会了桂柳方言，一年多时间，她帮村里引进了砂糖橘种植技术，教村民做电商；协调给每个村建起了垃圾池。在黄文秀任上，百坭村103户贫困户顺利脱贫88户，村集体经济项目收入翻倍。黄文秀驻村笔记中写道："每天都很辛苦，但心里很快乐。"2019年6月17日凌晨，黄文秀遭遇突发山洪不幸遇难，年仅30岁。

颁奖词：有些人从山里走了，就不再回来，你从城里回来，却再没有离开。来的时候惴惴，怕自己不够勇敢；走的时候匆匆，留下最美的韶华。百色的大山，你是最美的朝霞，脱贫的战场，你是醒目的黄花。

素材一句话记忆：帮助村民脱贫致富，献身大山的广西驻村第一书记黄文秀。

潘维廉：相知无远近

潘维廉 1988 年起在厦门大学管理学院任教，4 年后，他申请永居资格，成为福建省第一个拿到"中国绿卡"的老外。在中国工作生活 31 年，他了解并热爱中国，见证了中国经济发展变化。2019 年，潘维廉出版新书《我不见外——老潘的中国来信》，以一个外国人的独特视角，记录和展现中国改革开放历史进程和伟大变革。习近平总书记高度赞赏他的"不见外"，为他"作为中国改革开放的见证者，热情地为厦门、为福建代言"而点赞。

颁奖词：打开心扉，拥抱过就有了默契；放下偏见，太平洋就不算距离。家乡的信中写下你的中国，字里行间读得出你的深情。遥远来，永久住，深刻爱，我们都喜欢你这种不见外。

素材一句话记忆：为厦门、福建代言见证中国改革开放的"老外"潘维廉。

中国女排：为国著功成

20 世纪 80 年代，女排以拼搏精神赢得五连冠，成了当时中国人的模范和骄傲。30 多年来，女排魅力不衰，粉丝遍中华，纵跨几代人。2019 年国庆前夕，中国女排以十一连胜的骄人战绩赢得 2019 年女排世界杯，这也是中国女排第十次荣膺世界大赛冠军，女排姑娘的成就，显露出祖国至上、顽强拼搏、胜不骄败不馁的英者风范，也成为中华民族屹立于世界民族之林的生动见证。

颁奖词：30 年拼搏不息，几代人热泪盈眶。在低谷中奋起，从不放弃，面对强敌出手，永不言败。你们的身影是民族性格的缩影，你们的脚步是一个国家成长的历程。奏国歌，升国旗，你们超越了体育，是国家的英雄。

素材一句话记忆：祖国至上，顽强拼搏，十次荣膺世界大赛冠军的中国女排。

感动中国 2020 年度人物

张定宇：宇定光自发

湖北省武汉市金银潭医院是最早接诊新冠患者的定点医院，收治病人全部为重症和危重症患者。院长张定宇隐瞒自己患渐冻症的病情，顾不上已感染新冠肺炎的妻子，一直坚守在抗疫一线。他说："虽然有愧疚，但当时不需要做取舍，能帮助到别人，觉得很幸福！"

颁奖词：步履蹒跚与时间赛跑，只想为患者多赢一秒；身患绝症与新冠周旋，顾不上亲人已经沦陷。这一战，你矗立在死神和患者之间；那一晚，歌声飘荡在城市上空，我们用血肉筑成新的长城。

素材一句话记忆：身患绝症坚守抗疫一线的金银潭医院院长张定宇。

陈陆：男儿付死生

2020年夏天，安徽庐江县遭受百年一遇的洪灾。7月22日，庐江县石大圩漫堤决口，约6500人被洪水围困，情况危急。当天，安徽省庐江县消防救援大队政治教导员陈陆带领大队辗转5个乡镇，连续奋战，成功转移群众2665人。在营救过程中，决口突然扩大，救援队员所乘橡皮艇被卷入激流漩涡侧翻，年仅36岁的陈陆英勇牺牲。"放心，我会守好庐江"，是陈陆对父亲的承诺，也是他用生命兑现的对国家和人民的承诺。

颁奖词：最先出发，最快抵达，为危难的乡亲奉上最好的年华。欠身体一台手术，欠妻子一个告别，欠父母一次团圆。洪水汹涌，你是浪尖上的逆行者，大雨过后，你是天空中灿烂的霞。

素材一句话记忆：为救援群众牺牲在洪水中的消防员陈陆。

张桂梅：素心托高洁

2002年，在云南儿童之家工作的张桂梅看到了很多农村贫困家庭的不幸，她希望创办一所免费女子高中，彻底解决山区贫困问题。她四处奔波筹集资金，努力了五年也才筹集到1万元。经多方努力，2008年，华坪女子高级中学成立，这是全国唯一的一所免费女高，专门供贫困家庭的女孩读书。建校12年来，已有1804名大山里的女孩从这里走进大学完成学业，在各行各业做贡献。

颁奖词：烂漫的山花中，我们发现你。自然击你以风雪，你报之以歌唱；命运置你于危崖，你馈人间以芬芳。不惧碾作尘，无意苦争春，以怒放的生命，向世界表达倔强。你是崖畔的桂，雪中的梅。

素材一句话记忆：改变山区女童命运的公益校长张桂梅。

万佐成、熊庚香夫妇：炊香万灶烟

从肿瘤医院旁小巷里的油条摊位到炒1个菜收1元的"抗癌厨房"，18年来，江西南昌夫妇万佐成和熊庚香与癌症病人相伴，用爱心守护他们。如今，已近70岁的他们，依然凌晨四点起床备好炉火，迎接每一天的新老客人，365天从不离开。这对夫妻的初心十分简单："有的病治不好了，但能让病人吃好一些，家属的遗憾也能少一些。"

颁奖词：微弱的灯，照亮寒夜的路人；火红的灶，氤氲出亲情的味道。这陋巷中的厨房，烹煮焦虑和苦涩，端出温暖和芬芳，看惯了悲欢离合，你们总是默默准备好炭火。

素材一句话记忆：创办爱心厨房守护癌症病人的万佐成、熊庚香夫妇。

王海：为国击豺狼

抗美援朝时，空军原司令员王海上将率领人民空军年轻的第一大队，与号称"世界王牌"的美国空军激战80余次，击落敌机29架，本人击落击伤敌机9架。因功勋卓著，该大队后来被命名为"王海大队"。在中国人民革命军事博物馆，至今仍陈列着一架绘有9颗红星的米格-15歼击机，这就是王海当年驾驶过的功勋飞机。

颁奖词：在朝阳下俯冲，迎着西风开火。空中的尖刀，以一当十；疆土的坚盾，巡天卫国。山河已无恙，祖国的雄鹰已飞得更高，你刻在机身上的星星，是战士们的巡航坐标。

素材一句话记忆：战功赫赫的志愿军英雄王海。

汪勇：芳草递春风

2020年除夕，武汉快递员汪勇说服家人，赶到金银潭医院送护士回家。1月25日到4月8日，他每天只睡4小时：一个人能力有限，就发动朋友圈，解决医护人员出行；为让医护随时吃上免费热饭，他又多方联络解决需求……

颁奖词：没有人能百毒不侵，热血可以融化恐惧；没有人是生来的勇者，责任催促你重装上阵。八方统筹，百般服务。你以凡人之力，书写一段传奇。

素材一句话记忆：疫情中志愿服务、守护医护的快递员汪勇。

谢军：北斗灿繁星

2020年6月，北斗三号全球卫星导航系统的最后一颗卫星发射成功，这代表着北斗全球卫星导航系统星座部署全面完成。在北斗三号卫星研制过程中，谢军团队创造性地实现了卫星批量化生产，仅用1年零14天便将19颗导航卫星送入太空，创造了航天发射史的新纪录！

颁奖词：嘀嗒，嘀嗒，中国在等待你的回答。你的夜晚更长，你的星星更多，你把时间无限细分，你让速度不断压缩。三年一腾飞，十年一跨越。当第五十五颗吉星升上太空，北斗，照亮中国人的梦。

素材一句话记忆：与时间赛跑的北斗三号卫星首席总设计师谢军。

叶嘉莹：蕴玉抱清辉

20世纪70年代，已是多所名牌大学教授的叶嘉莹，情愿不要任何报酬回国教书。如今，90多岁高龄的她仍坚持讲学，还捐出3500多万元支持中华优秀传统文化研究。她用一生培养了大批中国传统文化和古典文学人才。叶嘉莹说："人的精神品格能够提升，提升以后，他就有他自己内心的一份快乐。他不会每天总是为追求现实的那一点金钱之类的东西而丢掉人生最宝贵的价值。"

颁奖词：桃李天下，传承一家。你发掘诗歌的秘密，人们感发于你的传奇。转蓬万里，情牵华夏，续易安灯火，得唐宋薪传，继静安绝学，贯中西文脉。你是诗词的女儿，你是风雅的先生。

素材一句话记忆：一心致力于传播中国传统文化的女学者叶嘉莹。

毛相林：山路得康庄

坚守偏远山村43年，毛相林带领重庆市巫山县竹贤乡下庄村村民用最原始的方式在悬崖峭壁上凿石修道，历时7年铺就一条8千米的"绝壁天路"。2005年以来，他培育"三色"经济，发展乡村旅游，带大家走上致富路。2015年，下庄村在全县率先实现整村脱贫。2019年，下庄村人均年收入达到12000多元，比路通前翻了40多倍。

颁奖词：绝壁上打响了抗争命运的第一炮，山坡上种下了向往美好的第一棵苗。不信天，不认命，你这硬实的汉子，终于带着乡亲们爬出这口井。山到高处你是峰，路的尽头是家园。

素材一句话记忆：向绝地要天路，带领村民脱贫致富的"当代愚公"毛相林。

国测一大队：山河功业存

2020年5月，国测一大队第7次测量珠峰高度，最终测定珠穆朗玛峰的最新高峰为8848.86米，向世界展示了我国测绘科技的巨大成就。两下南极，7测珠峰，39次进驻内蒙古荒原，52次深入高原无人区，52次踏入沙漠腹地……自1954年建队以来，国测一大队徒步行程累计6000多万千米，相当于绕地球1500多圈。国测一大队的历史，就是一部挑战生命极限的英雄史。建队以来，有46名职工牺牲，还有许多人姓名难以寻找，连一块墓碑也没来得及立。他们的生命传奇唯有大地做证。

颁奖词：60多年了，吃苦一直是传家宝，奉献还是家常饭。人们都在向着幸福奔跑，你们偏向艰苦挑战。为国家苦行，为科学先行，穿山跨海，经天纬地，你们的身影，是插在大地上的猎猎风旗。

素材一句话记忆：不畏艰险丈量祖国山河、67年初心不改的国测一大队。

抗疫英雄

《感动中国》把这一年的特别致敬，献给了所有以生命赴使命、用挚爱护苍生、舍小我顾大局的抗疫英雄们。此外，要致敬的还包括14亿人当中的你我他，我们应该为自己点赞，因为每个人都了不起！

素材一句话记忆：以生命赴使命、用挚爱护苍生的抗疫英雄们。

感动中国2021年度人物

杨振宁：崇尚科学、热爱祖国的大物理学家

杨振宁为华人赢得了巨大的荣誉。1956年，他和李政道提出的宇宙不守恒定律颠覆性地震惊了世界，并在1957年斩获诺贝尔物理学奖。杨振宁的成就远不止此。1954年他和米尔斯教授共同创建的杨-米尔斯规范场理论为粒子物理学提供了基本框架。这个科学贡献，是人类科学文明宝库中非常璀璨的一颗明珠。不仅如此，他资助学子赴美深造，还在清华亲自授课，起着显著的引领作用。

颁奖词：你站在科学和传统的交叉点上，惊才绝艳。你贡献给世界的如此深奥，懂得人不多；你奉献给祖国的如此纯真，我们都明白。曾经你站在世界的前排，现在你与国家一起向未来。

素材一句话记忆：斩获诺贝尔物理学奖，为华人赢得巨大荣誉的大物理学家杨振宁。

张顺东、李国秀夫妇：最美家庭

身残志坚的一对残疾人，付出比平常人多千百倍的努力，养育一对儿女成长，还脱贫致富，诠释了"幸福都是奋斗出来的"的名言！

颁奖词：山对山，崖对崖，日子好比江中排，毛竹天生筋骨硬，顺风顺水出山来。李家大姐人才好，张家大哥看上她，没脚走出致富路，俯首修出幸福花。

素材一句话记忆：身残志坚，养育儿女成长，靠勤劳双手脱贫致富的张顺东、李国秀夫妇。

苏炳添：百折不挠的"中国飞人"

在东京奥运会半决赛中，苏炳添以32岁的"高龄"跑出9.83秒的成绩获小组第一。这个成绩比他2018年9.91秒的亚洲纪录快了0.08秒，百米飞人世界排名高居第八位，他超越了年龄，超越体能的局限，被称为"中国飞人"，他是中国短跑的骄傲！

颁奖词：屏住了呼吸，9秒83，冲出亚洲的速度。你超越伤病和年龄，超越了自己，你奔跑的背后有强大的祖国。

素材一句话记忆：超越年龄、超越体能的"中国飞人"苏炳添。

朱彦夫：中国的"保尔·柯察金"

朱彦夫，中共党员，他参加过上百次战斗，3次立功，10次负伤，经历过长津湖战役，动过47次手术的特等伤残军人；退伍后，拖着残躯带领乡亲建设家园，并将自己的经历和体会写成小说《极限人生》，用坚强意志和为民情怀书写着自己的"极限人生"，被誉为"中国的保尔·柯察金"。

颁奖词：生命于你不止一次，士兵于你不只是经历，没有屈服长津湖的冰雪，也没有向困苦低头。与自己抗争，向贫穷宣战。一直在战斗，一生都在坚守，人的生命应当像你这样度过。

素材一句话记忆：上百次战斗、3次立功、10次负伤的"中国的保尔·柯察金"朱彦夫。

顾诵芬：矢志报国的飞机设计专家

飞机设计专家，中国科学院院士、中国工程院院士，他致力于飞机设计研究，是中国自行设计、制造的高空高速歼击机的主要技术负责人之一，也是该机以后改型的总设计师。他直接组织、领导和参与了低、中、高三代飞机中的多种飞机气动布局和全机的设计；他利用系统工程管理方法，把飞机各专业系统技术融合在一个总体优化的机型内，成功研制歼8Ⅱ飞机；领导了飞机主动控制技术研究、高性能远景飞机概念研究。

颁奖词：像静水深流，在静水底涌动，报国似大象无形，无形中深藏着强国梦，心无旁骛，一步一个脚印，志在冲天，振长策，击长空，诵君子清芬。

素材一句话记忆：胸怀强国梦，致力于飞机设计研究的两院院士顾诵芬。

陈贝儿：分享扶贫故事，宣传中国形象

陈贝儿在节目《无穷之路》中穿梭全国6个省份，包括四川、云南、宁夏、海南、广西及贵州，由全国最南部的热带雨林，走到云贵高原大峡谷，踏进大西北戈壁沙漠，进入川藏高原，深入10个贫困县，了解各地民生，分享成功脱贫的故事。口碑载道的《无穷之路》除了在香港本地取得理想收视成绩之外，海外观众亦对此好评如潮。

颁奖词：从霓虹灯的丛林中转身，让双脚沾满泥土。从雨林到沙漠，借溜索穿过偏见，用天梯超越了怀疑，一条无穷之路，记录这时代最美的风景。

素材一句话记忆：穿梭全国六个省份，分享扶贫故事，宣传中国形象的陈贝儿。

吴天一：高原生命的保护神

吴天一，高原医学专家，我国低氧生理和高原医学的主要学术带头人，投身高原医学研究50余年，提出高原病防治救治国际标准，开创"藏族适应生理学"研究，诊疗救治藏族群众上万名。青藏铁路建设期间，主持制定一系列高原病防治措施和急救方案，创造了铁路建设工人无一例因高原病致死的奇迹，被称为"生命的保护神"。

颁奖词：喝一口烧不开的水，咽一口化不开的糌粑，封存舍不下的亲情，是因为心里有放不下的梦。缺氧气，不缺志气，海拔高，目标更高。在高原上，你守望一条路，开辟了一条路。

素材一句话记忆：投身高原医学研究50余年的高原医学专家吴天一。

江梦南：失聪女孩考上清华大学

因一场意外半岁时失聪，她不能像常人一样交流，却完成了学业并考上大学、研究生。人生虽无常，学业无止境。对人生不服输的她，又考上清华大学博士研究生。湖南郴州宜章失聪女孩江梦南的逆袭故事，感动了很多人。

颁奖词：你觉得你和我们一样，我们觉得是的，但你又那么不同寻常。从无声里突围，你心中有嘹亮的号角。新时代里，你有更坚定的方向，先飞的鸟一定想飞得更远，迟开的鲜花也会怒放。

素材一句话记忆：身残志坚，考上清华的失聪女孩江梦南。

彭士禄：中国核潜艇之父

彭士禄，革命英烈彭湃之子，中国工程院首批及资深院士，被誉为"中国核潜艇之父"。1956年，彭士禄毕业于苏联莫斯科化工机械学院。1958年回国后一直从事核动力的研究设计工作，被追授为"时代楷模"。他是中国的核动力专家，中国核动力领域的开拓者和奠基者之一，为中国核动力的研究设计作出了开创性工作。

颁奖词：历经磨难，初心不改，在深山中倾听，于花甲年重启。两代人为理想澎湃，一辈子为国家深潜，你如同你的作品，无声无息，但蕴含巨大的威力。

素材一句话记忆：中国核动力领域的开拓者和奠基者之一的"中国核潜艇之父"彭士禄。

中国航天追梦人：勇攀高峰、自立自强

从1970年中国发射第一颗人造地球卫星"东方红一号"至今，中国人探索太空的脚步，从近地走向深空，从无人走向有人，从月球走向火星，"敢上苍穹揽月，不畏艰险启航，豪情问天，壮志报国"。在航天大国迈向航天强国的道路上，中国航天人勇攀高峰、自立自强，用一个个坚实的脚印，把梦想化作现实。"北斗人""探火人"笃行不怠……航天人，好样的！

  颁奖词：发射，入轨，着陆，九天探望，一气呵成；追赶，并跑，领跑，50年差距，一载跨越。环宇问天，探月逐梦，五星红旗一次次闪耀太空，中国航天必将行稳致远。

  素材一句话记忆：勇攀高峰、自立自强、踔厉奋发的中国航天追梦人。

第三节

大国工匠，匠心筑梦："大国工匠"人物篇

这是一个弘扬和传承大国工匠精神的年代，每个人都要牢固树立和自觉践行敬业守信、精益求精的职业精神，积淀职业素养，在各行各业努力成为一名青年工匠、大国工匠。用奋斗圆梦，并将个人梦想融到国家梦、民族梦中去。"大国工匠"的事迹无疑是最好的作文素材之一。

高凤林：焊接火箭"心脏"发动机的中国第一人。长征系列火箭，是我国最重要的运载火箭，40%的长征系列火箭"心脏"的焊接都出自高凤林之手。高深的技艺将火箭心脏的最核心部件——泵前组件的产品合格率从29%提升到92%，破解了20多年来掣肘我国航天事业快速发展的难题。火箭生产的提速让中国迎来了航天密集发射的新时期。

颁奖词：突破极限精度，将龙的轨迹划入太空；破解20载困难，让中国繁星映亮天穹！焊花闪烁，岁月寒暑，高凤林，为火箭铸"心"，为民族筑梦！

素材一句话记忆：突破极限精度，焊接火箭"心脏"发动机的中国第一人高凤林。

李万君：复兴号，现今世界上大范围运行的动车组列车，目前最高运营时速350千米。李万君以独创的一枪三焊的新方法破解转向架焊接的核心技术困难，实现我国动车组研制完全自主知识产权的重大突破，也焊出了世界新标准，推动复兴号的批量生产成为现实。如今，每天有290多对复兴号追风逐电，已成为闪耀世界的中国名片。

颁奖词：一把焊枪，一双妙手，他以柔情庇护复兴号的筋骨；千度炎火，万次攻关，他用坚固为中国梦提速。李万君，那飞奔的列车，会记下你指尖的温度！

素材一句话记忆：独创的一枪三焊新方法，焊出了世界新标准，推动复兴号的批量生产成为现实的李万君。

夏立：钳工是个普通不过的工种，但是能将手工装配精度做到0.002毫米

绝不简单，这相当于头发丝直径的1/40。30多年来，夏立亲手装配的天线指过北斗，送过神舟，护过战舰，亮过"天眼"，他也从17岁的学徒工成长为身怀绝技的大国工匠，在人类纵目宇宙的背后是一份极致的磨砺。

颁奖词：技艺吹影镂尘，擦亮中华翔龙之目；组装妙至毫巅，铺就嫦娥奔月星途。夏立，当"天马"凝望远方，绵延着我们的期待，也温暖你的梦想！

素材一句话记忆：亲手装配的天线指过北斗，送过神舟，护过战舰，亮过"天眼"，能将手工装配精度做到相当于头发丝直径的1/40的大国工匠夏立。

王进：特高压带电作业，是世界上最危险的工作之一，被称为"刀锋上的舞者"。215米，70层楼高，这是特高压带电检验工王进常常攀爬的高度。王进，在正负660千伏超高压直流输电线路上带电检验的世界第一人！目前，我国在运、在建的特高压工程共24项，线路长3.5万千米，累计输电超过1万亿千瓦时，均居世界第一。

颁奖词：平步百米铁塔，横穿超、特高压。世界第一的光荣，他直面生死从容不迫！王进，在"刀锋"上起舞，守护着岁月通明，灯火万家！

素材一句话记忆：在正负660千伏超高压直流输电线路上带电检验的世界第一人"刀锋上的舞者"王进。

朱恒银：地质钻探的水平，体现着一个国家的综合实力。朱恒银的定向钻探技术，完全颠覆传统，取芯的时间由30多个小时，一下缩短到了40分钟；在全国50多个矿区推行利用后，产生的经济效益高达数千亿，弥补7项国内空白。44年来，朱恒银，一个普通的钻探工人，用智慧、毅力，向技艺的巅峰不断挑战。

颁奖词：从地表向地心，他让探宝"银针"不断挺进。一腔热血，融入千米厚土；一缕微光，射穿岩层深处。朱恒银，让钻头行走的深度，矗立为行业的高度！

素材一句话记忆：生产的经济效益高达数千亿，弥补七项国内空白的定向钻探技术专家朱恒银。

乔素凯：核电站代表着一个国家的高端制造业水平。乔素凯作为国内唯一的核燃料组件修复团队领军人，26年来完成20多台核机电组、100多次核燃料装卸任务，带领团队操作零失误。2018年年初，历经10年研发的核燃料组件整体修复装备，更是成功打破国外长时间垄断。

颁奖词：4米长杆，26年，56000步的零失误让人惊叹！是责任，是经验，更是他心里的"安全大于天"！乔素凯，你的守护，犹如那汪池水，清澈湛蓝！

素材一句话记忆：26年操作零失误的国内唯一的核燃料组件修复团队领军人乔素凯。

陈行行： 年仅29岁，国防兵工行业的年轻工匠，在新型数控加工领域，以极致的精准向技艺极限冲击。用在尖端武器设备上的薄薄壳体，通过他的手，将产品合格率从难以逾越的50%提升到100%。一个人最大的自豪是，这个世界没必要知道他是谁，但他参与的事业却惊艳了世界。

颁奖词：青涩华年化为多彩绽放，精益求精生成青春信仰。大国重器的加工平台上，他用极致书写精密人生。陈行行，胸有凌云志，浓浓报国情！

素材一句话记忆：国防兵工行业的29岁年轻工匠陈行行。

王树军： 在世界上最繁忙的重型柴油机生产线，平均每95秒就有一台大功率低能耗的发动机下线。王树军，一个普通的维修工，闯进国外高精尖装备维修的禁区，针对国外产品的设计缺点，突破进口生产线的技术封闭，生产出我国自主研发的大功率低能耗发动机。让中国在重型柴油机领域和世界最强者站在了同一条水平线上。

颁奖词：他是维修工，也是设计师，更像是永不屈服的斗士！临危请命，只为国之重器不受制于人。王树军，中国工匠的风骨，在平凡中非凡，在尽头处超出！

素材一句话记忆：生产出我国自主研发的大功率低能耗发动机的王树军。

谭文波： 坚守大漠戈壁20多年，被称为"油田的土发明家"。他冒着生命危险研制出电动液压地层封闭技术，实现了中国的自主产权技术，也是世界首创的新技术，打破了地层封闭工具都要从国外引进的局面，也为世界石油技术实现了一次重大革新。如今，他发明的试油工具正在广泛使用，创造直接经济效益几千万元。

颁奖词：听诊大地弹指可定，相隔厚土锁缚气海油龙。宝藏在黑暗中沉睡，他以无声的温顺唤醒。谭文波，你用黑色的眼睛，闪亮试油的"中国路径"！

素材一句话记忆：坚守大漠戈壁20多年，为世界石油技术实现重大革新作出贡献的谭文波。

李云鹤： 敦煌第一名专职修复工匠，几十年写下一百多本修复笔记，建立起一套科学的工序流程。独创了大型壁画整体剥离的奇妙技法，既不伤害上层壁画，又让掩藏得更加久远的历史舒展卷轴，无穷增值。他说，要对得起先人，对得起子孙，要把这么多珍贵遗产的生命延续下去。

颁奖词：风刀沙剑，面壁一生。洞中一日，笔下千年！六十二载潜心修复，八十六岁耕耘不歇。李云鹤,用心做笔,以血为墨,让风化的历史暗香浮动,绚烂重生!

素材一句话记忆:几十年写下一百多本修复笔记的敦煌第一名专职修复工匠李云鹤。

梁兵: 23年来,梁兵一直致力于为中国兵器制造"眼睛"。经过梁兵精加工的零件有上千种,合格率均达到100%。他所加工出来的零件,被大家称为"免检产品"。从生疏到熟稔,他以勤勉在生产一线上展现身手;从创新到提升,他以激情在攻关艰途中爆发力量。

梁兵说,与机器打交道20多年,让他认识到工艺的重要性。所有的兵器,都要从图纸变成现实,这需要一线工人一丝不苟、精雕细琢的工艺。梁兵劳模技术创新工作室被中华全国总工会授予全国"工人先锋号"荣誉称号。

素材一句话记忆:23年来致力于为中国兵器制造"眼睛"的梁兵。

徐立平: "固体推进剂是一种含能材料,受热、机械撞击和摩擦、静电等刺激,都可能瞬间燃烧、爆炸,超过三千摄氏度的高温中蘑菇云腾起,一旦因操作不慎而发生事故,人瞬间就'灰飞烟灭'了。所以每次作业,厂房内最多只能有两个人。"7416厂航天发动机固体燃料药面整形组的组长徐立平处事不惊地讲述着固体推进剂这种"火炸药"的特质。

固体推进剂作为含能的黏弹性材料,切削时既要考虑其弹性形变,又要保证力度不致引爆含能物质,要整形到设计要求的精度难度很大,0.5毫米是固体发动机药面精度允许的最大误差,而徐立平整形的精度,不超过0.2毫米,仅有2张A4纸的厚度。他用双眼见证了中国航空的一次次腾飞,用双手助推了一个个大国重器直冲云霄。

素材一句话记忆:给导弹固体燃料"动刀整形",徐立平用双手助推了一个个大国重器直冲云霄。

王东云: 上班时,她将柜台作为练功场所;下班后,躲进书房一练就忘了时间,"两只手练得直发抖,连碗都端不稳"。机械枯燥的点钞动作,在王东云手上花样迭出:手提式、食指抖动式、中指抖动式、剥皮式、多指多张式、扇面式等。点钞时,随着她手指的颤动,点钞券如蝴蝶般闻声翻飞,如行云流水,令人惊叹。

听音点钞也是王东云的绝活,钞票的张数,她用耳朵就能听出来。王东云说,听的速度要比点的速度快。只要点钞时不带张,无论被人点得多快,她都能听出张数。2009年,王东云参加央视《状元360》比赛,获得了全国"点钞状元"美誉。

　　素材一句话记忆：速度快过机器，耳朵能听张数，蒙眼可识假币，农行常州分行"点钞状元"王东云把工作干到了极致。

　　管延安：港珠澳大桥海底隧道某管道内，温度高达40℃，为做好管内螺丝的标准检测，需工人沿着潮湿闷热的管道爬上爬下，每天持续工作时长达10个小时，这就是中交一航局二公司钳工管延安的工作常态。

　　进入管道不到5分钟就会全身湿透，但对于管延安来说，穿湿透的衣服工作似乎已经成了"家常便饭"。他还打趣道："上下午两大桶水根本不够喝。"

　　素材一句话记忆：60万颗螺丝零失误，中国深海钳工第一人管延安。

　　李斌：在工厂工作的最初20余年间，李斌和同事共完成工艺攻关230余项，自主设计刀具180多把，改进工装夹具80多副，完成工艺编程1600多个程序，开发新产品57项。

　　李斌和他的工作团队主动承担"高压轴向柱塞泵/马达国产化关键技术"的攻关任务，彻底改变我国液压技术的落后面貌。这一重点攻关项目需要攻克的是世界级难题，有11个关键技术难点，工厂的技术人员前后攻了20多年都没有解决。经过200多次试验，他们终于将11个关键技术一一攻破。主要技术性能达到了国内领先、国际先进水平。这个项目先后荣获中国机械工业科技进步一等奖、国家科技进步二等奖，李斌也成为全国少数几个获得国家科技进步奖项的一线技术工人。上海电气液压气动有限公司总工艺师李斌36年如一日坚守在机器旁，用自己的亲身经历，为现代大国工匠做出深刻的诠释。

　　素材一句话记忆：36年如一日，创新改进的液压泵技术跻身国际先进水平，自主创新让中国制造扬眉吐气的李斌。

　　徐连龙：毕业于青岛大学纺织工程学院的徐连龙，放弃了令人羡慕的青岛市出入境检验检疫局的公务员职位，毅然前往生产一线，以学徒身份跟着老工人钻研制绳，每天与各种枯燥的机械、绳索打交道，这一干就是8年多。

　　8年后，凭着热爱钻研的劲儿，年仅32岁的徐连龙已填补国内制绳领域多项空白，并参与迄今为止世界上最大的潜标绳缆项目《中国科学院战略性先导科技专项——海洋专项仪器设备项目》的国家重大科研任务中。另外，其研发的海洋特种绳缆还被认定为青岛市"专、精、特、新"产品，并列于国家科技创新基金项目，荣获中国海洋工程科学技术二等奖。

　　在徐连龙入职青岛海丽雅集团后，开始真正全面接触绳缆行业，但发现我国绳缆研发还是一个非常冷门的领域，且绳缆制作方面我国与先进国家之间存在严重的技术鸿沟，连普通的粗布制衣绳都要长期依赖于进口。

如今，海丽雅集团80后制绳技师徐连龙在特种绳领域参与研发的绳缆已经创下了中国绳缆界的四个第一，研发的海洋特种绳成功地应用到"蛟龙号""科学号""雪龙号"等国家重大科研任务中。

素材一句话记忆：创下中国绳缆界四个第一的80后制绳技师徐连龙。

苗立岐：2005年大专毕业后到上海通用五菱青岛分公司工作，一干就是11年。正所谓十年辛苦不寻常，凭借导师的严格指导和自己加班加点的刻苦学习，他入职两个半月就成为班组长，后来又升为总装车间的工段长，如今已是一个59人团队的管理者。他同时拥有装配、焊接、钣金、维修等多项技能中高级证书，2012年获得青岛市技能大赛第二名；2014年参加中国第三届载货汽车装调工职业技能竞赛，荣获个人优胜二等奖，并由此被授予"全国操作技术能手"的光荣称号。最为人称道的是他能用7个小时左右独立组装完成一辆整车。

素材一句话记忆：7小时组装一辆汽车的85后技师苗立岐。

张合礼：从一名厨师跨界到电焊工，他用刻苦的学习完成角色转变；从一名默默无闻的焊工到拿下国际焊接大赛金奖的高级技师，他用扎实的技能诠释了心中的工匠精神。他是青岛四方机车车辆股份公司车体分厂电焊工、高级技师、全国技术能手——张合礼。

近10年的工作经历，张合礼独创的绝招高达8项。此外，他还先后主持完成焊接试件1500余组，解决了30余项技术难题。由于技术精湛，张合礼一路破格晋升，成为公司最年轻的高级技师，2015年更是被评为资深技能专家。

这些年来，张合礼经手的动车组，从时速250公里、时速300公里的CRH2型动车组，到世界最快的时速可达380公里的CRH380A，再到中国标准动车组，他一次次"挑大梁"。

素材一句话记忆：用"焊枪"描绘"高铁梦"的高级技师张合礼。

唐云鹏：他创造了中国高铁领域的"九个第一"，他被誉为勇攀技术高峰的"动车巧匠"，他带领"云鹏课题组"编写的《应急故障处理手册》，被称为"动检宝典"。

多年来，唐云鹏处理各种故障、解决各类技术难题120多个，填补技术空白160多项。他连续4年被沈阳铁路局选聘为动车组自主检修技术状元。2012年，唐云鹏被铁道部选拔推荐为铁路高技能人才，享受政府特殊津贴。从起初的机车"黑匣子"检修工人，一步步成长为享受国务院特殊津贴的铁路高技能人才。

他组织编写了《应急故障处理手册》《制动系统作业指导书》,被工友们称为"动检宝典",他先后带出了4名技术状元,11名技术尖子。

素材一句话记忆:"动车神医",列车安全的守护者唐云鹏。

王军: 1985年,王军到宝钢集团有限公司工作,迄今已经30多年了。从最开始一名极其普通的岗位辅助工,经过现场摸爬滚打30余年,逐渐成长为新时代的技术工人。宝钢技校毕业,同济大学夜大专升本,在现代大学生看起来很不起眼的学习经历,却是王军成为高级技师,宝钢技能专家的重要基础。

在不断努力的人生道路上,王军已经获得国内外发明展奖35项,金奖18项,诸多创新成果替代进口并达到国际先进水平,近5年创直接经济效益6亿元;王军带徒传技经验丰富,受聘宝钢人才开发院兼职教授,为宝钢和社会培养大量技能人才,主持国家级技能大师工作室,所在部门获国家专利750项,国内外各类创新成果奖87项,近5年创直接经济效益13亿元,是具有较强创新创造能力和社会影响力的高技能专家。因此,他获评"全国十大杰出青年岗位能手""全国技术能手""全国五一劳动奖章""全国劳动模范"等荣誉称号。

*素材一句话记忆:*宝钢蓝领科学家,一线工人中的创新奇才王军。

于淑娟: 2016年,鞍钢集团钢铁研究院一级研究员,教授级高工,冶金固废循环利用技术研究项目组组长于淑娟,在全国第九届"发明创业奖·人物奖"评选中,被中国发明协会授予"当代发明家"荣誉称号。参加工作以来,于淑娟先后荣获鞍钢技术拔尖人才、鞍钢劳动模范、鞍山好人·时代楷模,鞍山市五一劳动奖章、辽宁省五一巾帼先进个人等10多项荣誉称号。

她形成了具有自主知识产权的专利群,授权专利26项、专有技术15项;形成完整的技术标准体系,包括1项行业标准、10项企业标准。获得省部级二等奖3项、三等奖1项;获德国纽伦堡绿色环保贡献奖;获国际发明展金奖、银奖各一项,全国发明展金奖1项。共获市级及以上奖励55项。

*素材一句话记忆:*点泥成"金"的发明家于淑娟。

周汉生: 他是中国一冶集团机电公司起重工、高级技师、中冶集团首席技师、全国冶金建设行业高级技能专家。荣获"全国技术能手"称号,享受国务院特殊津贴,拥有以自己名字命名的国家级周汉生起重工技能大师工作室。

1982年,周汉生技校毕业后进厂当起重工至今,转战全国多地,参与20多项重大工程建设,由他负责组织指挥的吊装安装任务达千余次,没有出现一次失误。周汉生从进厂以来,攻克了无数道难题,从曾经面临难题不解决绝不罢手的新手,到现在技艺精湛、经验丰富的技能大师,他已走过了一条充满坎坷与挑战，又充满成就与喜悦的道路。正是在这个过程中，他实现了从工人到工匠的升华。

素材一句话记忆：技艺精湛、经验丰富的天车安装专家周汉生。

胡双钱：他是让国产大飞机C919、支线飞机ARJ21-700在蓝天上翱翔的幕后英雄之一，他也是全国劳动模范、2015年上海劳模年度人物和2016年中宣部等评出的"最美职工"，他就是胡双钱，中国商飞上海飞机制造有限公司高级技师、数控机加工车间钳工组组长。

在C919首架数百万个零部件的大飞机上，有80%是我国第一次设计生产的，这意味着，很多时候零部件的材料和形状都需要不断摸索，才能得出最优解，在这样小批量、多频次的调试中，打磨零部件，手工比机器更有优势。胡双钱在36个春夏岁月里，加工过数十万的飞机零件，从没有出现过一个次品，更能用自己的技艺"金属雕花"，比现代化的机器做得更快更好。

素材一句话记忆：给国产大飞机装上翅膀的全国劳动模范胡双钱。

徐强：航天使命，国之担当。徐强，中国航天科技集团运载火箭技术研究院十八所的一名高级技师。他神秘低调，却又身怀绝技。

伺服机构是火箭等运载器系统的重要部件，伺服系统作为运载器姿态控制的"神经"，在其姿态调整的每一个环节都发挥着不可或缺的重要作用。然而，长期以来，世界发达国家对我国机械工业核心部件——精密传动机构及伺服驱动系统实施军民两用技术和高端市场的双重垄断，精密传动机构一直都要向国外采购。

徐强团队围绕新型行星滚柱丝杠开展了从设计理论研究到工艺设备改造的一系列研究。高性能新型行星滚柱丝杠的研发成功，使中国航天领域牢牢把握住了机电伺服核心部件精密传动机构的关键技术，改变了行星滚柱丝杠全部依靠进口的局面，促使国内精密传动技术发展水平进入国际先进行列，为航天事业重要战略型号独立自主和安全奠定了坚实的基础！

素材一句话记忆：砥砺奋进航天路，不忘初心创新梦的徐强。

第四节

名家引路，书海探骊："中外名家"人物篇

作文要有说服力，离不开典型素材的支撑。中外名家，光环耀眼，他们丰富的人生经历，他们的一言一行，他们取得的不凡成绩，以及他们身上的独特个性和人格魅力，如果能够被恰到好处地运用到作文中，则可以有效支撑作文的观点，丰富文章的内容。

梵高

走近人物

文森特·威廉·梵高（1853—1890），荷兰后印象派画家。出生于新教牧师家庭，是后印象主义的先驱，并深深地影响了20世纪艺术，尤其是野兽派与表现主义。

梵高早期只以灰暗色系进行创作，直到他在巴黎遇见了印象派与新印象派，融入了他们的鲜艳色彩与画风，创造了他独特的个人画风。他最著名的作品多半是他在生前最后两年创作的。梵高去世之后，梵高的作品《星夜》《向日葵》《有乌鸦的麦田》等，已跻身于全球最著名最珍贵的艺术作品行列。其中《麦田乌鸦》是梵高去世前最后一幅画。麦田是梵高最喜欢的地方，乌鸦是"报忧鸟"，表达了梵高临死前的心情。

运用技法

梵高的一生，充满世俗意义上的"失败"：名利皆空，情爱亦无，贫病交加。他的生活境遇是如此之悲惨，他的艺术知音是如此之寥落，他把自己的全部心血和热情都倾注在自己的作品上，可是他的画却被那些布尔乔亚的艺术鉴赏家们弃之如敝屣。在阳光明媚的法国南部小城，他疯狂地作画。倾泻的颜料里调和着他的血，而画布，不过是他包扎伤口的绷带。他像夸父一样追逐着太阳，最后在阳光中燃烧、倒下。每当我看见他所画的《向日葵》，总会想起古希

腊智者说过的话："它过去、现在和未来都永远是一团火焰。"

素材运用角度：艺术；理想；痛苦；执着；个性；独特追求。

梵高说："谁在爱，谁就在活着；谁活着，谁就要工作；谁工作，谁就有面包。"但是梵高常常买不起面包，只能靠弟弟的接济勉强维持生计。他孤独地作画，孤独地生活，没有钱请模特，他的模特只有自己。100多年后，当他的自画像——《没有胡须的梵高》创出7150万美元的拍卖天价时，拍卖行里欢声雷动。然而这一切与寂寞的梵高已经毫无关系。在巴黎郊外俭朴的墓地里，陪伴他的只有当年由加歇医生栽种的常春藤，还有来自全世界的崇拜者们敬献的鲜花。

素材运用角度：贫困；伟大；孤独。

梵高生前曾有一个心愿："总有一天我会找到一家咖啡馆展出我自己的作品。"可就连这么一点点卑微的梦想，最终也还是化为泡影。然而今天，梵高的出生地荷兰和梵高的安息地法国，争相把梵高认作自己的国民，争相为他建造精美的美术馆。在巴黎的奥塞博物馆、伦敦的国家美术馆、荷兰的梵高美术馆……他的作品永远被摆放在最显著的位置。在他的作品前，永远是人头攒动，人们向他的作品投出虔诚的眼神，啧啧赞叹，表现出对他超常的崇敬和膜拜。

素材运用角度：价值；时间会沉淀出真正伟大的东西。

人物语录

①画家害怕空白的画布，但空白的画布也害怕敢冒风险的、真正热情的画家。

②我总是全力以赴地画画，因为我的最大愿望是创造美的作品。

③生活对于我来说是一次艰难的航行，我不知道潮水会不会上涨，及至没过嘴唇，甚至涨得更高，但是我要前行。

④一个人绝不可以让自己心灵里的火熄灭掉，而是要让它始终不断地烧。你知不知道，这是诚实的人保存在艺术中最最必要的东西！然而并不是谁都懂得，美好的作品的秘密在于有真实与诚挚的感情。

三毛

走近人物

三毛（1943—1991），本名陈懋平，中国台湾当代女作家、旅行家。1967年，先后游学西班牙、德国、美国，并创作了散文集《雨季不再来》。1973年，定居西属撒哈拉沙漠，随后与荷西结婚。1976年，出版第一部散文集《撒哈拉的故事》，讲述夫妻二人在沙漠的生活经历。1977年到1979年，先后发表《哭泣的骆驼》《稻草人手记》《温柔的夜》等散文集。1980年，荷西意外逝世后，她回到台湾定居。1981年，出版散文集《梦里花落知多少》，表达对丈夫的思念之情。1987年，出版散文集《我的宝贝》，展示她所收藏的一些物品。1990年，创作了第一部中文剧本，也是她的最后一部作品《滚滚红尘》出版。1991年1月4日，在台湾逝世，终年47岁。

运用技法

三毛的好，一半在文字，一半在她独特的生活方式。她满足了我们对自身生活的幻想——从撒哈拉沙漠的生活，到和荷西的爱情。后来，我自己去过沙漠，我才发现在沙漠生活很大的组成部分是寂寥和恐惧。我看《温柔的夜》里三毛的日记，发现她和荷西的爱情也充满了关于金钱物质琐碎的争吵。看肖全给三毛拍的照片——她直面镜头，苍白惨淡，不带一丝笑容。也许那才是她真实的样子。后来三毛自杀，我非常冒昧诛心地猜测，大概也是因为太多读者把对生活的美好幻想投射到她身上，她被我们绑架，太沉，太重了。

素材运用角度：平常心对待别人，对待自己；没有人是完美的。

爱生活，爱地球，爱世界。要想照亮世界，总得有东西在燃烧。她是燃烧自己，照亮世界的女子。有人说她的作品里有虚构，她死后仍有非议。这又怎么样呢？世界上没有完美的人。我们也不需要完美的人。当一个人用生命照亮你……我们多么幸福。

素材运用角度：只要有爱，不完美又如何。

三毛真正让我着迷的地方在于，她那颗一直在流浪，一直在旅行的心。其实我们常常会被一些人，一些事禁锢在同一个地方，或者同一种心态里。而三毛是那种即使被囚禁在一个牢笼里她也可以用她的心在撒哈拉流浪的女人，她对于爱情的勇敢与执着，是那么的让人着迷，一个爱上流浪的人，一个在流浪中爱着的女人。突然觉得这种流浪的浪漫情怀，在我们越来越世俗的世界里渐渐地远去了。我想流浪是一项伟大的事业，足够虔诚地面对流浪，我们就不会感觉到深深的寂寞。

素材运用角度：虔诚；让精神去流浪。

人物语录

①生命的滋味，无论是阳春白雪，还是青菜豆腐，都要自己去尝一尝啊！

②我迎着朝阳站在大海的面前，对自己说：如果时光不能倒流，就让这一切，随风而去吧。

③我们一步一步走下去，踏踏实实地去走，永不抗拒生命交给我们的重负，才是一个勇者。

④如果有来生，我要做一棵树，站成永恒，没有悲欢的姿势。一半在土里安详，一半在风里飞扬，一半洒落阴凉，一半沐浴阳光，非常沉默非常骄傲，从不依靠，从不寻找。

海明威

走近人物

欧内斯特·米勒·海明威（1899—1961），美国作家、记者，被认为是20世纪最著名的小说家之一。

1953年，他因《老人与海》一书获得普利策奖和诺贝尔文学奖。2001年，海明威的《太阳照常升起》与《永别了，武器》两部作品被美国现代图书馆列入"20世纪中的100部最佳英文小说"中。1961年7月2日，海明威在爱达荷州凯彻姆的家中用猎枪自杀身亡，享年61岁。

海明威一生中的感情错综复杂，先后结过4次婚，是美国"迷惘的一代"作家中的代表人物，作品中对人生、世界、社会都表现出了迷茫和彷徨。他一向以文坛硬汉著称，是美利坚民族的精神丰碑。海明威的作品标志着他独特的创作风格，在美国文学史乃至世界文学史上都占有重要地位。

运用技法

海明威每天早晨6点半，便聚精会神地站着写作，一直写到中午12点半，通常一次写作不超过6小时，偶尔延长2小时。他喜欢用铅笔写作，便于修改。有人说他写作时一天用了20支铅笔。他说没这么多，写得最顺手时一天只用了7支铅笔。

素材运用角度：坚持；自律。

海明威写作态度极其严肃，十分重视作品的修改。他每天开始写作时，先把前一天写的读一遍，写到哪里就改到哪里。全书写完后又从头到尾改一遍；草稿请人家打字誊清后又改一遍；最后清样出来再改一遍。他认为这样三次大修改是写好一本书的必要条件。他的长篇小说《永别了，武器》初稿写了6个月，修改又花了5个月，清样出来后还在改，最后一页一共改了39次才满意。

素材运用角度：追求完美；态度；严谨；细节。

14岁走进拳击场，满脸鲜血，可他不肯倒下；19岁走上战场，200多块弹头弹片，也没能让他倒下；写作上的无数艰辛，无数的退稿，无数的失败，还是无法打倒他；直到晚年，连续两次飞机失事，他都从大火中站了起来；最后，因为不愿意成为无能的弱者，他举枪自杀。正如他在书中所写的那样："一个人可以被毁灭，但不能被打败。"

素材运用角度：不放弃；坚韧；以死抗争。

人物语录

①每个人都不是一座孤岛，一个人必须是这世界上最坚固的岛屿，然后才能成为大陆的一部分。

②倘若想征服全世界，就得先征服自己。

③生活与斗牛差不多。不是你战胜牛，就是牛挑死你。

郑渊洁

走近人物

郑渊洁（1955—），出生于河北石家庄，中国现代作家、慈善家。服过6年兵役，退役后当过工人。1977年开始文学创作。2006年创作的《皮皮鲁总动员》名列全球第4名。2008年郑渊洁成为中国作家获国际版权创意金奖第一人。2008年，国家主席胡锦涛向郑渊洁颁发"中华慈善楷模奖"。2011年开发出中国第一款普法网络游戏《皮皮鲁和419宗罪》。2012年，荣登第七届中国作家富豪榜榜首。2017年，荣登第十一届中国作家富豪榜榜首。

运用技法

郑渊洁说：靠写作成为富豪，对任何一个人来说，都应该是值得高兴的事情吧。如果未来有一个中国作家慈善捐款排行榜，我希望我也能是第一名。一个作家书卖得好，有了钱，就应该回报社会，回报读者。我写童话写了35年，但为汶川捐款几十万后，我的幸福感才感受得最深切！幸福来自劳动致富，然后帮助需要帮助的人，不求回报！

素材运用角度：大爱；责任。

一个堂吉诃德式的人，他和那个骑着瘦马的天真男子一样，不断挑战貌似难以战胜的目标：炮轰中国教育、叫板中国作协、立志当中国最优秀的男脱口秀主持人，以及一个人撑起一本杂志25年。他的行为，的确像古代的"侠客"，出手扶危济贫——玉树地震后捐款百万，成为作家之最；行踪飘忽不定——可以隐居山村10年近乎失踪，也可以突然高调行事频现报端；个性疾恶如仇——

他的 1000 多条微博，大部分是对各地民生新闻的评论。

素材运用角度：挑战自我；正义；个性；活出自我。

人物语录

①腰缠万贯是另一种穷；一贫如洗是另一种富。

②生命的意义不是珍惜，而是消耗。

③善良就是最好的人生，即使默默无闻。

④循规蹈矩是一事无成之母。

海伦·凯勒

走近人物

海伦·凯勒（1880—1968），美国著名女作家、教育家、慈善家、社会活动家。出生19个月后因患急性胃充血、脑充血而失去视力和听力。

1899年6月考入哈佛大学拉德克利夫女子学院。共创作14本著作。代表作有《假如给我三天光明》《我生活的故事》。1964年获"总统自由勋章"，次年入选美国《时代周刊》"20世纪美国十大英雄偶像"之一。

运用技法

海伦·凯勒在她出生19个月的时候，因为生病，失去了宝贵的听力与视力，所以她成了一个又聋、又哑、又盲的重度残疾人。她不能像正常人一样学习、生活，可她凭着自己的意志一次又一次地向病魔挑战，克服了常人难以想象的困难，进入大学学习，并以优异成绩毕业。在大学期间，写了《我生命的故事》，并成为一位出色的演说家。

素材运用角度：不屈不挠的意志；对生命的热爱。

沙利文老师把最珍贵的爱给了她，她又把爱散播给所有不幸的人，带给他们希望。在海伦·凯勒成了卓越的社会改革家之后，她到美国各地，到欧洲、亚洲发表演说，为盲人、聋哑人筹集资金。二战期间，又访问多所医院，慰问失明士兵，她的精神受人们崇敬。海伦把一生献给了盲人福利和教育事业，赢得了全世界人民的尊敬。

素材运用角度：博爱；收获；感恩；人生价值；社会责任感。

人物语录

①只要朝着阳光，便不会看见阴影。

②黑暗，将使他更加珍惜光明；寂静，将使他更加珍惜声音。

③不怀希望，不论什么事情都做不出来。
④人生最大的灾难，不在于过去的创伤，而在于把未来放弃。

巴金

走近人物

巴金（1904—2005），原名李尧棠，字芾甘。汉族，四川成都人，祖籍浙江嘉兴。中国作家、翻译家、社会活动家、无党派爱国民主人士。

巴金于1904年11月出生在四川成都一个封建官僚家庭里。五四运动后，巴金深受新潮思想的影响，并在这种思想的影响下开始了他个人的反封建斗争。1923年巴金离家赴上海、南京等地求学，从此开始了他长达半个世纪的文学创作生涯。

巴金一生著作甚丰，有《巴金文集》14卷。主要作品有长篇小说《爱情三部曲》（《雾》《雨》《电》）《激流三部曲》（《家》《春》《秋》）；中篇小说《春天里的秋天》《憩园》《寒夜》；散文集《随想录》（5集）；译作有长篇小说《父与子》《处女地》，回忆录《往事与随想》等。

巴金撰写的《随想录》，内容朴实、感情真挚，充满着作者的忏悔和自省，因此被誉为"20世纪中国文学的良心"。

运用技法

巴金老人走完了自己的人生旅程，留给我们的是一笔丰厚的财富。他讲真话，150篇真言随笔，凝聚成46万字的《随想录》。

他在《没有神》中说："我的心还在发痛，它还在出血。但是我不要再做梦了。我不会忘记自己是一个人，也下定决心不再变为兽。"他在《随想录》总序的最后说："讲出了真话，我可以心安理得地离开人世了。可以说，这五卷书就是用真话建立起来的揭露'文革'的博物馆吧。"

素材运用角度：忏悔；真实；良心；责任；讲真话。

他把在日本获奖的奖金500万捐给了上海作协，把《随想录》的稿酬捐给了中国现代文学馆，他不以自己的名字命名"巴金文学奖"。

素材运用角度：无私；谦逊。

冰心说，"巴金这个人……是写不尽的"，还说"巴金这人辛苦一辈子，勤奋一辈子，认真一辈子。""巴金内向忧郁，但心里有团火，有时爆发出极大的热情，敢讲真话。"

冰心的爱人去世，巴金给冰心的女儿吴青写信安慰。巴金与冰心关于成立现代文学馆的通信记录，巴金为《冰心传》写序言，给冰心题词。冰心欣赏巴金的纯真、坦诚、大公无私；巴金也一样欣赏冰心坦率、坚强、友善。

素材运用角度：从巴金的角度：纯真；坦诚；大公无私；勤奋；敢讲真话。从冰心的角度：坦率；坚强；友善；人生得一知己足矣。

人物语录

①爱真理，忠实地生活，这是至上的生活态度。没有一点虚伪，没有一点宽恕，对自己忠实，对别人也忠实，你就可以做你自己的行为的裁判官。

②只有愚昧无知的人才会随便读到一部作品就全盘接受，因为他头脑空空，装得下许多东西。

③现在，我的座右铭是：尽可能多说真话；尽可能少做违心的事。

④说真话不应当是艰难的事情。我所谓真话不是指真理，也不是指正确的话。自己想什么就讲什么；自己怎么想就怎么说这就是说真话。

⑤好听的话越讲越多，一旦过了头，就不可收拾；一旦成了习惯，就上了瘾，不说空话，反而日子难过。

⑥虽然环境的关系很大，但环境也是人造的。我们又何尝不可以改变环境？人无论如何应该跟环境奋斗。能够征服环境，就可以把幸福给自己争回来。

⑦理想，是的，我又看见了理想。我指的不是化妆品，不是空谈，也不是挂在人们嘴上的口头禅。理想是那么鲜明，看得见，而且同我们血肉相连。它是海洋，我好比一小滴水；它是大山，我不过一粒泥沙。不管我多么渺小，从它那里我可以吸取无穷无尽的力量。

⑧说真话，面对镜子我并不感到愉快，因为镜子上反映出来的"尊容"叫人担心：憔悴、衰老……好看不好看，我倒不在乎。使我感到不舒服的是，它随时提醒我：你是在走向死亡。

鲁迅

走近人物

鲁迅（1881—1936），原名周树人，字豫才，浙江绍兴人。著名文学家、思想家、民主战士，五四新文化运动的重要参与者，中国现代文学的奠基人。毛泽东曾评价："鲁迅的方向，就是中华民族新文化的方向。"

鲁迅的一生在文学创作、文学批评、思想研究、文学史研究、翻译、美术理论引进、基础科学介绍和古籍校勘与研究等多个领域具有重大贡献。代表作有小说集《呐喊》《彷徨》《故事新编》；散文集《朝花夕拾》；散文诗集《野草》；杂文集《南腔北调集》《且介亭杂文集》《华盖集》《华盖集续编》《而已集》《二心集》；文学论著《中国小说史略》等。

他对于五四运动以后的中国社会思想文化发展具有重大影响，蜚声世界文坛，尤其在韩国、日本思想文化领域有极其重要的地位和影响，被誉为"20 世纪东亚文化地图上占最大领土的作家"。

运用技法

1933 年 6 月，特务公然杀害了中国民权保障同盟副会长兼总干事杨杏佛，并将鲁迅列上了恐怖暗杀的黑名单。但鲁迅先生置生死于度外，毅然参加了杨杏佛葬礼。慑于先生的威望，特务没敢加害先生。面对黑名单，鲁迅没有退缩；面对敌人，鲁迅的气势压住了他们的凶悍。勇气来自正义，来自无畏，正是这种大无畏的精神，体现出鲁迅先生高尚的人格。

素材运用角度：人格力量；勇敢；退缩与前进。

在中国被称为"东亚病夫"的黑暗年代，鲁迅抱着医学救国的热情东渡日本留学。当他从电影中看到中国人被日寇砍头示众，周围却挤满了看到同胞被害而麻木不仁的人群的情景后，内心受到极大的震动，他觉得"凡是愚弱的国民，即使体格如何健全，如何茁壮，也只能做毫无意义的示众材料和看客，病死多少也不必以为不幸的"。他毅然弃医从文，立志用手中的笔来唤醒沉睡的中国民众的灵魂。

作为伟大的文学家、思想家和革命家，鲁迅寻梦途中的百折不挠，圆梦实践中"精卫填海"的坚韧自信，无一不燃烧着他对民族、国家的热爱，无一不证明着他是一个真正的勇士，是文学革命的马前卒，我们仰慕的就是他的这种伟大。

素材运用角度：梦想；奋斗；热爱；力量；理想和现实；选择。

鲁迅不仅聪明，而且勤奋。在三味书屋学习的时候，有一次，因为早晨要去给生病的父亲买药，导致上学迟到。老师批评了他，他很后悔自己的迟到，就在桌子的角上，用小刀刻了一个"早"字，用来警诫自己，从此以后他就再也没迟到过。一直到晚年，鲁迅还清楚地记得这件事，并且在一次闲谈中告诉自己的亲人。这生动地表现了鲁迅自幼严格要求自己和认真学习的精神。

素材运用角度：认真；严格；自觉；坚持。

人物语录

①时间就像海绵里的水,只要愿挤,总还是有的。

②不满是向上的车轮,能够载着不自满的人前进。

③横眉冷对千夫指,俯首甘为孺子牛。

④其实地上本没有路,走的人多了,也便成了路。

⑤有缺点的战士终究是战士,宝贵的苍蝇也终究不过是苍蝇。

⑥愈艰难,就愈要做。改革,是向来没有一帆风顺的。

第五节

时代脉搏，复兴之路："国内新闻"事件篇

"位卑未敢忘忧国""苟利国家生死以"。培养青少年以天下为己任的家国情怀，是文以载道的时代使命。每年《人民日报》评选出的年度十大国内新闻，就是青少年了解国家大事，把握时代脉搏，感受中华民族走向伟大复兴的最好素材。积累这些素材并和写作有机融合起来，就可以使文章更具有时代感，更能传递出时代最强音。

2019年国内十大新闻

1. 庆祝中华人民共和国成立70周年大会举行

素材一句话记忆：2019年10月1日，北京天安门广场隆重举行庆祝中华人民共和国成立70周年大会，激发了全国各族人民的爱国情怀，会聚起同心共筑中国梦的磅礴力量。

2. 中共十九届四中全会召开

素材一句话记忆：2019年，《中共中央关于坚持和完善中国特色社会主义制度、推进国家治理体系和治理能力现代化若干重大问题的决定》审议通过，完善和发展了我国国家制度和国家治理体系。

3. 全党开展"不忘初心、牢记使命"主题教育

素材一句话记忆：全党开展"不忘初心、牢记使命"主题教育，9000多万党员按照党中央总要求：守初心、担使命、找差距、抓落实。

4. 中央坚定支持香港止暴制乱恢复秩序

素材一句话记忆：止暴制乱、恢复秩序。坚定不移贯彻"一国两制"方针，坚定不移维护国家主权、安全、发展利益，坚决反对任何外部势力干涉香港事务。

5. 嫦娥四号首次实现人类探测器月背软着陆

素材一句话记忆：嫦娥四号首次实现人类探测器月背软着陆、月背与地球的中继通信，开启人类月球探测新篇章，中国科技创新与世界同行。

6. 我国第一艘国产航空母舰交付海军

素材一句话记忆：我国第一艘国产航母山东舰交付海军，中国军事力量实现跨越式发展。

7. 大规模减税降费助企业轻装上阵

素材一句话记忆：2019年1月1日起，正式实施《中华人民共和国个人所得税法实施条例》，稳增长，激活力，国家大规模减税降费助企业轻装上阵。

8. 澳门回归祖国20周年

素材一句话记忆：澳门回归祖国20周年，中国政府坚定不移地推进"一国两制"行稳致远。

9. 《告台湾同胞书》发表40周年

素材一句话记忆：习近平总书记在《告台湾同胞书》发表40周年纪念会上的讲话，科学回答了在民族复兴新征程中如何推进祖国和平统一的时代命题。

10. 粤港澳大湾区规划发布

素材一句话记忆：粤港澳大湾区规划发布，将打造国际一流湾区和世界级城市群。

2020年国内十大新闻

1. 全国抗击新冠肺炎疫情斗争取得重大战略成果

素材一句话记忆：人民至上、生命至上，全国抗击新冠肺炎疫情斗争取得重大战略成果，铸就了生命至上、举国同心、舍生忘死、尊重科学、命运与共的伟大抗疫精神。

2. 我国成为全球唯一实现经济正增长的主要经济体

素材一句话记忆：2020年，在新冠肺炎疫情的严重冲击下，形成以国内大循环为主体、国内国际双循环相互促进的新发展格局，中国成为全球唯一实现经济正增长的主要经济体。

3. 党的十九届五中全会审议通过《中共中央关于制定国民经济和社会发展第十四个五年规划和二〇三五年远景目标的建议》

素材一句话记忆：国家"十四五"规划与2035年远景目标发布，为全面建设社会主义现代化国家开好局、起好步，具有十分重要的意义。

4. 如期完成新时代脱贫攻坚目标任务，贫困县全部摘帽

素材一句话记忆：精准扶贫方略指引下，8年奋斗，如期完成新时代脱贫攻坚目标任务，令全世界刮目相看。

5. 首次召开中央全面依法治国工作会议，明确习近平法治思想为全面依法治国的指导思想

素材一句话记忆：明确习近平法治思想为全面依法治国的指导思想，是全面依法治国的根本遵循和行动指南。

6. 十三届全国人大三次会议审议通过《中华人民共和国民法典》

素材一句话记忆：《中华人民共和国民法典》的颁布，是推进全面依法治国、完善中国特色社会主义法律体系的重要标志性立法，中国的民事权利保障迎来了一个全新时代。

7. 举行深圳经济特区建立40周年、浦东开发开放30周年庆祝大会，新时代改革开放再出发

素材一句话记忆：深圳经济特区建立40周年、浦东开发开放30周年，谱写了勇立潮头、开拓进取的中国特色社会主义建设的壮丽篇章。

8. 举行纪念中国人民志愿军抗美援朝出国作战70周年大会，充分展示中国人民维护世界和平的坚定决心

素材一句话记忆：纪念中国人民志愿军抗美援朝出国作战70周年大会的召开，伟大的抗美援朝精神激励中国人民和中华民族克服一切艰难险阻、战胜一切强大敌人。

9. 《中华人民共和国香港特别行政区维护国家安全法》通过并实施

素材一句话记忆：通过并实施《中华人民共和国香港特别行政区维护国家安全法》，以保持香港长期繁荣稳定，确保"一国两制"行稳致远。

10. 北斗三号、嫦娥五号等科技成果捷报频传，中国科技创新取得重大进展

素材一句话记忆：长征五号、"天问一号"、北斗三号、"奋斗者"号、嫦娥五号等科技成果，彰显中国科技创新实力。

2021年国内十大新闻

1. 庆祝中国共产党成立100周年大会隆重举行，习近平总书记庄严宣告实现第一个百年奋斗目标，在中华大地上全面建成小康社会

素材一句话记忆：隆重举行庆祝中国共产党成立100周年大会，中国实现第一个百年奋斗目标，全面建成小康社会。

2. 党的十九届六中全会胜利召开，审议通过《中共中央关于党的百年奋斗重大成就和历史经验的决议》

素材一句话记忆：党的百年奋斗重大成就和历史经验，是实现中华民族伟大复兴的宝贵财富。对推动全党进一步统一思想、统一意志、统一行动，具有重大现实意义和深远历史意义。

3. 深入践行以人民为中心的发展思想，我国脱贫攻坚战取得全面胜利，重大民生工程扎实推进

素材一句话记忆：脱贫攻坚战的全面胜利，创造了又一个彪炳史册的人间奇迹！

4. "十四五"实现良好开局，我国经济发展和疫情防控保持全球领先地位

素材一句话记忆：2021年，"十四五"良好开局，中国的经济发展和疫情防控保持全球领先地位，为世界经济企稳复苏作出了重要贡献。

5. 在全党开展党史学习教育，党的创造力、凝聚力、战斗力大大提升

素材一句话记忆：在全党开展党史学习教育，学党史、悟思想、办实事、开新局，这是一次全面深刻的政治教育、思想淬炼、精神洗礼。

6. 精准出台改革方案，全面完善制度体系，改革开放向纵深推进

素材一句话记忆：精准出台改革方案，全面完善制度体系，纵深推进改革开放，成功举办消博会、服贸会、广交会、进博会等经贸盛会。

7. 新时代推进全面依法治国的纲领性文件发布，全过程人民民主不断发展完善

素材一句话记忆：依法治国，人民民主，彰显中国特色，为丰富和发展人类政治文明贡献了中国智慧、中国方案。

8. "爱国者治港"原则得到落实，香港由乱到治的局面不断巩固，局势不断向好发展

素材一句话记忆："爱国者治港"，支撑香港长期繁荣稳定。

9. 中国人首次进入自己的空间站，中国航天事业高水平科技自立自强迈出新步伐

素材一句话记忆：成功发射中国空间站天和核心舱，天问一号探测器着陆火星，神舟十二号载人飞船发射升空……多个航天计划取得重大突破，标志着中国航天事业高水平科技自立自强迈出新步伐。

10. 实现碳达峰碳中和明确时间表路线图，生态文明建设持续推进

素材一句话记忆：深入开展蓝天、碧水、净土保卫战，实现碳达峰碳中和，持续推进生态文明建设。

2022年国内十大新闻

1. 党的二十大胜利召开，学习宣传贯彻党的二十大精神迅速掀起热潮，全面建设社会主义现代化国家新征程迈出坚实步伐

素材一句话记忆：党的二十大是在全党全国各族人民迈上全面建设社会主义现代化国家新征程、向第二个百年奋斗目标进军的关键时刻召开的一次十分重要的大会。全国各地掀起学习宣传贯彻党的二十大精神的热潮。

2. 中国经济稳字当头、稳中求进，我国发展站在新的更高历史起点上

素材一句话记忆：深入落实中央经济工作会议精神，稳经济一揽子政策措施落地显效，中国经济稳中求进。

3. 粮食产量连续8年稳定在1.3万亿斤以上，乡村振兴取得新进展、农业农村现代化迈出新步伐

素材一句话记忆：强国必先强农，农强方能国强。铆足干劲，抓好以乡村振兴为重心的"三农"各项工作，大力推进农业农村现代化，为加快建设农业强国而努力奋斗。

4. 因时因势决策、科学精准防控，我国统筹疫情防控和经济社会发展取得重大积极成果

素材一句话记忆：科学防治、精准施策，九版防控方案和诊疗方案先后印发，二十条优化措施和新十条优化措施及时出台，确保疫情防控的科学路径、正确方向。

5. 北京冬奥会、冬残奥会成功举办，体育强国建设全方位推进

素材一句话记忆：中国秉持绿色、共享、开放、廉洁的办奥理念，成功举办北京冬奥会、冬残奥会。

6. 沉痛悼念敬爱的江泽民同志

素材一句话记忆：2022年11月30日12时13分，江泽民同志在上海逝世，享年96岁。全国人民沉痛悼念敬爱的江泽民同志。"他的英名、业绩、思想、风范将永载史册，世世代代铭刻在人民心中。"

7. 中国空间站进入长期有人驻留模式，三十而立的中国航天在科技自立自强上奋勇攀登

素材一句话记忆：2022年是空间站建造的决战决胜之年，也是我国载人航天工程立项实施30周年，中国在推动航空科技自立自强上奋勇攀登、成果丰硕。

8. 庆祝香港回归祖国25周年大会、"九二共识"30周年座谈会举行，"一国两制"实践在香港取得举世公认的成功，祖国统一进程扎实推进

素材一句话记忆：2022年7月1日，习近平主席出席庆祝香港回归祖国25周年大会，高度评价25年来"一国两制"实践在香港取得的成功。

9. C919大型客机获得型号合格证并交付首架，我国大飞机事业迎来重要里程碑、高端装备制造实现重大突破

素材一句话记忆：C919大型客机研制成功并取得型号合格证投入市场，是深入实施创新驱动发展战略取得的重大成果，是建设制造强国的重要标志。历经几代人的努力，我国大飞机研制事业迎来重要里程碑，迈入规模化系列化发展之路。

10. 中国就业、物价形势保持总体稳定，保障和改善民生放在更加突出位置

素材一句话记忆：党中央、国务院把保障和改善民生放在更加突出位置，兜住兜牢民生底线，不断增进民生福祉。

第六节

放眼寰宇，八面来风："国际新闻"事件篇

作文素材的积累，还需要关注国际新闻。《人民日报》每年评选出的年度十大国际新闻，基本涵盖了国际上这一年中发生的产生重大影响的事件，是青少年放眼看世界的一个快捷窗口。了解国际风云变幻，培养思辨能力，拓宽眼界，增长见识，并融入作文，可以增强文章的可读性。

2019年国际十大新闻

1. 史上首张黑洞照片公布，宇宙探索迈出关键一步

素材一句话记忆：史上首张黑洞照片公布，人类对宇宙的探索和认知迈出关键一步。

2. 多国连续发生恐袭事件，反恐亟须深入高效合作

素材一句话记忆：斯里兰卡首都科伦坡发生连环爆炸袭击；肯尼亚首都内罗毕发生恐袭；新西兰克赖斯特彻奇市发生枪击事件；阿富汗首都喀布尔发生爆炸……全球连续发生恐袭事件，国际社会亟须高效合作，共建和谐社会。

3. 四大主场外交连续发力，展现中国维护多边主义大国担当

素材一句话记忆："一带一路"国际合作高峰论坛、园艺博览会、亚洲文明对话大会、进口博览会，中国积极推动构建人类命运共同体理念，发出维护多边主义时代强音。

4. 美国加大对伊"极限施压"力度，多国努力维护伊核协议

素材一句话记忆：美国自退出伊核协议以来，逐步加大对伊朗"极限施压"力度。多个欧洲国家宣布加入法国、德国和英国与伊朗建立的贸易结算机制，以促进国际社会与伊朗的正常经贸合作。

5. 中国推动政治解决半岛问题，各方围绕半岛互动频繁

素材一句话记忆：中国推动政治解决半岛问题，各方积极努力，求同存异

仍是解决问题的关键。

6. 美国正式退出《中导条约》，引发对新一轮军备竞赛担忧

素材一句话记忆：美国执意退出《中导条约》，引发全球新一轮军备竞赛担忧，单边主义令世界形势越加复杂，导致全球不稳定不确定性因素明显上升。

7. 英国"脱欧"成了"拖欧"，欧洲一体化进程面临复杂考验

素材一句话记忆：耗时3年多的英国"脱欧"成了"拖欧"，负面示范效应不断发酵外溢，欧洲一体化进程面临复杂考验，影响世界政治格局。

8. 智利取消国际会议，多国爆发社会动乱

素材一句话记忆：智利因国内动乱取消国际会议；拉美多国发生罢工和民众抗议示威；法国"黄马甲"运动引发全国大罢工；英国爆发抗议示威和骚乱；意大利多个城市陷入"黑色星期五"；西班牙爆发数十年来最严重抗议活动和街头动乱等，社会矛盾凸显，全球动荡源增加。

9. 全球最大自贸协定谈判整体结束，区域合作提质升级

素材一句话记忆：全球最大自贸协定谈判整体结束，对于推动经济一体化、维护多边贸易体制具有重要意义，将有利于提振世界经济信心和投资者信心。

10. 全球贸易"最高法院"停摆，贸易保护主义拖累世界经济

素材一句话记忆：全球贸易"最高法院"停摆，贸易保护主义冲击了全球贸易和产业链，拖累世界经济复苏。

2020年国际十大新闻

1. 中国元首密集开展"云外交"，推动国际抗疫合作，促进经济复苏

素材一句话记忆：2020年，中国元首密集开展"云外交"，推动国际抗疫合作，促进经济复苏，体现全球视野和使命担当，人类命运共同体理念更加深入人心。

2. 世界经济陷入严重衰退，中国推出一系列扩大开放政策措施

素材一句话记忆：中国扩大开发政策，共享开放发展机遇，为世界经济复苏注入强大动力与信心。

3. 中国脱贫成就举世瞩目，加快推动全球减贫进程

素材一句话记忆：8年奋斗，中国如期完成了脱贫攻坚目标任务，为加速全球减贫进程贡献智慧和力量。

4. 历时 8 年 RCEP 成功签署，全球最大自贸区扬帆启航

素材一句话记忆：区域全面经济伙伴关系协定（RCEP）的签署，将有力推动地区经济整体复苏进程，为促进地区发展繁荣增添新动能，成为拉动全球增长的重要引擎。

5. 联合国纪念成立 75 周年，国际社会重申坚定维护多边主义

素材一句话记忆：联合国举行成立 75 周年纪念峰会，强调多边主义和国际合作的重要性。中国将始终做多边主义的践行者，维护多边主义，维护世界和平与稳定。

6. 美国频繁"退群""毁约"，破坏国际规则体系

素材一句话记忆：美国不断"退群""毁约"，破坏国际规则体系，严重损害国际公平正义和全球和平、稳定与发展。

7. 数字技术赋能经济发展，全球数据安全治理备受关注

素材一句话记忆：疫情加速全球经济数字化进程，5G、人工智能、智慧城市等新技术、新业态、新平台蓬勃兴起，网上购物、在线教育、远程医疗等"非接触经济"全面提速，为经济发展提供了新路径。数字技术赋能经济发展，中国率先发起全球数据安全倡议。

8. 多国航天项目取得进展，人类太空探索不断推进

素材一句话记忆：世界多国航天项目取得重要进展，人类向太空探索不断推进。

9. 东京奥运会延期举办，现代奥运会首次因非战原因推迟

素材一句话记忆：新冠肺炎疫情，导致东京奥运会延期举办，奥运会首次因非战原因推迟。

10. 全球自然灾害频发，亟须团结应对气候变化

素材一句话记忆：东非地区暴发严重蝗灾；澳大利亚山火持续肆虐；飓风"约塔"侵袭美洲沿海地区……全球自然灾害频发，亟须全球共同应对气候变化及其带来的挑战。

2021 年国际十大新闻

1. 世界瞩目中国共产党百年华诞，高度评价中国共产党为人类进步事业作出巨大贡献

素材一句话记忆：中国共产党百年华诞，国际社会高度评价中国共产党的

百年光辉历程和伟大成就。

2. 中国元首密集开展"云外交"，引领中国特色大国外交阔步前行

素材一句话记忆：中国元首密集开展"云外交"，阐述中国主张和中国方案，中国外交在国际舞台阔步前行。

3. 中国与联合国携手同行50年，维护和践行真正的多边主义引发广泛共鸣

素材一句话记忆：中国与联合国携手同行50年，中国坚决反对单边主义、保护主义、霸权主义、强权政治，促进全球治理体系向着更加公正合理方向发展。

4. 新冠肺炎疫情延宕反复，世界经济复苏艰难曲折

素材一句话记忆：新冠肺炎疫情延宕反复，中国向120多个国家和国际组织提供超过20亿剂疫苗，中国提出全球发展倡议，促进世界经济复苏。

5. 共建"一带一路"项目取得新进展，促进沿线国家经济发展民生改善

素材一句话记忆："一带一路"推进8年，中国已与145个国家和32个国际组织签署合作文件。"一带一路"正成为造福世界的"富裕路"，惠及人民的"幸福路"。

6. 中国将同非洲国家共同实施"九项工程"，中非合作进入提质增效新阶段

素材一句话记忆：中非共同实施卫生健康、贸易促进、投资驱动等"九项工程"，双方合作进入提质增效新阶段，中非互利合作之路必将越走越宽。

7. 气候环境治理全球行动紧迫性上升，共建人与自然生命共同体凝聚更多共识

素材一句话记忆：绿色发展，系统治理，坚持人与自然和谐共生，共建人与自然生命共同体形成共识。

8. 疫情背景下东京奥运会举办，奥林匹克格言加入"更团结"

素材一句话记忆：疫情背景下东京奥运会的举办，展现出团结与友谊，为人类携手应对挑战带来深刻启迪。

9. 仓皇撤离阿富汗导致混乱，美国穷兵黩武造成全球性危害

素材一句话记忆：美国宣布完成从阿富汗撤军，仓皇撤离阿富汗导致混乱，美国霸权主义离心离德。

10. "国会山"陷落暴露美式民主乱象，美国国家形象严重受损

素材一句话记忆："国会山"事件暴露美式民主乱象，凸显美国政党撕裂、政治分裂、社会民众的极端分化和分裂，美国国家形象严重受损。

2022年国际十大新闻

1. 中国元首外交密集开展，彰显维护世界和平、促进共同发展的大国担当

素材一句话记忆："一起向未来"，中国元首外交密集开展，中国特色大国外交取得全方位、开创性成就。

2. 世界瞩目中国共产党第二十次全国代表大会，高度评价中国式现代化的世界意义

素材一句话记忆：中共二十大成功举行，国际社会高度评价。在以习近平同志为核心的中共中央领导下，中国定能胜利实现中华民族伟大复兴，为人类和平与发展崇高事业作出新的更大的贡献。

3. 全球发展高层对话会举行，全球发展倡议落地生根

素材一句话记忆：全球发展高层对话，共商全球发展大计，推动构建团结、平等、均衡、普惠的全球发展伙伴关系，共创普惠平衡、协调包容、合作共赢、共同繁荣的发展格局。

4. 全球安全倡议为弥补世界和平与安全赤字贡献中国方案，赢得国际社会赞赏和支持

素材一句话记忆：以"六个坚持"为核心要义的全球安全倡议得到70多个国家赞赏和支持，回答了"世界需要什么样的安全理念、各国怎样实现共同安全"的时代课题。

5. 中俄元首积极评价两国保持卓有成效的战略沟通，中美元首会晤为两国关系发展指明方向

素材一句话记忆：中俄保持了卓有成效的战略沟通，两国各领域合作稳步推进。中美元首会晤为两国关系发展指明方向，"对话而非对抗、双赢而非零和"理应成为两个大国的交往基调。

6. 乌克兰危机影响外溢，世界粮食、能源、金融等多重危机叠加

素材一句话记忆：俄乌冲突，美国及其盟友对俄罗斯发起多轮制裁，全球产业链供应链受到冲击，通货膨胀、粮食、能源安全等问题复杂严峻。

7.《区域全面经济伙伴关系协定》生效实施，为地区和全球经济增长注入强大动力

素材一句话记忆：RCEP的生效实施，自由贸易区正式落地，充分体现了各方共同维护多边主义和自由贸易、促进区域经济一体化的信心和决心，将为区

域乃至全球经济复苏和繁荣发展作出重要贡献。

8. 中国坚定不移推进高水平对外开放，推动共建"一带一路"高质量发展

素材一句话记忆：进博会、服贸会、广交会、消博会成功举办，"投资中国就是投资未来"成为普遍共识。高质量共建"一带一路"蹄疾步稳、捷报频传。

9. 联合国人权理事会否决涉疆决定草案，少数西方国家以人权为借口干涉别国内政不得人心

素材一句话记忆：联合国人权理事会否决涉疆决定草案，近70个国家反对将人权问题政治化和双重标准，反对以人权为借口干涉中国内政。

10. 首届中阿峰会、中海峰会举行，开启中国同阿拉伯世界关系新时代

素材一句话记忆：习近平主席出席首届中阿峰会、中海峰会，引领中阿、中海和中沙关系迈进全面深化发展的新时代。

附 录

2021—2023 年高考作文题目

2021 年高考作文题目

全国甲卷

中国共产党走过百年历程。在党团结带领人民进行的伟大斗争中孕育的革命文化和社会主义先进文化，已经深深融入我们的血脉和灵魂。我们过的节日如"五四""七一""八一""十一"，我们唱的歌曲如《义勇军进行曲》《没有共产党就没有新中国》，我们读的作品如《为人民服务》《沁园春·雪》《荷花淀》《红岩》，我们景仰的革命烈士如李大钊、夏明翰、方志敏、杨靖宇，我们学习的榜样如雷锋、焦裕禄、钱学森、黄大年，等等，都给予我们精神的滋养和激励。我们心中有阳光，我们脚下有力量。我们的未来将融汇于中华民族伟大复兴的新征程，我们处在一个大有可为的时代……

请结合材料，以"可为与有为"为主题，写一篇文章。

要求：选准角度，确定立意，明确文体，自拟标题；不要套作，不得抄袭；不得泄露个人信息；不少于 800 字。

全国乙卷

阅读下面的材料，根据要求写作。

古人常以比喻说明对理想的追求，涉及基础、方法、路径、目标及其关系等。如汉代扬雄就曾以射箭为喻，他说："修身以为弓，矫思以为矢，立义以为的,奠而后发,发必中矣。"大意是,只要不断加强修养,端正思想,并将"义"作为确定的目标,再付诸行动,就能实现理想。

上述材料能给追求理想的当代青年以启示,请结合你对自身发展的思考写一篇文章。

要求:选准角度,确定立意,明确文体,自拟标题;不要套作,不得抄袭;不得泄露个人信息;不少于800字。

全国新高考Ⅰ卷

阅读下面的材料,根据要求写作。

1917年4月,毛泽东在《新青年》发表《体育之研究》一文,其中论及"体育之效"时指出:人的身体会天天变化。目不明可以明,耳不聪可以聪。生而强者如果滥用其强,即使是至强者,最终也许会转为至弱;而弱者如果勤自锻炼,增益其所不能,久之也会变而为强。因此,"生而强者不必自喜也,生而弱者不必自悲也。吾生而弱乎,或者天之诱我以至于强,未可知也"。

以上论述具有启示意义。请结合材料写一篇文章,体现你的感悟与思考。

要求:选准角度,确定立意,明确文体,自拟标题;不要套作,不得抄袭;不得泄露个人信息;不少于800字。

全国新高考Ⅱ卷

阅读下面的材料,根据要求写作。

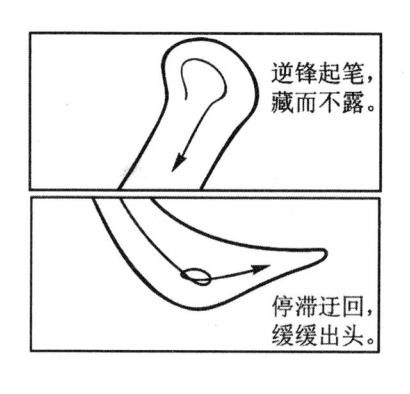

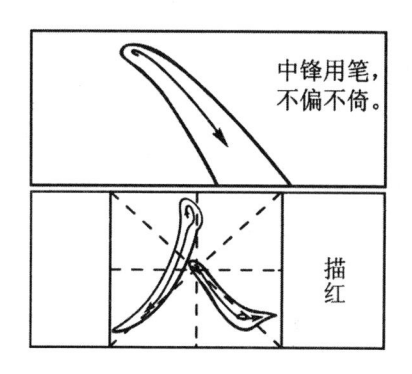

(唐光雨漫画作品,有改动)

[注] 描红:用毛笔蘸墨在红模子上描着写字。

请整体把握漫画的内容和寓意写一篇文章,反映你的认识与评价、鉴别与取舍，体现新时代青年的思考。

要求：选好角度，确定立意，明确文体，自拟标题；不要套作，不得抄袭；不得泄露个人信息；不少于800字。

北京卷

从下面两个题目中任选一题，按要求作答。不少于700字。将题目抄在答题卡上。

（1）每个人都生活在特定的时代，每个人在特定时代中的人生道路各不相同。在同一个时代，有人慨叹生不逢时，有人只愿安分随时，有人深感生逢其时、时不我待……

请以"论生逢其时"为题目，写一篇议论文。

要求：论点明确，论据充实，论证合理；语言流畅，书写清晰。不少于700字

（2）瓜熟蒂落、羽翼丰满，这是草木鸟兽成熟的模样；但对我们而言，真正的成熟却不仅仅指身体的长成……

请以"这，才是成熟的模样"为题目，写一篇记叙文。

要求：思想健康；内容充实，有细节描写；语言流畅，书写清晰。

天津卷

阅读下面的材料，根据要求写作。

如果说时间是一条单行道，那么纪念日就是道路两侧最醒目的路标，它告诉我们怎样从昨天走到了今天。时间永不停步，纪念日不会消失。记住它，可以让日历上简单的数字成为岁月厚重的注脚，而它也不断提醒着我们带着初心奔向前方。

你对这段话有怎样的理解和感悟？请结合自身体验，写一篇文章。

要求：①自选角度，自拟标题；②文体不限（诗歌除外），文体特征明显；③不少于800字；④不得抄袭，不得套作。

上海卷

有人说，经过时间的沉淀，事物的价值才能被人们认识；也有人认为不尽如此。你怎么看？请写一篇文章，谈谈你的思考。

要求：(1) 自拟题目；(2) 不少于800字。

浙江卷

有人把得与失看成终点，有人把得与失看成起点，有人把得与失看成过程。对此，你有怎样的体验与思考？写一篇文章，谈谈自己的看法。

【注意】①角度自选，立意自定，题目自拟；②明确文体，不得写成诗歌；③不得少于800字；④不得抄袭、套作。

2022年高考作文题目

全国甲卷

阅读下面的材料，根据要求写作。(60分)

《红楼梦》写到"大观园试才题对额"时有一个情节，为元妃（贾元春）省亲修建的大观园竣工后，众人给园中桥上亭子的匾额题名。有人主张从欧阳修《醉翁亭记》"有亭翼然"一句中，取"翼然"二字；贾政认为"此亭压水而成"，题名"还须偏于水"，主张从"泻出于两峰之间"中拈出一个"泻"字，有人即附和题为"泻玉"；贾宝玉则觉得用"沁芳"更为新雅，贾政点头默许。"沁芳"二字，点出了花木映水的佳境，不落俗套；也契合元妃省亲之事，蕴藉含蓄，思虑周全。

以上材料中，众人给匾额题名，或直接移用，或借鉴化用，或根据情境独创，产生了不同的艺术效果。这个现象也能在更广泛的领域给人以启示，引发深入思考。请你结合自己的学习和生活经验，写一篇文章。

要求：选准角度，确定立意，明确文体，自拟标题；不要套作，不得抄袭；不得泄露个人信息；不少于800字。

全国乙卷

阅读下面的材料，根据要求写作。(60分)

北京：双奥之城

	2008年奥运会、残奥会	2022年冬奥会、冬残奥会
比赛成绩	中国奥运代表团名列金牌榜第一，奖牌榜第二；残奥代表团名列金牌榜第一，奖牌榜第一。均创历史最好成绩	中国冬奥代表团名列金牌榜第三，奖牌榜第十一；冬残奥代表团名列金牌榜第一，奖牌榜第一。均创历史最好成绩
群众体育	全民健身事业蓬勃发展	"三亿人参与冰雪运动"成为现实
科技亮点	世界跨度最大钢结构场馆"鸟巢"；场馆污水处理再生利用率达100%	智慧场馆和智慧服务；"分钟级""百米级"精准气象预报
交通支持	全国第一条高铁京津城际铁路开通，助力奥运	京张智能高铁冬奥列车开行；全国高铁运营里程超4万公里，居世界第一
国家经济	国内生产总值：31.4万亿元（2008年）	国内生产总值：114.4万亿元（2021年）

双奥之城，闪耀世界。两次奥运会，都显示了中国体育发展的新高度，展示了中国综合国力的跨越式发展，也见证了你从懵懂儿童向有为青年的跨越。亲历其中，你能感受到体育的荣耀和国家的强盛；未来前行，你将融入民族复兴的澎湃春潮。卓越永无止境，跨越永不停歇。

请结合以上材料，以"跨越，再跨越"为主题写一篇文章，体现你的感受与思考。

要求：选准角度，确定立意，明确文体，自拟标题；不要套作，不得抄袭；不得泄露个人信息；不少于800字。

新高考Ⅰ卷

阅读下面的材料，根据要求写作。(60分)

"本手、妙手、俗手"是围棋的三个术语。本手是指合乎棋理的正规下法；妙手是指出人意料的精妙下法；俗手是指貌似合理，而从全局看通常会受损的下法。对于初学者而言，应该从本手开始，本手的功夫扎实了，棋力才会提高。一些初学者热衷于追求妙手，而忽视更为常用的本手。本手是基础，妙手是创造。一般来说，对本手理解深刻，才可能出现妙手；否则，难免下出俗手，水平也不易提升。

以上材料对我们颇具启示意义。请结合材料写一篇文章，体现你的感悟与思考。

要求：选准角度，确定立意，明确文体，自拟标题；不要套作，不得抄袭；不得泄露个人信息；不少于800字。

新高考Ⅱ卷

阅读下面的材料，根据要求写作。(60分)

中国共产主义青年团成立100周年之际，中央广播电视总台推出微纪录片，介绍一组在不同行业奋发有为的人物。他们选择了自己热爱的行业，也选择了事业创新发展的方向，展示出开启未来的力量。

有位科学家强调，实现北斗导航系统服务于各行各业，"需要新方法、新思维、新知识"。她致力于科技攻关，还从事科普教育，培育青少年的科学素养。有位摄影家认为，"真正属于我们的东西，是民族的，血脉的，永不过时"。他选择了从民族传统中汲取养分，通过照片增强年轻人对中国文化的认同。有位建筑家主张，要改变"千城一面"的模式，必须赋予建筑以理想和精神。他一直努力建造"再过几代人仍然感觉美好"的建筑作品。

复兴中学团委将组织以"选择·创造·未来"为主题的征文活动，请结合以上材料写一篇文章，体现你的认识与思考。

要求：选准角度，确定立意，明确文体，自拟标题；不要套作，不得抄袭；不得泄露个人信息；不少于800字。

北京卷

微写作（10分）

从下面三个题目中任选一题，按要求作答。不超过150字。

（1）校学生会成立新社团"悦读会"，要拟一则招新启事。请你围绕"阅读带来审美愉悦"这一宗旨，为启事写一段话。

要求：语言简练，有吸引力。

（2）核酸检测排队时需要两米安全距离，一些社区为两米间隔线设置了安全贴心、形式多样的标志，有的是撑起的晴雨伞，有的是贴在地上的古诗词图片。请你选择一个检测点，依据其环境特点，设计两米间隔线标志，并写出设计理由。要求：语言简明，条理清晰。

（3）请以"像一道闪电"为题目，写一段抒情文字或一首小诗。

要求：感情真挚，语言生动，有感染力。

作文（50分）

从下面两个题目中任选一题，按要求作答。不少于700字。将题目写在答题卡上。

（1）古人说，"学不可以已"，重视学习是中华民族的优良传统。在当代中国，人们对学习的理解与古人有相同之处，也有不一样的地方。

请以"学习今说"为题目，写一篇议论文。可以从学习的目的、价值、内容、方法、途径、评价标准等方面，任选角度谈你的思考。

要求：论点明确，论据充实，论证合理；语言流畅，书写清晰。

（2）网络时代、疫情期间，很多活动转向"线上"，你一定有不少关于"在线"的经历、见闻和感受。

请以"在线"为题目，写一篇记叙文。

要求：思想健康；内容合理、充实，有细节描写；语言流畅，书写清晰。

天津卷

阅读下面的材料，根据要求写作。（60分）

烟火气是家人团坐，灯火可亲；烟火气是国泰民丰，岁月安好；烟火气是温情，是祥和，需要珍惜和守护，也需要奉献和担当。寻常烟火，就是最美的风景。

你对这段话有怎样的思考和感悟？请结合自身体验，写一篇文章。

要求：①自选角度，自拟标题；②文体不限（诗歌除外），文体特征明显；③不少于800字；④不得抄袭，不得套作。

浙江卷

阅读下面文字，根据要求作文。（60分）

近年来，浙江省着力强化创新驱动，深入实施人才强省、创新强省首位战略，深入实施"鲲鹏行动""高层次人才特殊支持计划"等人才工程，全省高质量发展水平持续提升。

新时代浙江青年，在各行各业、不同领域开拓创新。如95后姑娘徐枫灿，在空军航空大学刻苦训练、满分通过考核，成为我国陆军首位初放单飞的女飞行员；90后青年工人杨杰，从一名普通的学徒工成长为"浙江工匠"，获得浙江省劳动模范称号；之江实验室智能超算研究中心团队，35岁以下成员占比近九成，勇闯国内智能超算领域"无人区"，斩获超算应用领域的国际最高奖项——戈登贝尔奖……

以上材料对你未来发展有什么启示？请写一篇文章。

【注意】①角度自选，立意自定，题目自拟；②明确文体，不得写成诗歌；③不得少于 800 字；④不得抄袭、套作。

上海卷

小时候人们喜欢发问，长大后往往看重结论。对此，有人感到担忧，有人觉得正常，你有怎样的思考？请写一篇文章，谈谈你的认识。

要求：（1）自拟题目；（2）不少于 800 字。

2023 年高考作文题目

全国甲卷

阅读下面的材料，根据要求写作。（60 分）

人们因技术发展得以更好地掌控时间，但也有人因此成了时间的仆人。

这句话引发了你怎样的联想与思考？请写一篇文章。

要求：选准角度，确定立意，明确文体，自拟标题；不要套作，不得抄袭；不得泄露个人信息；不少于 800 字。

全国乙卷

阅读下面的材料，根据要求写作。（60 分）

吹灭别人的灯，并不会让自己更加光明；阻挡别人的路，也不会让自己行得更远。

"一花独放不是春，百花齐放春满园。"如果世界上只有一种花朵，就算这种花朵再美，那也是单调的。

以上两则材料出自习近平总书记的讲话，以生动形象的语言说出了普遍的道理。请据此写一篇文章，体现你的认识与思考。

要求：选准角度，确定立意，明确文体，自拟标题；不要套作，不得抄袭；

不得泄露个人信息；不少于 800 字。

新课标 I 卷

阅读下面的材料，根据要求写作。（60 分）

好的故事，可以帮我们更好地表达和沟通，可以触动心灵、启迪智慧；好的故事，可以改变一个人的命运，可以展现一个民族的形象……故事是有力量的。

以上材料引发了你怎样的联想和思考？请写一篇文章。

要求：选准角度，确定立意，明确文体，自拟标题；不要套作，不得抄袭；不得泄露个人信息；不少于 800 字。

新课标 II 卷

阅读下面的材料，根据要求写作。（60 分）

本试卷语言文字运用 II 提到的"安静一下不被打扰"的想法，在当代青少年中也不鲜见。青少年在学习、生活中，有时希望有一个自己的空间，放松、沉淀、成长。

请结合以上材料写一篇文章。

要求：选准角度，确定立意，明确文体，自拟标题；不要套作，不得抄袭；不得泄露个人信息；不少于 800 字。

北京卷

微写作（10 分）

从下面三个题目中任选一题，按要求作答。不超过 150 字。不透露所在区、学校及个人信息。

（1）近年来，微信公众号成为信息传播的一种重要媒介。班级准备创建自己的公众号，但对是否需要创建，同学们意见不一。请说明你的观点和理由。要求：理由充分，条理清晰。

（2）文学社社刊拟开设"花开纸上"读书专栏。请你从经典的文学作品中选一个与花卉有关的场景，从自己的感受出发，写一段短评。要求：写出作品名，符合作品内容；条理清晰，语言简洁。

（3）请以"心跳得那么快"为开头，写一首小诗或一段抒情文字。题目自拟。要求：感情真挚，语言生动，有感染力。

作文（50分）

从下面两个题目中任选一题，按要求作答。不少于700字。将题目写在答题卡上。不透露所在区、学校及个人信息。

（1）"续航"一词，原指连续航行，今天在使用中被赋予了新的含义，如为青春续航、科技为经济发展续航等。

请以"续航"为题目，写一篇议论文。

要求：论点明确，论据充实，论证合理；语言流畅，书写清晰。

（2）舞台上，戏曲演员有登场亮相的瞬间。生活中也有许多亮相时刻：国旗下的讲话，研学成果的汇报，新产品的发布……每一次亮相，都受到众人关注；每一次亮相，也会有一段故事。

请以"亮相"为题目，写一篇记叙文。

要求：思想健康，内容充实、合理，有细节描写；语言流畅，书写清晰。

天津卷

阅读下面的材料，根据要求写作。（60分）

与有肝胆人共事

从无字句处读书

一代人有一代人的使命与挑战，一代人有一代人的责任和担当。一个世纪前，在津求学的青年周恩来撰写了这副对联，在交友处事与读书求知方面警勉自己。品读此联，你有怎样的联想和思考？请任选角度，结合自己的体验与感悟，写一篇文章。

要求：①自拟标题；②文体不限（诗歌除外），文体特征明显；③不少于800字；④不得抄袭，不得套作。

上海卷

一个人乐意去探索陌生世界，仅仅是因为好奇心吗？请写一篇文章，谈谈你对这个问题的认识和思考。

要求：（1）自拟标题；（2）不少于800字。